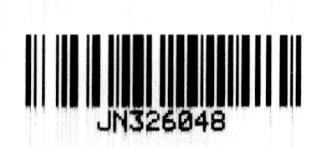

対話による学びへと続く道

学校改革「学びの共同体」づくりのナラティヴ・エスノグラフィー

牧野由香里 編著

ひつじ書房

一粒の麦が地に落ちて死ななければ、それはただ一粒のままである。しかし、もし死んだなら、豊かに実を結ぶようになる。　　　　　（ヨハネによる福音書 12：24）

まえがき

「学びの共同体」という概念は「学習共同体」(learning community)の意味で広く用いられますが、ここでは教育学者の佐藤学が提唱する学校改革のヴィジョン(佐藤 2007)を指しています。ただし、この本の目的は「学びの共同体」の哲学を論じることではありません。この本の目的は、創られる「学びの共同体」を語ることです。すなわち、子どもたちの学び合いのために教師たちが育ち合い、地域の関係者や大学の研究者がこれを支え、全国の学校との交流がこれを活性化させる、というように人と人のつながりが絆となって変容し続ける過程を通して、複合的な人間関係のネットワークが形成され、成長していく物語を再現することが本書の目的です。なぜならそれが、学校改革「学びの共同体」づくりの実体であり、通りすがりの研究者を渦に巻き込んでいった吸引力の源だからです。

物語の執筆においては、学校という文化に飛び込んだ一介の研究者が、得体の知れない「学びの共同体」に巻き込まれていく視点から、ナラティヴ・エスノグラフィーを構成しました。エスノグラフィーとは「ある『異文化』を、自らが属する文化を共有する人びと(＝読者)に理解可能なかたちで提示しようとする営為」(志水 2005: 140)です。ナラティヴ・エスノグラフィーは、人々の語りから現場の姿を緻密に描き出すのと同時に、著者自身の語りが含まれます(Tedlock 2000)。現場の人々の語りを研究の対象とするだけでなく、「エスノグラファーの側がナラティヴを実践する語り部となる」(小田 2009: 36)のです。

ここでいうナラティヴは、語りと物語という 2 つの意味の両義性と連続性を包括する概念(野口 2009)です。つまり、本書は第 1 に「学びの共同体」という文化を描き出すエスノグラフィーであり、第 2 に著者が自ら語るナラティヴであり、第 3 にエスノグラフィーとナラティヴにプロットを持たせて編集したストーリーです。

表記上の工夫として、語り部の 2 つの視点——共同体の一員として経験を共有している内側の視点と、一定の距離を置いて見つめる外側の視点——を区別するために、外側の視点については行間を空けたゴシック体で表記しました。この表記には、著者の独白的省察、分析的考察、俯瞰的観察が含まれています。また、語りと語りのつながりを示す下線を本文中に添えました。これは当該の発言が一定時間の経過後に別の場面で引用されていることを表しています。

登場人物の氏名は、すべて仮名で統一しました（公式名は除く）。教師は名字（〜先生）、生徒は名前（〜さん、〜くん）で表記しています。同一人物については、本書全体で同じ仮名を使用しています。例外として、実名掲載の許諾が得られた人物のみ、姓名で紹介させていただきます。なお、登場人物の所属や職位は、本文中の日付の時点のまま残しています。

さて、物語を始める前に、まずは学校改革「学びの共同体」づくりの(1)ヴィジョン、(2)哲学、(3)活動システムを確認しておきましょう。

いえ、今は読み飛ばして、あとで読み返していただいてもかまいません。そのほうが、一言一句を味わえるのかもしれませんから。

（「学びの共同体」づくりの学校改革が全国的に拡大する出発点となったパイロットスクールの）浜《はま》之《の》郷《ごう》小学校において具体化された「学びの共同体」としての学校の理念と哲学は以下のとおりである。

(1)学びの共同体としての学校：「学びの共同体」は、「21 世紀型の学校」のヴィジョンを示す概念であり、子どもたちが学び育ち合う場所、教師も専門家として学び育ち合う場所、保護者や市民も学校の教育活動に参加して学び育ち合う場所へと学校を再生するヴィジョンである。

このヴィジョンを達成するために、教室においては協同する学びの実現、職員室においては教師が授業実践に創意的に挑戦し批評し学び合う同僚性（collegiality）の構築、保護者や市民が授業実践に参加して教師と協同する「学習参加」の取り組みを行う。

(2)学びの共同体としての学校は、「公共性（public philosophy）」と「民主主義（democracy）」と「卓越性（excellence）」の 3 つの哲学的原理によって導かれる。

A. 公共性：学校は公共的使命（public mission）とその責任によって組織された場所であり、教師はその公共的使命とその責任を担う専門家である。学校の公共的使命とそれを担う教師の責任は、子ども一人ひとりの学びの権利を実現し民主主義の社会を実現することである。

学校の「公共性」の次の意味は、学校が公共空間（public space）として開かれていることにある。「公共性」は空間概念であり、学校と教室の空間が内にも外にも開かれ、多様な生き方や考え方が対話的コミュニケーションによって交流されていることにある。

B. 民主主義：学校教育の目的は民主主義社会の建設にあり、学校はそれ自体が民主的な社会組織でなければならない。「民主主義」は単なる政治的手続きではない。ここで言う「民主主義」は、ジョン・デューイの定義したように、「他者と共に生きる方法」(a way of associated living)を意味している。

民主主義の原理で組織された学校において、子ども、教師、保護者の一人ひとりはそれぞれ固有の役割と責任を負って学校運営に参加する主人公(protagonist)である。

C. 卓越性：教える活動、学ぶ活動は、いずれも卓越性の追求を必要としている。ここで言う卓越性とは、他者と比べて優れているという意味の優秀さではない。自らのベストをつくして最高のものを追求するという意味の卓越性である。競争による卓越性の追求が優越感や劣等感をもたらすのに対して、自らのベストをつくして最高のものを追求する卓越性は、教える者にも学ぶ者にも慎み深さと謙虚さをもたらす。教える活動と学ぶ活動は、本質的に、この意味における卓越性の追求を含んで成立している。私は、この卓越性の追求を「背伸びとジャンプのある学び」として提起している。

(3)方略：活動システムの構成

私の提唱する「学びの共同体」は、他者の声を聴き合う関係を基盤として成立している。「他者の声を聴く」ことは学びの出発点である。学びはしばしば能動的な活動として語られがちだが、むしろ学びは「受動的能動性」を本質としている。古代ギリシャ語には受動態と能動態が一体となった中動相という動詞の態があったと言われるが、学びはまさに中動相における活動である。

教える活動も同様である。卓越した教師として知られるデボラ・マイヤーは、その著書において「教える活動の大半は聴くことにある」と記している(Meier 1995)。確かに、優れた教師は、教室において子ども一人ひとりの声にならない声を聴くことに精力を傾けている。

「聴く」ことのプライオリティは、学校を公共空間に構成する上でも重要である。ジョン・デューイは『公衆とその問題』(Dewey 1927)の最終部分で公共性を樹立する要件として聴覚の優位性に触れ、以下のように言及している。

「聴覚(the ear)と生き生きとほとばしる思考や情動との結びつきは、視覚(eye)とそれらとの結びつきよりも圧倒的に緊密であり多彩である。観ること(vision)は観察者(spectator)であり、聴くこと(hearing)は参加者(participant)である」。

この一節には「聴くこと」の受動性が「参加」をもたらす関係が端的に表現されている。デューイが指摘するように「観ること」によって人は、思弁(speculation)に浸ることはできるが、「聴くこと」によって人は、その場の当事者として「参加」を余儀なくされる。

聴き合う関係は共同体の構成においても決定的に重要である。聴き合う関係は対話の言語を生成し、対話的なコミュニケーションによる共同体の構成を準備するからである。

私の提唱する「学びの共同体」としての学校は、ひとまとまりの「活動システム(activity system)」によって組織されている。この「活動システム」は、その活動を遂行すれば、おのずから無意識に「公共哲学」と「民主主義」と「卓越性の追求」を体得し実践するように構成されている。いわば「学びの共同体」づくりのオペレーション・システムである。

教室における「活動システム」は、子どもたちの活動的で協同的で反省的な学びを組織する。すべての教室において「聴き合う関係」が組織され、小学3年以上の教室では、どの授業においても、①男女混合4人グループによる協同的な学びを組織すること、②教え合う関係ではなく学び合う関係を築くこと(わからなかったら仲間に「ねえ、ここ、どうするの？」と尋ねることを習慣化すること)、③ジャンプのある学びを組織することが求められる。

教師においては授業を子どもの学びへの応答関係によって組織し、①「聴く」「つなぐ」「もどす」の3つの活動を貫くこと、②声のテンションを落とし、話す言葉を精選すること、③即興的対応によって創造的な授業を追求することが求められる。

教室において子ども一人ひとりの学びの権利を実現する責任は、学級や教科の担任教師が1人で負うのではなく、その教室の子どもたち全員、学年ごとの教師集団、そして校長および保護者が共有する。

学校運営においては月例の職員会議と週ごとの学年会議以外の会議は廃止し、授業の観察にもとづく事例研究会(校内研修)を学校経営の中心に位置づける。校内研修において、学校で共通の研究テーマを定めない。研究テーマは教師個々人が決定する。そして、①すべての教師が最低年1回は同僚に授業を公開し、校内研修あるいは学年研修において授業の事例研究を行う(これによって、毎年、校内で教師の人数以上の回数の事例研究会が実施されることとなる)。②授業の事例研究会においては、すべての教師が一言は発言することとする。③授業の事例研究会の主目的は、優れた授業の追求ではなく、一人残らず子どもの学びを成立させることと、その学びの質を高めることにおく。したがって、④事例研究会の研究内容は、教材や教師の指導法よりむしろ、教室で生起した子どもの学びの事実、学び合いの事実に焦点を当てる。

保護者との関係では、①学期に1回程度実施している授業参観を廃止し、保護者が教師と協同して授業づくりに参加する「学習参加」に転換し、保護者と教師が子どもを育てる責任を共有する活動を展開する。②「学習参加」においては年間をとおして8割以上の保護者の参加を目標とする。③総合学習な

どにおいて、地域の市民が教師と協同して授業づくりに参加できる機会を設ける。(佐藤 2007: 94–96)

「学びの共同体」のヴィジョン、哲学、活動システムについて、詳しくは、『学校を改革する―学びの共同体の構想と実践』(佐藤 2012)をご参照ください。

それでは、物語を始めましょう。

目　次

プロローグ

不器用で実直——そんな内本義宜先生の授業を初めて見学させていただいたのは2005年5月12日のことだった。偶然の出会いが重なり、毎週木曜日は**高槻市立第八中学校**[1](以下、高槻八中)に通うことになった。近くに住んでいたので、勧められるままに引き受けたのはいいが。

研究者が学校現場に入ったところでいったい何ができるのか。

具体的な方策があるわけではなかった。「対話による学び」の研究に取り組んできたとはいえ、大学の授業が中心で、学校現場は未知の領域だったのだ。

2005年5月12日

谷崎校長　この先生がね、今度、佐藤先生が来てくださるときに公開授業をしてくれることになっているの。

谷崎恵美子校長に連れられて、2年A組の教室にお邪魔した。内本先生の担任のクラスだが、このときのメモにはこう記されている。

生徒の多くが終始うつむいていた。

内本先生が授業ビデオのダビングを希望されたので、翌週までに用意すると約束した。

2005年5月19日

信治　なんで撮影する？

うっとうしそうにたずねてきた男子生徒がいた。そこで、ビデオカメラを渡して、録画の方法を説明した。

牧野　私があいさつするところを撮影してくれる？

チャイムが鳴ると、改めて自己紹介をした。授業を撮影するのは、内本先生と私の学び合いのためであり、授業のあとにビデオを見て話し合うためだと説明した。

信治くんはきちんと記録係を務めてくれた。

1限の授業が終わると、職員室に戻る。2限は内本先生の空き時間だったので、終わったばかりの授業についてお互いが気づいたことを共有する。そんな日課が定着していった。

この日、内本先生は2年A組の座席表を手にして、心にとめている生徒の話を聞かせてくださった。

内本　継続的に見てくださるのでしたら、教科書をお渡ししましょうか。

何か責任のようなものを感じながら、『現代の国語 2』を受け取る。

3限目、内本先生が授業に戻ると、校長室で谷崎先生の話に耳を傾けた。年末に実施した「模擬授業」をきっかけに、すべての授業でグループ活動を取り入れるという大きな一歩を踏み出すことができた。しかし、ほとんどの先生がこれまでやってきたことにグループをくっつけただけの授業で、4月から始めて1か月が過ぎた今、しんどい思いでグループを入れてもその効果を実感できないという不満が生まれつつある。グループ学習[2]をどのようにつくればいいのか。具体的なノウハウが欲しい。そう語られた。

この日、谷崎校長は私のために職員室の机と靴箱を用意してくださった。

とにかく、続けることから始めよう。

そう決意した。

注

1　大阪府高槻市は大阪と京都の境に位置する人口約36万人の地方都市である。物語の舞台となる高槻市立第八中学校は、1学年4クラス(1クラス約40名)で、教員数は(教諭と講師を合わせて)約30名の中規模校である。

2　男女混合の4人グループの協同的な学びは、学校改革「学びの共同体」づくりで実践される方略(活動システム)の1つである。高槻八中では当時、「グループ学習」と「グループ活動」という呼称が併用されており、言葉遣いが明確に区別されているわけではなかった。

Ⅰ　発端

「学びの共同体」が生まれる

第１章　「聴く」「つなぐ」「もどす」

2005 年 5 月 21 日（始まりの公開授業研究会）

いよいよ、東京大学から佐藤学教授を迎える最初の公開授業研究会が開催された。

授業研究会とは、授業の観察に基づく事例研究の場であり、学校では主に校内研修において行われる。校内研修では、まず、その学校の教師たちが研究授業を観察する。次に、授業研究協議会の会場に移動し、観察した授業について語り合う。公開授業研究会では、この校内研修が外部の見学者にも公開される。

これらの名称は学校ごとに異なるが、高槻八中は**富士市立岳陽《がくよう》中学校**[1]を「学びの共同体」づくりのモデル校としたため、「公開授業」と「研究協議」という略称が定着した（図1）。

大勢の見学者が見守る中、内本先生が公開授業に挑戦された。続いて、丹波先生の授業が終わると、参加者は**授業研究協議会**（以下、研究協議）の会場となる被服室へ移動した。

司会　内本先生と丹波先生、初めての試みでプレッシャーもあったかと思いますけれども、何日も悩みながら授業をやっていただきました。どうもありがとうございました。

本日、佐藤学先生をお招きしております。非常に有名な先生ですので、こんなこと言ったら、というような、そういう構えなしに、本当に今私たちは「学びの共同体」というものを始めたばかりで、わからないことばかりですから、そういうことを率直にぶつけていただいたらいいと思います。

佐藤学　（無言でうなずく）

司会　まず授業のふりかえりと、それから授業を観察した感想を述べていただくという形で校内研修を始めたいと思います。それでは、国語の内本先生、よろしくお願いします。

市内小・中学校長様
各関係者様

平成17年4月28日
高槻市立第八中学校
校長　谷崎恵美子

校内研修公開のご案内

新緑の候、皆様におかれましては、益々ご清祥のこととお慶び申し上げます。

さて、本校では、授業研究を柱とした学校づくりを推進しております。「生徒が学び合い高まり合う授業づくり、教師が学び合う授業研究」を研究主題とし、公開授業と研究協議を重ねていく計画です。今回、東京大学大学院教授佐藤学氏をお迎えし、下記の通り校内研修を行います。つきましては、校内研修を公開いたしますので、ここにご案内いたします。

記

期日　平成17年5月21日(土)
場所　高槻市立第八中学校　南館教室　北館2階被服室
講師　東京大学大学院教育学研究科長・学部長　佐藤学　教授
内容　**公開授業**　2年国語　授業者：内本教諭
　　　　　　　　1年数学　授業者：丹波教諭
　　　研究協議　授業の反省
　　　　　　　　指導　佐藤学　先生

図1　公開授業研究会の案内状

内本　はい。ちょっと、やっぱり緊張しました。本当に、なかなか、班になりにくいのが。4月から始めたんですが、やっぱりそれが……。とくに2年生は4クラスあるんですが、うちのクラスが一番なりにくかったんです。ところが、今日に限っていえば、スッとなってたな、というのが私も驚きだったんです。今日はたくさん先生方が来られてるんだ、というふうに子どもたちも意識してた部分もあったと思いますし、協力せなあかんかなって、そんな気持ちを感じました。(以下省略)

司会　それでは、内本先生の授業について、生徒の様子とか、**どこで学びが成立して、どこで学びが成立していなかったか**、それから、内本先生の授業を見せていただいて、**自分たちが学んだこと**、というようなポイントで……。

あ、手があがりました。

「学びの共同体」の事例研究は一般的な授業研究と大きく異なる。教材や教師の指導技術が批評される代わりに、同僚教師が見守った生徒たちの学び合いの様子が詳細に語られる。授業のどこで学びが成立していたか、どこで学びが成立していなかったか、この授業から自分は何を学んだのか、を語り合うことで、「生徒の学びの様子」「生徒と生徒のつながり」「教師と生徒のつながり」「教材と生徒のつながり」

という授業の事実、学び合いの事実が共有される。

研究協議の会場は教師たちの座席がコの字型に組まれている。同僚同士が向かい合う形で、一人ずつ丁寧に語っていった。

谷崎校長　今日の授業を内本先生にお願いして、正直、内本先生はやっぱり前で一生懸命しゃべるような授業をするので、グループ活動をどう取り入れたらいいのかっていうのを本当にまじめに、毎時間毎時間、悩んでる先生なんです。そういう先生が今日授業をしてくれて、本当にうれしかったんですけど。

だから、1つは、どういうタイミングでグループ活動を入れたらいいんだろう？　というのと、やはり、何のために(4人グループの協同的な学びを入れるのか)？　ということもあると思うんですけど。佐藤先生にその話がきけたらうれしいなって思います。

谷崎校長　私も雄太くん、愛さん、希さんの班を中心に見ていたんですけど、雄太くんは班になったときにね、がぜん参加し出したんですよ。ちらっ、ちらっと一生懸命、希さんのほうを見ながら、耳をダンボにして聴いているんです。

佐藤学　（無言でうなずく）

「学びの共同体」づくりのもう1人の立役者は神宮司竹雄先生だ。

神宮司　昨年度、見さしてもらってた子どもたちで気になる子が何人かいたんですけども、よくわからなかったら前の男の子にきくっていうことが昨年度できてたんで、今日の国語ではなぜできないんだろうな？　っていうことがものすごく自分の中で疑問で。国語が苦手だからなんだろうか？　それとも、この4人のグループの関係なんだろうか？　というふうなことをずーっと見てたんですけども、最初から最後まで冴えない顔が続いたんです。

やっぱりグループにするとね、違う顔になったんです。でも、コの字のときに冴えない顔をしていたのが、なぜなんだろうと。あんだけ数学で活発にきける子が、国語でなぜきけないのか？　っていうことが、自分の中で一番印象強く残りました。

この日の実現を誰よりも喜んでいたのは神宮司先生だったはずだ。

神宮司　それから、この研究協議会で何を学んでるかっていうたら、今日みんなすごいな、モチベーション高いな、と。言ってる内容もすごいし、それから、井上先生、八中に来てまだ１か月ちょっとやのに、１時間目の授業を見させてもらいましたけども、「井上先生」「井上先生」って子どもが言うのに、「え？　グループで、グループで」って冷たく(笑)、グループに返してた井上先生の姿を見て、もうすでに八中なんやなぁと思って、びっくりしました。(会場に笑い)

高槻八中の教師たちが語り終えると、ようやく、佐藤学教授が口を開いた。

佐藤学　感想ですけどね。まず、内本さん、ちょっとききたいんだけど、自分のビデオ、見たことある？
内本　……牧野先生が撮られたのを見せていただいたのと、去年ですが、「ビデオ研」[2]で、１回撮ってもらったことがあるんですね。それを見たことがあります。
佐藤学　あ、いわゆる研究会のときね。
内本　研究会ではなくて、自分で。
佐藤学　ああ、ほんとう。そのとき感じられたことってなんだった？
内本　１つは、ビデオ見てたら、今日も思ったんですけど、自分のしゃべりが聞き取りにくいな、というのがすごく思いました。できるだけゆっくりしゃべっておるつもりなんですが、けっこう自分の言葉っていうのは聞き取りにくいんだな、ということを感じております。
佐藤学　なんでだろう？　なんでだろうね？
内本　やっぱり、あわててるといいますか。授業しながら、余裕がないというか。
佐藤学　うん。余裕がないんだよね。ぼく、一番感じたのはそれだな。苦しいんですよ、聴いてて。余裕のなさが伝わってきてね。やっぱり感じられてるんですよね？

内本　はい。それは感じてます。

佐藤学　もっと楽にならないと、内本さんが。何が内本さん自身を苦しめてるのかなぁ、というようなことばっかり考えてた。というのは、子どもの問題はすぐ解決しますから。それはそんなに心配ない。むしろ、内本さん自身が持ってる苦しさみたいなものをね。たぶん、前任校で苦労したんだと思うんだよ。（会場に笑い）

わかるんですよ（会場に向かって）。それがわかるからきいてるんですけど、たぶんそうでしょう？（内本先生に問いかける）

内本　まぁ、たしかに。（うなずく）

佐藤学　なんかね、すごいね、脅迫的なところが内本さんの中にあって、それが子どもとの間に、明らかに壁を作ってるんですね。

授業が終わったあと、校長先生に言ったんだけど、「内本さんね、この夏休み、１人でね、どっか旅したほうがいいよ」って。（会場に笑い）（内本先生も大笑い）

この研究会やらずに、１人で１週間旅する。家族と一緒じゃダメ。気を使わずに自分だけで。教師は旅が必要です。傷ついてますから。それで無理してますから。気がつかないのね。だから、ぼくは必ずやるんですね。知らないうちに追い立てられて、それに気がつかない。皆そうですよ。ぼくもそうです。（会場が静まる）

佐藤学　ただね。それ、息苦しいんですね。まあ、ご本人が気づいていれば、もう何よりで。発言記録を起こしてみるとね、99％が内本さんなんです。時折、子どもの言葉がパッパッて入ってくる。たぶんそれが、耳で経験している子どもの授業の世界ね。だから、子どもから見えたときに、どんなふうに自分が映っているかね。先生としてはこういうつもりでやってるんだけども、っていう、そこのね、空回りがあるんだよね。

もう少し言うとね、これ、中学校の最大の問題なんですけどね。というか、日本の学校改革の最大の問題かもしれないんだけど。先生だけがんばって悩んでるんだよね。子どもは悩んでないです。がんばってもいない。で、待ってるんですね。

もっと先生が力抜いて、子どもががんばらなきゃ。だから、**テンション落として**っていうのは、そういう意味だから。

少なくともね、今日だけ見ても、できることはあって。しゃべりすぎってことなんです。聴きながら、ずっと思ってたんですよね。内本さんの話してるのを、ぼくだとだぶん４分の１くらいで語るだろうなって。

言葉が選ばれていないから、それでしゃべるから、それでも伝わらないと思うから、次から次へ埋めていくわけですよね。なぜそうなるかっていうと、やっぱり前提に、さっき言った強迫観念があるから、沈黙がないから、間《ま》がないでしょう？それが苦しいんですよね。ものを考え合う空間ってことを考えると、間が一番大切で。

佐藤学　教師の仕事というのは**「聴く」「つなぐ」「もどす」**、この3つなんですね。だから、まずは**「聴く」**ということのほうに持っていけないかな。

佐藤学　ね？　そうすると、ずいぶん内本さんも楽だし、子どもとのコミュニケーションも安定感が出て。だから、やっぱり旅が必要だね。その前にね。（会場に笑い）

佐藤学　トラウマ、一回捨てちゃえ！　忘れちゃえって言ってるんですよ、前任校のことなんか。せっかくここに来てさ、こうやってみんなで始まってんだからさ。人間、生まれ変わることできますから。

内本　たしかに、おっしゃるように、前任校のときはもう結婚してましたから。若いときは、とくに駆け出しから9年間ありましたけども、そのときは毎年、やっぱり旅に出てました。（会場に大爆笑）

佐藤学　それでね、要するに、内本さんの部分で、子どもたちに伝わってる部分と伝わってない部分があって、伝わってるのは、確実に言えるのは、子どもたちは好きなんですよ、この人を。（会場が静まる）

それはね、この人が、国語が好きな部分を好きなんです。

谷崎校長　ああ、そういうことか。（大きくうなずく）

佐藤学　だから、子どもたちが国語嫌いになってないんですよ。これはとても重要なことでね。それはそれでいいんだけど。授業がぜんぜん文学的じゃないんだよ

ね。（会場に笑い）（内本先生は苦笑しながら、思わずうつむく）
　だからぁ、その落差！　ここをどうするかっていうことなんだよねぇ。やっぱり、あれだけしゃべられるとね。つらい。聴いてる側が窮屈なんですよ。声のトーンから何から。

　この日、外部の見学者の中には「学びの共同体」に初めて触れる人も少なくなかった。あとから感想をきいてみると、「関西には合わない」と感じた人もいたようだ。

大阪人の教師にとって、「しゃべるな」と言われるのは、アイデンティティを否定されるような響きがあるのかもしれない。

　そういえば、ある先生がこんなことを言っていた。「大阪人というのはテンションが高い。笑いがあって、子どもたちもその中で引っ張っていく。エンターテイナーみたいにして子どもたちを惹きつける、という視点で授業をしていた」

佐藤学　まずね、意識的にやっていただきたいのは、最小限の言葉で授業をつくっていくってことね。今話している言葉のトーンの半分で。
　とくにね、途中何度か発言があったでしょう。子どもが。あのときにね、「よく聞こえないから、もっと大きい声で言って」って。2回ほどあった。あれやっちゃダメだな。あれはね、二重の意味でよくないですね。失礼です。子どもが言ってるのに対して。子どもはあれで精一杯なんですよ。その子、その子でね。
　もう1つは、**「聴く」**子どもを育てたいわけでしょう？　**「聴く」**指導したいわけでしょう？　ああいうときはチャンスなんです。「誰々さんが、おもしろそうなこと言ってるよ。もう1回聴こうね」って。「もう1回言って」って、こう言う。うん。そういう関係ね。

いかに話すかではなく、いかに「聴く」のかに配慮して「聴き合う関係」を育てる。

　そういえば、その先生はこうも話した。「大阪府全体の問題だと思うんですけど、不登校が非常に多い。富士市立岳陽中学校が学びをつなげて不登校生徒を減らした。生徒と生徒の関係で学びを成立させていくと、不登校がなくなるんではないか？　テンションが高い子を苦手と感じる子が、不登校になると思うんですね。しっとり落ち着いた中で、学校に来れる子も多くなるのかなと、岳陽中の授業を見せていただいて感じました」

不登校の減少は結果であって目的ではないと言われるが、「学びの共同体」づくり

が安定している学校に共通して認められる変化の１つだ。

佐藤学 午前中、授業見てて面白かったんです。コの字型とか、いろんな形でね、始まったばかりですからね。この学校ね。当然なんだけど。校長先生と見てて、言ったんだけどね。

先生が前で一生懸命しゃべられているクラスでは、半分は聴いてないよね。どんなにいいクラスでも、半分が聴いていない。そういうことなんです。だけど、きちんと関係をつくると、驚くほど子どもがちゃんと聴きます。先生の授業のうまいとか下手じゃないんです。そういう関係をまずつくったほうがいいということが、大前提としてあるんですね。だから、「グループを入れよう」とか、「コの字にしよう」とか言ってるわけで。

まず「学び合う関係」を築く。そのために、グループ学習やコの字型の座席がある。

内本先生の授業に続き、丹波先生の授業について研究協議が行われた。研究主任として、神宮司先生とともに前年度から試行錯誤を重ねてきた丹波先生の授業は、内本先生の授業とは対照的だった。先生たちの語り合いでは、「テンションが以前とは比較にならないほど低く」、「言葉が選ばれており、無駄な言葉が一言もなかったことが指摘された」(佐藤学 2006: 218)。

ともあれ、最初の公開授業研究会は無事に終了した。閉会後の喧噪が一段落し、すっかり日も落ちた頃、誰もいない職員室をのぞくと、内本先生がゆったりと椅子に腰掛けていた。

牧野 おつかれさまでした。がんばって教材を準備されましたね。最初のさらし者になるって、なかなかできないことですよ。
内本 いやあ、佐藤先生はさすがですね。ちゃんとわかってはる。

のちに、夕食会の席でそっと胸の内を聴かせてくれた。

「テンションの高さというのは自分でもよくわかるんです。前任校は、荒れた学校でしたから。生徒と胸ぐらをつかみあって、何度ネクタイに血がついたことか……。そうすることで生徒と向き合ってきたんです。授業の前に、制服の襟を正すよう言うのは、ここでは自分が教師なんだ、と。なぜネクタイをするのか？ とよくきかれますが、リラックスできるからです。『鎧』をつけているというか……」

(2006年2月8日、佐藤雅彦先生を囲む夕食会の談話より)

内本先生にとっては忘れられない一日となったことだろう。それまで誰にも打ち明けることなく、ひっそりと抱えてきた心の傷を、初対面で、しかも言葉を交わしていないのに、たった1回の授業を見ただけで、わかってくれる人に出会えたのだ。

この先、内本先生がたどる道のりは決して平坦なものではない。失敗しても挫折しても投げ出さずに挑戦し続けることができたのは、このときの出会いがあったからなのかもしれない。

内本　あ、そうそう。生徒たちが「ビデオを見たい」と言ってました。（撮影したビデオを）授業で取り上げる、なんていうことをしてもいいかもしれませんねぇ。
牧野　へぇ、それは面白そうですね。それでは、先生と生徒たちの変化のプロセスをふりかえられるような編集をしてみますよ。なんだか楽しみですね。

2年A組には、ひときわ存在感のある女子生徒がいる。研究協議の語り合いの場でも、先生たちの視線は愛さんに向けられた。たしかに、最初に見学した日、彼女は冷めた表情で白けていた。けれども、次に授業を見たときは、真剣な表情で取り組んでいた。そして、この日の公開授業では、私が撮影中に思わず姿勢を崩しかけたとき、「どこ撮ってんねん？」とやさしい表情で微笑んだ。

佐藤学　特定の子が話題になるような研究協議会はおかしいです。これ、誤解のないようにね。特定の子で、援助をたくさん必要としている子はいます。それはその通りで、それを否定しているんじゃない。でも、いっつも同じ名前ばかりが出てくる。かたや、1回も名前が出てこない生徒がいる。これはおかしいです。

注

1　学校改革「学びの共同体」づくりの先進校である。その取り組みの詳細は『公立中学校の挑戦―授業を変える学校が変わる　富士市立岳陽中学校の実践』（佐藤雅彦・佐藤学 2003）に綴られている。

2　校内研修として1つの授業を同僚の教師たちが観察するためには、他のクラスの授業を自習にするか、生徒を下校させる必要がある。そこで、授業を撮影し、授業ビデオを視聴して事例研究を行うこともある。このとき、授業ビデオの撮影は「教師の指導を中心に撮影するのではなく、教師の活動に対して子どもがどう行動したかを中心に撮影する」（佐藤雅彦・佐藤学 2003: 193）。高槻八中では、授業ビデオによる事例研究が「ビデオ研」と呼ばれ、学年研修は主にこの方法で行われた。

第２章　「学び合う関係」を築く

2005年5月21日（研究協議のつづき）

佐藤学　この高槻八中、4月に始まりまして、昨年は準備で、校内研修を6回くらいやられたそうなんですけどね。先生方全員でクラスを開いて。

どのクラスのどの授業にも活動と協同と共有の3つの要素を入れ込んだ授業をやる。これがポイントです。

それから、**学年単位で研究会をやる**。教科単位ではダメです。これらのいろんな要素を、ぼくもう20何年やってきましてね。中学校はことごとく失敗してきました。部分的にやってもダメなんですね。仕組みを全部変えなければダメということを学んできた。教訓というのかな。ある種の、理にかなった形だと、今は思っています。

そのためには、机の配置から、いろいろな要素があるんだけども、ともかく、子どもたちの中に**「学び合う関係」を築く**ことですね。

〈学び合い育ち合う学校づくり〉

佐藤学　だから学校内で、もう研修テーマを決めない。印刷物も作らない。あんなもの作るからおかしくなる。教師の研究の成果というのは、子どもの事実しかありません。そこに謙虚になること。いらないことはしない、ということなんです。

必要なのは、一人ひとりの教師のテーマです。自分が専門家の教師として、自分の教科において何を追究しているのか。それを持つべきでしょう。それは多様な方がいいです。どの先生も持つべきです。また、そのための、先生がお互いに成長するための援助を、こういう研究会でやるべきです。

今までのように、学校で共通のテーマ持って、共通の指導案とか書いて、そのためにみんなで議論して……。そうするとね、正しい教育は百通りあるのに、それから、学校には多様な教師がいて、多様な教え方があった方がいいわけですね。ドカーンって怒る先生もいれば、ニコニコした仏さんみたいな教師も必要なんです。それがあるから、子どもの幅も広くなる。それを同じやり方をしたらね、学校がやせ細ります。研究会もやせ細ります。こういう話し合いにならないわけでしょう。ですから、今までの、教師をだめにした要素、学校をだめにした要素を全部疑うべきですね。そのためには何が大切か。

第1に、何のための校内研修か。もう、この前提が違っているわけです。今までの校内研修は、いい授業をするためです。授業改善を目的としたり、いろいろ言い方はあるけど。でも、学校の目的はいい授業をすることですか？　ぼくは違うと思いますよ。

学校の責任というのは、一人残らず子どもたちの学ぶ権利を保障することです。一人残らず、ですよ。一人残らず子どもたちの学びをジャンプさせることです。その機会を与えることです。「自分も挑戦できるんだ」「自分も学びに希望を託せるんだ」ってこと。これを最大限にやらなきゃいけない。

だから、どんなにかっこいい授業をしても、1年間経って、難しい内容で「好きな子はどんどん発言してるけど、おれは数学なんか大嫌いになっちゃった」という子を出したらもうおしまいなんです。ぼくは認めません。そういう授業は。それよりも、どんなに拙くても、やっぱり一人ひとりの子どもを大事にして、結果として数学が好きになる。もっともっと学びたくなる。他の人の考えも聴きたくなる。困ったときにどんどんきけるようになる。これが一番大切だと思うんです。

教師の責任もそうですよね。教師の責任って、いい授業をすることにありません。それなら、どっかの研究会で自分でやってください。それはもう自由にやってもらえばいいと思う。だけど、学校でやることは何か。学校でこうして、なぜみんなでやるのかね。それは、教師たちが一人残らず、どんな子どもの学びの権利も保障し、それをジャンプできる。それだけの仕事ができる。その支え合いをすることでしょう？　そのために成長し合うことだと思うんです。

ですから、いい学校とはどういう学校なのかね。すごい授業がある学校じゃないと思うんです。**一人残らず子どもたちが学び合って、一人残らず教師たちも学び合って、**あの学校に行ったら、3年やったら成長できるよ、と。あそこで経験したことが次に生きてきた。そういう学校を創るべきだと思うんですね。

〈研究協議で何を語るのか〉

そういう意味から言うと、やっぱり従来の校内研修の作り方はおかしい。1つは、教え方を議論するでしょう？　教え方の議論っていうのは、たしかにいろんな議論が成り立つんだけど。これね、やればやるほど仲悪くなるんですね。なぜかというと、さっきも言った通りだからです。百通り正しいことぶつけ合ったって意味ないですよ。ですから、できるだけ教え方はやらない。そうじゃなくて、目的は、一人残らず子どもたちが学んでいたかどうかね。その学びがどこで保障されていたのか。どこでつまずいたのかね。この学びの事実のほうを話し合う。

今日そうなってたんだけどね。本当に感動しました。始めたばっかりでね。気持ちいいわけです。いつも成功しなきゃいけないような授業っておかしいでしょう？　日常の授業が見られるべきでしょう？　ですから、日常の授業が普段着のまま出せて、普段の悩みが出せてね。それをみんなで支え合っていく。そういう形になることが一番好ましいですね。

それから、なぜ教え方を議論するのがまずいかというとね。見てる側が、観察者が助言する形になっちゃうんですよ。授業者に対して。言い方はともかくですよ。「私もよくわからないんですけど、こうだったんじゃないでしょうか」と言う人から、「これは絶対こうすべきだった！」とか。言い方は別でも、そうです。助言になっちゃうんです。

助言というのはおかしなもので。つまりね、授業を「見る－見られる」の関係を作ってるんですけど。

なぜ授業の公開を先生方みんなが嫌がるのか。どの学校でも年３回くらいやってるでしょう？　なぜ若い人ばっかりに押しつけるのか。どうして最後に酒場に行って慰めるのか。「おれも若いときは苦労したんだ」とか言って。ぼく「ヤクザの入会式」と言ってるんです。なぜそういう馬鹿なことが続いてるのか、考えるんですが。(会場に笑い)

これはね、嫌な思いをしたんだと思うんです。授業を見せて。(会場が静まる)

だから、もう２度と開きたくない。あれこれ言われたくない。そうなってしまうんです。だけど、考えてみてほしい。どんなに素晴らしい授業をしている教師でも、１年に１度も、同僚にね、教室を開かない教師っていうのは、公立学校として資格がないと思いますよ。なぜなら、どんなにいい仕事をしていたとしても、その教師は、教室の子どもたちを私物化しています。学校を私物化しています。教師という職業を私物化していると思うんです。

そうじゃなくて、どんなに拙くても、あるいは、うまくいかなくても、あるいは手ごたえを感じていてもね。やっぱり、たえず先生方と協同でやっていく。とくに学年の子どもたちの問題というのは、協同で支えていかないと、どの子も救えません。ですから、１年に１度は同僚に開くべきでしょう。

そういう環境をつくるときに、授業者というのは、必ず「見る－見られる」の関係です。「見る－見られる」の関係というのは権力関係なんです。たとえば、ここに大学１年生の子を連れてきて、今日の見るでしょう？　お二人の授業ね。好き勝手なこと言いますよ。カーッと怒りたいくらい。「あれはああすべきだった」とかね。でもね、授業者は全部受け入れないといけません。つまり、その関係そのものが、すごい権力関係なんです。ましてや、ぼくなんかは東大教授という権威を持ってますから、すっごい権力関係なわけですよ。教師同士もそうなんですね。

実は、**授業者よりも見た人の側が問われている**んです。だから、助言しちゃいけないんですね。そうではなくて、そこで**何を学んだかを語ればいい**んです。わかります？

この授業でどうすべきだったではなくて、「この授業を見たことによって自分はこういうことができるようになりました」って語ればね、誰も傷つかないですよ。ぼくも今日いっぱい学びました。学んだことを今話してるんだけど。これを学べなくなったら止めようと思ってる。学校訪問ね。学べてる限りにおいて対等なんですね。「あそこはああすべきだった」というような言い方じゃなくて、あそこで自分がどう学んだかで語ってるつもりです。

こういうことになれば、**授業研究**[1]が面白くなる。

〈2つのグループ学習〉

佐藤学　それから、グループをいつ入れるかってことね。2通りあります。1つは**個人作業の協同化**。プリントで書かせる場面ね。これはね、黙々とやらせちゃダメです。それから、言うまでもなく、個人で考えさせてからグループにするのもダメです。普通、それやるんだわ。考えができてからグループでやらす。むしろ逆なんですね。個人でやらして、グループにすると、もう結論出てますから。話が面白くないんですよ。だから、最初から持ち込んだほうがいいです。

そのときに、「わからない子はどんどんきいてね」って。これ、逆をやっちゃダメです。「わかってる子はどんどん教えてね」ってやっちゃダメですよ。「教え合う関係」はダメなんです。おせっかいなんです。「学び合う関係」が重要なんです。「学び合う関係」と「教え合う関係」の違いは、「学び合う関係」は、さりげない優しさだって言ってるんです。求められもしないのに教えない。だけど、求められたら丁寧に教える。上手です、子どもは。

でも、伏せたままではしょうがないんです。そのときは教師しかできません。参加してないとね。だから**「つないで」**いかないとね。

それから、もう1つは、ジャンプのところにおけるグループ。高い課題に挑戦するときの**背伸びとジャンプ**の場面のグループ学習。実は「協同」っていうのは本来こっちです。個人作業の協同化でなくってね。こっちのほうが意味あるんです。でも、個人作業の協同化がどうして重要かというと、これを入れないと、低学力を吸収できないんです。回復できない。それから、高いレベルを設定したときに、みんな切ってしまいますから。だから、協同学習を入れるときに、この2つを考えてください。

〈自助の能力を育てる〉

佐藤学　なかなかコミュニケーションに入れない子が、個人作業の協同化では入れる。ここでは入れるの。ここで重要なのは、必ず「**ねえ、ここどうすんの？**」ってきくことですよ。友達に。できない子ほど自分でやろうとします。できない子ほどきかなきゃいけないのにね。これをね、必ずやっとく必要があるんです。これはね、ある種しつけなんです。つまり、わからないままじっとしていないってことね。先生が話してるときも、「ねえ、あれどういうこと？」ってきけること。

なぜかと言うと、教師もそうなんだけど、できない子に教えようとするんですよ。援助ということで。そうするとね、その子たちは、いつまでたっても待ってます。低学力から絶対抜けられない。弱い子、虐げられた子、それから、能力が、やはり劣ってる子がいるという状況の中で、そういう人たちは、自分たちが自分たちを助ける能力を持たないと、絶対に抜け出せない。今の社会のからくりでは。

だから、ぼくは必ず、「教え合う関係」をつくらないんですよ。「教え合う関係」はおせっかいだって言ってるんです。そうしてる限り、その子たちはずーっと底辺を生きるしかない。あるいは、切り捨てられるかね。その子たちに一番必要なのは、**困ったときに助けを求める能力**なんです。

この前ペスタロッチを読んでると、書いてますよ。貧しい人たちに一番教えなきゃいけない能力というのは「自助」の能力だって。自らを助ける能力。本当にそうだと思う。自分が困っているときに自分を助ける能力ね。だから、「ねえ、ここどうすんの？」って。これをずっとやる。

だから、「困ったら隣の子のを写してもいいよ」から始めるんだよね。そうするとね、たいていこれ、中学校っていいんですけど、9教科全部やりますから、いろんな先生の個性を通して。子どもたちは2か月くらいで全部マスターしますね。これができたらね、ものすごくクラス安定感いい。

注

1　佐藤(2008)は「日本の授業研究の歴史的重層性」について次のように述べている。

> 授業研究の様式を一面では洗練させ、もう一面では形式化したのが、1960年代から1980年代にかけての大学における授業研究の展開である。大学に教育学の専門領域として「授業研究」が成立し、授業研究を専門とする教育学者が成立したのは1960年代であった。なかでも北海道大学、東京大学、名古屋大学、神戸大学、広島大学の五大学は「授業研究」の拠点大学となった。北海道大学はソビエト教育学、名古屋大学は重松鷹泰氏の授業記録の方法、東京大学はアメリカの学習心理学と授業研究、神戸大学と広島大学は東欧なかでも東ドイツの教授学というように、それぞれ背景とする教授理論を異にしていたが、いずれもアカデミックな領域で「授業の科学」を建設し、学校現場の授業研究を科学化(もしくは洗練)する志向を持っていた点は共通していた。
>
> しかし、もう一面で大学における授業研究は、ナショナル・カリキュラムとしての学習指導要領の法的拘束力の強化と呼応して、文部省、地方教育委員会の推

進する教師の研修システムの形成を基盤として展開した。教科教育学会が各教科で組織されるのも 1960 年代であり、教育行政において指定研究校制度が成立するのも 1960 年代であり、教師の研修機関である地方教育センターがつくられるのも 1960 年代である。こうして、授業研究は大学における「授業の科学」に支えられて全国の学校に定着し校内研修の制度化が進行した。今日、どこの学校でも行われている校内研修のスタイルや、学校で教師たちが作成し出版している研究の印刷物のスタイルは、そのほとんどが 1960 年代と 1970 年代に大学と行政をとおして普及した様式を踏襲したものと言ってよいだろう。（佐藤 2008: 45–46）

第３章 「学びの共同体」を学ぶ

高槻の教育にはもともと「学びの共同体」の土壌となる伝統があった。1973 年から 10 年間、高槻八中に勤務した阿部靖子教諭は語る。

大阪から転勤してきて、子どもの姿を見て一番大きな違いを感じたのは、しんどい子どもが生き生きとしていることでした。

当時、大阪市内では一部の学校で先進的な取り組みが行われているところもありましたが、私がいた中学校は非常に生活背景のしんどい子どもがたくさんいて、生活指導上の問題が起こって荒れていた学校でした。そこで行われていた教育は、ただ問題を起こさずに、毎日平穏無事に送れるように、上からギュッと教師が押さえつけるような教育をやってきたわけです。高槻に変わってきて全く違う教育というのに接して、初めは「こんな教育もあったのか」という驚き、とまどいみたいなものがあって、自分でも最初はどうしていいかわからないことが多かったわけです。

そのへんの大きな違いとしては、生徒会活動、クラスのホームルームのあり方が、全く子ども中心に、いろんな話し合いの中で自分たちで方向を見つけて活動を展開していくことなどがあると思うんです。そこに大きくかかわり合うのは、進路指導の違いがあったと思っています。

当時、大阪市内では、まず 10 回ほどの模擬テストを受けさせて、全部の平均点を出し、各高校のランクをきちっとつけて、その一人ひとりの生徒の点数を高校のランクにあてはめていく。要するに、きれいな輪切りをしていたわけです。そういうのが進路指導であって、子どもの生き方を考えるということは全くなかったし、仲間のことを考えるなんてこともありませんでした。そういう中で子どもたちは仲間とのつながりもなく、ひたすら補習という形で、勉強、勉強で追いまくられ、あかん子、高校に行けない生徒は本人の努力が足らんという形で、切り捨てられていったわけです。

ところが高槻に変わってきて、**すべての子どもに後期中等教育の保障**ということが取り組まれ、しんどい子どもに視点をあてて、どんな生き方をするのか

> を考えていく教育のあり方、そういうことが、子どものすべての学校生活での表情にまで影響しているんと違うかなと思ったんですね。ほんとは、もっともっと生きるための力をつけなあかん生徒が切り捨てられていってるいまの制度、そんな制度に何の疑いも感じないで、ひたすら作業していた自分の教師としての姿勢をも問い直されたわけです。（阿部 1986: 185–186）

谷崎校長は語る。高槻の教育はこれまでも人と人をつなぐ集団づくりに取り組んできた。しかし、「授業はどうだったのか？」と考えると、授業の取り組みは弱かった。「やっぱり授業だよ！」という問題意識が生まれたとき、高槻市教育センターが「学びの共同体」の情報を提供してくれた。学校づくりのヴィジョンとして「学びの共同体」づくりを選んだのは、それまで大事にしてきたものとのつながりを感じたから。

高槻の教師たちは70年代から80年代にかけて人権教育に果敢に取り組んだ。1983年、同和教育推進校の高槻市立第四中学校に新任として赴任された神宮司竹雄先生は、差別の現実と向き合う解放教育に全身全霊を傾けた。1992年、高槻四中は文部省（当時）の指定を受け、「集団で高まる授業」というテーマの授業改革に着手した。このとき、参考にしたのは「全員発言授業」という方法だった。

> モデルは松原市立第三中学校だった。当時、松原三中は高知鏡野中に刺激を受け、「全員発言授業」に取り組んでいた。府内の同和教育推進校はこの影響を受け、授業改革に取り組むことになった。四中もしかりである。私は、授業改革の校内中心メンバーだったので、これらの取り組みを推進するために、「全員発言」に取り組んでいる松原三中、土佐山田の鏡野中、土佐清水の三原中（へき地校）の視察に行かせてもらった。この時、授業に4人グループを取り入れていたのが松原三中と三原中だったので、四中もこれを参考に4人グループを活用した授業を進めることとなった。（神宮司 2010: 39–40）

「全員発言授業」では発言の回数を黒板に記し、グループごとに生徒たちが競い合う。ただし、高槻四中では競争よりもグループ内の「教え合い」を重視し、同和地区の生徒を中心に生徒同士のかかわり合いを育てた。しかし、結果は意外にも、同和地区以外の生徒のほうに学力向上が認められた。逆に、救いたいと願ったはずの同和地区生徒には、依然として学力問題が残った。

> この時は、この4人グループで学び合うことの意味を全く知らず、「できる」生徒が「できない」生徒を「親切」に教えるというかかわりを奨励する取り組み

> だった。この取り組みを3年間推進した学年は、高槻市の統一テストで英語が2位、国語3位など好成績を収めることとなった。「荒れ」の現象もなくなった。しかし、地区生の成績の伸びはごくわずかであった。なぜなのか。わたしがこのことの理由に初めて気がついたのは、2004年1月、東京大学大学院の佐藤学先生に出会った時だった。私は佐藤先生が提唱する「学びの共同体」の理論に感銘を受け、その視点で授業をみるようになり、考えるようになった。（神宮司 2010: 40）

1995年、神宮司先生は高槻八中に異動したあとも授業づくりの学校改革に取り組み、10年間の苦悶の果てにようやく希望の光を見出した。それが「学びの共同体」との出会いだったのだ。

> 私がいた高槻四中がおこなっていた4人グループは、わからない生徒がいたら、「親切な」生徒が教え込むというものだった。わからない生徒自ら「聴く」というものではなく、今思えば「おせっかい」が顔を出していたのである。当時の地区生徒の学力の伸びが低かったのも、自ら「聴く」（＝自立につながる）ということを重要視していなかったからである。（神宮司 2010: 43）

神宮司先生は語る。「自立は依存することから始まる」と。

> 低学力など課題のある子どもも仲間に依存することで自ら問題に挑戦する意欲をもつようになる。自立は他者に依存するところから始まるのである。多くの低学力の子どもは最初、人に聴くことができない。自らをさらしながら挑戦することはこれらの子どもたちには厳しいことなのである。だから、最初は4人グループの対話を黙って聴くだけ、または他の仲間の書いたものを写すだけという段階から出発する。その期間を経てやっと尋ねることができるようになる。それに対して、尋ねられた「できる」子どもは、低学力の子どもの立場になって、言葉を選んで教えなくてはならない。また、本質的なことがわかってないと教えることができない。これまた挑戦である。このような互いの挑戦と互恵的な学びの中で対等平等な関係が起きるのである。（神宮司 2010: 43–44）

今日、学校改革「学びの共同体」づくりに取り組む公立学校は全国の約1割（小学校約2000校、中学校約1000校）と言われている（佐藤 2007）。佐藤学教授に手紙を送っても丁寧な断り状が届き、口頭で依頼しても2回断られた。それでも、神宮司先生はあきらめなかった。

2004年12月24日、まず高槻八中の先生たちに「4人グループの協同的な学び」を体験してもらおうと、同僚とともに「模擬授業」を試みた。神宮司先生が初任者指導を担当していた平野先生が教師役を務め、他の先生が生徒役を演じた。「難解な問題を解け」と要求される不安な気持ちと、グループで支え合うことの安心感を知った。

このとき、谷崎校長も生徒役の1人を演じた。神宮司先生にとって高槻四中時代からの先輩であり、理解ある上司として、また、姉のような支援者として、二人三脚で取り組んだ。

その後、神宮司先生は富士市立岳陽中学校に手紙を書いて、「模擬授業」の様子を報告した。

> 富士市立岳陽中学校　様
>
> いよいよ今年もあと残すところわずかです。先生方におかれましてはますますご健勝のことと存じます。
>
> 本日、本校(高槻市立第八中学校)では終業式のあとの午後から、11月16日にフジテレビ系列で放映された「富士市立岳陽中学校」のドキュメント番組のビデオ(約30分)を見て、その後数学の「模擬授業」を、ほぼ全員の教師が体験しました。特別参加として高槻市教育センターから指導主事が1名、芝谷中から初任者1名が参加しました。以下にその様子を報告します。
>
> 初任者の平野教諭が数学の選択授業で行った教材で、他の教師に「生徒」役になってもらい、「模擬授業」を行った。授業の初めに、「声の大きさ」や「4人班で行う時、わかっている人は、わからない人が『ここどうなっているの？　教えて！』というまで教えてはいけない」など、いくつかのルールを説明した。座席はコの字型から始めた。
>
> まず、プリントが配られた。鍵状の図形が3つ描かれている。この鍵状の図形に直線を引っ張って面積を2等分せよ、というのが問題である。まずは1人で考えてみる。みんな真剣だ。でも、一人ひとりの心の中は、不安であったり、挑戦の気持ちであったり、様々であった。あとで感想を聞くと、多くの「生徒」は不安な面もちであった。一人ひとりの考えが煮詰まりだした頃に4人班になった。
>
> 一気に安堵感が広がり、それぞれの考えをすり合わせた。声の大きさに気を配りながら、それぞれの班が考えを出し合っていた。間違った答えでもそれがヒントになり、正しい答えを見つける「生徒」もいた。教育センター指導主事が参加していた3人班のところは、誰も考えを出すことができずに苦悩していた。数学の教師もほとんどの人が正解を出せずに苦しんでいた。
>
> そこで、平野教諭がB4の大きさの長方形の紙を示した。芝谷中の初任者(数学)を指名し、「この長方形を2等分するにはどうしたらいい？」と質問した。すると、「(その長方形の)対角線」と答えた。平野教諭は、残念そうに「一発で答えられてしまった」と言った後、今度は、同じB4の大きさの用紙に、対角線2本(点線で示す)とその交点を通る別の太い線(対角線ではない)を示した。「長方形の対角線の交点を通る線は、長方形の面積を2等分します」
>
> これがヒント(「ジャンプ」するための「スプリング・ボード」)になり、4人班の学び合いが活発化した。鍵状の図形の中に、長方形を見つけたところは、残りの1つを発

見するのに手間取ったが、発想のやわらかい人がいる班は、鍵状の外に長方形を見つけた。

いくつかの班で、3つとも答えがわかったところで、4人班から元のコの字型にもどした。これは、「生徒」同士の顔を見やすくし、問題の解き方の共有を行うためである。

数学の教師がいる班の中から、国語の教師が解答者として黒板に線を書き入れ、同時に説明を行った。同じく、もう1つの班も国語の教師が解答者として登場した。この2つは、鍵状の中に長方形を見つけた回答であった。そして、鍵状の外に長方形を早くから見つけていた音楽教師が指名され、黒板に回答を示し、共有の時間＝つまり解答指導時間が終了し、授業も終了した。

この後、授業の感想を述べ合った。1人で考えていた時の不安な気持ち、4人班にした時には、数学の教師(普段の教室では勉強のできる生徒)がいたから安心をしたとか、場面によって心理の変化が見られた。もっとも重要なのは、最初の1人で考えていたときの「孤独感」である。この問題は難しく、でも挑戦したくなるような高いレベルの問題(これを「背伸び」と呼ぶ)であった(チャレンジ)。

これを1人で解けと言われることほどつらいことはない。これが出来ない生徒はおのずと、気持ちが荒れすさんでいく。不登校になったり、荒れたりするのである。この授業に参加した教師の多くは、普段一斉授業を受けている「低学力」生徒の気持ちが痛いほどわかったはずである。我々はこのように、生徒を孤立させたまま、日々の授業を行っているのである。

それを仲間の支え(共生)によって、この問題の解決をするのである。仲間の支えがどんなに温かいかを参加した教師たちも感じたはずである。ただし、自ら「ここがわからない。教えて」と言わねばならない(自立)。自ら仲間に働きかける中で、「自立した人と人」とが結び合っていく。これが連帯につながるのだ。自分のもっている恥ずかしさを克服することで、「安心して学べる学校」になるのである。

この仲間の力を借りて、または、スプリング・ボード(ヒント)を借りて「ジャンプ」すれば一番いいのであるが、そうでない「低学力」生徒も実際にはいる。その生徒はどうすれば良いのか。実は、その生徒はわからなくてもいいのである。このときに理解できなくても、仲間の力を借りて挑戦し続ければいいのである。そして、佐藤学先生が言うように、「低学力はある日突然克服される」のである。つまり、ずっと挑戦し続ける中で、思考力が高まり、一気に理解できるようになるということである。

このような内容を、私は多くの教師が意見を述べた後説明をした。では、多くの意見とはどのような意見であったのか。

・この取り組みを行う前に本校の実態をきちんと把握し議論すべきである。
・岳陽中の物まねでは、混乱が起き、きっと形骸化し崩壊する取り組みとなる。
・まずは、自分たちの授業を見合うところから始めよう。
・荒れていく多くの生徒は、低学力が原因であるから、学力の問題をしっかりと考えたい。
・班にするのは簡単なことではない。くっつけるのをいやがる生徒には、まず学習規律を確立することが第一である。
・班にすることによって私語が多くなるのが困る。

・たとえ1年生でもこのやり方で行うのは4月からは性急すぎる。
・まずは、選択授業で試して失敗を重ね、課題を見つければよい。
・数学の基礎計算でもこういうやり方ができるのか。

などなど様々な角度から意見が出されました。しかし、いずれも後ろ向きというのではなく、当然もっともだという意見が多かったです。それでも、丹波(研究主任)と私は、「とにかく3学期から選択授業で試してみてください。疑問があれば、平野教諭の授業を一度見てください。また、今度、佐藤雅彰先生が来るから、そこで質問をぶつけてほしい」などと答えました。

最後に、冬休みの宿題として、『公立中学校の挑戦』(佐藤雅彰・佐藤学 2003)を読むように一人ひとりに本を手渡しました。

このように、「学びの共同体」づくりは、容易なことではありませんが、少なくとも本日、「背伸びとジャンプのある授業」をほぼ全員が体験できたこと、疑問点を含め議論が出来たことは、大きな収穫だったと思います。3学期は、本格実施に向けて良い助走が出来ればと願っています。

神宮司竹雄

この手紙に丁寧に応えてくださったのが、当時、富士市立岳陽中学校の教頭でいらした稲葉義治先生だった。

神宮司竹雄　様

すごい研修です。読んでいて鳥肌が立ちました。しかも、終業式後というモチベーションの低い中でできるなんて、とてもすばらしい学校だと思います。「多くの意見」に対して私なりの回答をしてみます。

・この取り組みを行う前に本校の実態をきちんと把握し議論すべきである。
・岳陽中の物まねでは、混乱が起き、きっと形骸化し崩壊する取り組みとなる。

そのとおりだと思います。生徒の実態をきちんと把握し、どのような課題があるのかを見極める必要があります。そして、何が最優先かを考えなければなりません。ただし、学びから逃走する子どもたちへの対応は生活指導から入るのではなく、授業改善から始めて生徒を呼び戻すことだと思います。この点は譲れない部分です。次に、授業改善とは何かです。教師が「今日はこのことを教えるぞ。きちんと覚えろ」と言う姿勢では子どもは戻ってきません。子どもの考えに沿って授業を組んでいく姿勢を持たなければなりません。これは子ども任せとは違います。教師はその日の目標を持っているのですが、押しつけでなく子どもと共に追求していくのです。そのために岳陽中では3つのことを授業に取り入れることをお願いしています。

①できるだけモノを取り入れる。
②小グループの活動を入れる。
③表現の共有を図る。

私たちの取り組みは、技術や方法ではありません。生徒一人ひとりの学びを保障するということを前提に、個々の教師がそれぞれの方法で取り組めばいいのです。ただし、みんなでやることが大切です。1人2人の教師や1～2の教科でやっても学校は変わりません。初めは、聴き合う関係づくりだと思いますが、それには教師が率先して子どもの話を聴くことです。

私は授業改善と同時にケアリングも同じくらい大切だと思っています。中学生をある時は大人扱いし、ある時は子ども扱いする姿勢があります。これが子どもとの関係がよくならない原因だと思います。岳陽中では、やわらかい関係を築くといっていますが、私は子どもを大人扱いし、責任をもたせることだと解釈しています。具体的には、

①大声で怒鳴らない。

②子どもを頭から叱らない。その子の理を聴いてから、考えさせていく。

③全体の前で1人を叱らない。後で個別に対応する。

子どもの自尊心やプライドをへし折るのではなく、その子の全てを受け止め、何が問題なのかを共に考えていくことで子どもを変えていこうという取り組みです。抗生物質のような即効性はありませんが、漢方薬のようにじわじわ効いて、しかも副作用がありません。

・まずは、自分たちの授業を見合うところから始めよう。

そのとおりです。授業のビデオを撮って(教師同士が)見合うことです。教師の指導方法や発問の中身を検討するのではなく、子どもが学んでいるか(夢中になっているか)を固有名詞で語っていくことが大切です。

・荒れていく多くの生徒は、低学力が原因であるから、学力の問題をしっかりと考えたい。

・班にするのは簡単なことではない。くっつけるのをいやがる生徒には、まず学習規律を確立することが第一である。

・数学の基礎計算でもこういうやり方ができるのか。

低学力層対策で考えることは、習熟度別指導をとるか、グループ学習をとるか、です。習熟度別は一見効果がありそうですが、教師が一方的に子どもの伸びる上限を決めてしまい、さらに差を広げることになってしまいます。どの子にも同じようにチャンスを与えていくことが我々日本の教師が今までしてきたことではないでしょうか。グループ学習で支え合う関係をつくると低学力層の底上げになります。学びから逃げません。数学の計算練習を班で答え合わせをすると効果があります。わからないときは、きいていいんだよと言っておくと、初めは答えを写そうとしますが、自尊心がだんだん許さなくなって、やり方をきくようになります。すぐには効果は出ませんが、軌道に乗せるには全ての教科でグループ活動を取り入れることです。

・班にすることによって私語が多くなるのが困る。

それは、班にする必然性がないとき、なぜ班にするかを子どもがわかっていないとき、答えが簡単すぎてすぐ終わってしまうときなどが考えられます。私語が多くなる前に元に戻すべきです。

・たとえ1年生でもこのやり方で行うのは4月からは性急すぎる。

・まずは、選択授業で試して失敗を重ね、課題を見つければよい。

4月から一気に始めることです。富士市教育長は「挑戦して初めて見えてくることがある」と言って、石橋をたたいて渡らないことより、何事にも挑戦することを勧めています。

私は、教室でやる教科がまとまってグループを使えばかなり効果が上がると思います。国語、社会、数学、英語、家庭の教科からまとまって始めることです。理科は理科室でいつもグループです。音楽、美術ではどこでどのように取り入れるのかといつも質問され、なかなか理解してもらえません。それでも進めることです。

教育とは、学校とは、いつも難しい課題を背負って、それがなかなかすっきり解決できずに次々と襲ってくるのです。押しつぶされずにがんばりましょう。

富士市立岳陽中学校
稲葉義治

えびす顔の朗らかなお人柄で知られる稲葉先生は「学びの共同体」研究会を支える縁の下の力持ちだ。

「岳陽中、元吉原中、田子浦中と異動し、考えも変わりました。手紙の内容は覚えていないけれど、当時の私の考えは、とても浅かったかと思います」

（2009 年 7 月 18 日のメールより）

校長や教頭といった管理職にあっても、学び合いを通して自らの学びを深める。

2005 年 1 月 11 日（学校改革案の検討）

高槻八中では年明けの校内研修の場で学校改革案が改めて検討された。丹波先生の司会により、稲葉先生から届いた手紙の読み合わせや、学校診断アンケートの結果をふまえ、話し合いが進められた。神宮司先生いわく、学校改革「学びの共同体」づくりに反対する同僚は１人もいなかった。むしろ、積極的に課題が指摘されたことに驚いたという。

最初の発言者は内本先生だった。

・授業を見合うことは必要だ。前任校では生徒が荒れていたから生徒の責任にすることができたが、本校ではそういう訳にはいかない。自分の国語の授業は、荒れていた学校ばかり回ってきたので、他の人より劣っている。本校では授業中生徒が聞いてくれているように思うが、成績はさほどよくない。しかし、この取り組みの導入にあたっては、本校では行事が多く、荒れていないのに日々忙しい。授業研究やビデオ研は必要だ。今は、授業以外のことに時間をとられ、教材研究がいつも後回しになっている。惰性で授業をしている状態だ。

・かつては、荒れた学校にいたときでも、本を読んだり、教材研究ができた。そのときの行事は文化祭、体育祭、卒業式ぐらいだった。今はまったく教材研究の時間がない。私生活を犠牲にしない限り、この取り組みには賛成できない。でも、本来はグループ学習も取り入れたいし、丁寧な取り組みもしたい。しかし、今は林間、職業体験、総合的な学習、選択科目など、忙しすぎる。

・負担感を減らす必要はあると思う。授業を変える必要性があるのかどうかを考える必要がある。本校では生徒は静かに授業を聞いていても、顔はあがっていない状況。静かにさせていても授業がよいという手応えがない。生徒は話が聞けていない。幼さの低年齢化。しつけができていない。岳陽中をそのままま ねるのはどうか。岳陽中でも、コの字型になったのは2年目からだ。また、(佐藤雅彰先生が校長だった)広見小学校の積み重ねを経て、中学校に上がってきた生徒もいる。最初から岳陽スタイルは無理。「背伸びとジャンプ」の教材をつくるのは大変。1年目にどこまでやるのかという共通認識が必要。理科・数学はやりやすいかもしれないが、社会の歴史などは大変。一斉授業も時には必要ではないか。

・自分の授業をこれでいいかと思ったらしんどい。最近は生徒との関係もなかなかうまくいかない。行き詰まっている。この取り組みは、みんなの中に授業を変えていこうという気持ちが無かったら絶対にうまくいかないと思う。平野先生などは若いから柔軟だが、私たちは……。担任が元気の出る学校にしたい。

・選択・総合をこれまで通りやるのは難しい。選択を切ることはできないのか。クラスが解体され、生徒の人間関係に配慮ができない選択履修には、あまり意義を感じない。

・こうなったらいいなという気持ちはある。でも、コの字型は無理。教材を作るのが大変。忙しすぎる。時間保障が必要。選択は今でも手を抜いてしまっている。生徒も遊び感覚で選択・総合を受けている実態がある。

・(手を抜いているというのは)生徒に対してあまりにも失礼やと思う。私も、本当は選択がないほうがいいが、授業をなおざりにしているというのは、生徒に対して失礼だ。

・行事をもっと削減すべきだ。PTAや地域との行事は全部なくしてもよいが、その代わりに「親の学習参加」を行い、日常的なつながりを持つべき。林間・家庭訪問・会議はもっと減らすことができる。責任をもって一役一人制を行えばよい。

・今6種類の教材研究をしている。今が限界。岳陽中でこの前英語の授業を見た。「待つ」「聴く」という時間があった。教師だけでなく、4人班の生徒もお互いに「待つ」「聴く」ということをしていた。先生もすぐに当てない。結果を言わない。あったかい雰囲気があった。体育の授業で、リズムマット運動をしていた。途中で考える時間があって、その考えをみんなが騒ぎもせずにじっと待っている。その空気がいい。私の授業でも、まねをして待っていると、生徒が自然に静かになったことがあった。「早く」とか言わない方が考える生徒が出てくる。でも、いつもそういう訳にはいかず、どなってしまうこともしばしば。

今となってはどなたも懐かしい顔ぶれだが、このとき発言した9人のうち8人が2010年度までに高槻八中を去っている。毎年の異動で3分の1以上の教師が入れ替わる。司会の丹波先生も2009年4月で異動となった。

このように、富士市立岳陽中学校との交流が高槻八中の「学びの共同体」づくりの後押しをしていた。

実は、それだけではない。神宮司先生の大学時代の恩師、玉田勝郎教授は在外研究のため英国に滞在中でありながら、メールの往復書簡を通して、教え子のつぶやきに耳を傾けられた。

意外にも、非公式に交わされた2人の往復書簡が佐藤学先生を引き寄せることになる。

玉田勝郎　様

メールありがとうございました。懐かしく拝見させていただきました。

この1年は、佐藤学氏の「学びの共同体」にはまり、彼のかかわる公開授業研究に5校訪問しました。その中でも最も素晴らしいのが、富士市立岳陽中学校です。4年前まで校内暴力で有名な学校で、学力も市内で最低の位置にいました。しかし、この3年、佐藤学氏がこの学校にかかわり出してからは、「荒れ」の克服のみならず、学力は市内の1位または2位になり、不登校は38名から6名に減りました。これは、授業改革にとどまらず、学校そのものを改革したからに他なりません。（詳しくは、『公立中学校の挑戦』をご覧になって下さい。必要であれば本をイギリスまで送ります。）

岳陽中をはじめ、佐藤学氏がかかわる学校で行われているのが、授業研究（ビデオ授業研究を含む)後の研究協議です。研究協議の柱は3つです。①授業のどこで学びが成立していたか。②授業のどこで学びが成立していなかったか。③この研究協議で何を学んだか。

この研究協議は、教師を批判するのではなく、同僚性を高めるためになされています。授業の巧拙については一切問わないことが大前提となっています。とりわけ、ビデオ授業研究では、教室の右前から生徒の表情を中心に撮影し、教師の活動は4分の1程度という撮影方法を行っています。生徒の表情をビデオカメラで追うと、学びが成立しているかどうかがよくわかります。

これらの研究協議では、生徒の固有名詞がよく飛び交います。しかも、課題のある生徒や目立っている生徒だけではなく、むしろ目立っていない生徒に焦点が当てられることが多くあります。これは、佐藤学氏が「教師の仕事は、一人ひとりの学びを保障することにある」と助言しているところから来ています。

また佐藤学氏は、「どんな授業のうまい教師でも、年に最低1回は教室を開き授業を見せる必要がある。それをしない教師は、教室を私物化していることになる。そういう教師は、公立学校の教師とは認められない」と言っています。

このような、佐藤学氏の理論によって行われる研究協議は非常に魅力的なものになっています。通常、研究協議は2時間を取ります。1時間15分を教師全員の発言。残りの時間を佐藤学氏が指導・助言をするという形です。この指導・助言が我々の予測を越える角度から飛び出します。いつも目から鱗が落ちるといった感覚にさせられます。私はいつもこの佐藤学氏の発言を期待して足を運んでいます。

「学びの共同体」について、申し上げれば切りがないので、ここで筆を置きたいと思います。参考資料として添付ファイルを送らせてもらいますので、是非読んでください。

3月末の帰国については、是非お知らせ下さい。語りつくしたいと思っています。では、お体を大切に。奥様にもよろしくお伝え下さい。

神宮司竹雄

神宮司竹雄　様

新年明けましておめでとうございます。「学びの共同体」づくりの前進、飛躍を祈っています。本年もどうかよろしくお願いいたします。

エディンバラから帰ってきたら、美しい賀状(メール)が届いていました。ご丁重な、また楽しいメッセージの賀状、有り難うございました。

先のメールに添付されていた「書簡」、および「旅日記」、ともに興味深く拝読しました。私も、佐藤学さんの書物については、教育理論・政策に関するものからカリキュラム論、授業実践の「批評」に関するものまで、ほとんど目を通して来ました。『カリキュラムの批評』や『教育方法学』等は、大学院のゼミのテキストとして使ってきました。

私が彼の理論・思想に多大の関心を寄せてきた理由は、なんと言っても〈教育実践〉に注がれている彼の熱いまなざし――教育構造や制度の単なる批判・分析に留まるのではなく、その構造の下で、様々な、厳しい(きつい)制約を受けながらも、現状を「変えたい」と格闘する教師たち、日夜生徒の学び(悩み・荒れを含む)に「責任」を負っている教師たちを、学校・教室という実践の現場から励ましていく(あるいはそこから学んでいく)理論・教育思想――に触発されたからです。ドナルド・ショーンの言葉で言えば、「反省的実践家」としての教師と、その協同的(協働的)な成長の必要性ですね。(佐藤さんとは、関西大学での9月の「国際シンポジューム」で初めてお会いしました。)

佐藤さんを迎えての「研究会」、すばらしい企画です。神宮司君のリーダーシップに感服しています。高槻市全体の「公開研究会」にされるのでしょうか。「学校づくり」の第一歩、いや、飛躍の「跳躍台」となることを祈っています。日程が決まれば教えてください。

ここで筆を置きます。日本は寒波、とか。ご自愛を祈ります。では、また。

玉田勝郎

玉田勝郎　様

メールの返信ありがとうございました。私は本日、親不知を抜きました。それにもかかわらず我妻の晩ご飯の料理は、「ポン酢」を使う豆腐料理でした。

昨日(2005年1月11日)、12月24日に引き続き校内研修で論議をしました。改革が一歩前進しました。不思議な感じがします。添付資料を送ります。

神宮司竹雄

神宮司竹雄　様

校内研修の論議、「緊張感」を持って、拝読いたしました。「一歩前進」とのこと、先生方のその「一歩」に敬意を表します。私は、先のメールの末尾に、「スタート・ラインに立つこと、それが大切……」と記しましたが、当事者の先生方はやはり「大変な一歩」だろうと思います。皆がみな「明確なヴィジョン」を我がものとしているというわけでは(むろん)ありませんし、なんといっても「怯え」や「しんどさ」が先立ってくる人も出てきますよね。

その論議を拝読した私としては、教師間のディレンマや「意識の段差」というものは、それ自体が同僚性や協同性を新たに生成していく(重要な)「契機」になるものだと思います。そのための研究会ですよね。神宮司君に望むことは、今後、たとえ内部の矛盾が顕在化してきたとしても、「支持派」と「反対派」といった、二元的「色分け」をしないこと、それだけです。(苦労人のあなたに申し上げる必要の無いことですが……。)

ただ一点、拝読した「論議」の中で気になったのは、〈教材研究〉の時間が無い、という発言です。教材研究は、ここで指摘するまでもなく、授業(学び)の質、高さ(深さ)を生み出していく上で要(カナメ)となるものです。ですから、可能な限りその時間を「確保」するための、条件整備が必要になります。業務の「縮減」に知恵をしぼる必要があります。〔この点は確認されていました。〕

私の言いたいのは、そのことではなくて、教材研究は〈授業研究〉の不可欠の一部ではあっても、「全体」ではないという事です。もっと大事なことは、授業実践そのものの場(展開過程)が、どのように生徒の力を引き出し、それを「つないで」いくか、つまり学びの成立を〈媒介〉しているか、という問題です。

こうした「指導性」、展開力——生徒の声を聴き取る力、応答性、吟味、状況判断、発声の「やわらかさ」、ユーモア、演出力、あれこれの技法……等々——というものは、個人の「教材研究」によって開発・発展させられる性格のものではなく、まさしく教師集団の共同研究（実践－批評－反省……）の積み重ねの中から生成されるものだと思います。「うまい授業（名人）」・「知識の多さ（物知り）」・「学級王国」を超えていく授業づくりは、そうした協同の活動をこそ必要とします。

つまり、学びという営み（知識を含む）は、その「実践共同体」の中に〈分散〉されて生成（存在）するものなのです。決して教師ひとりの「教材研究」の中に存在するものではありません。私が「気になった」のは、〈「個人（ひとり）の」教師が－「欠点の無い」－「教え方」ができる〉、という発想・授業モデル・批評観に囚われているように感じたことです。こうした「囚われ」から解放されることが、〈授業研究〉の目標であって欲しいと思った次第です。

今、こちらは深夜の2時です。せっかく貴重な「討議資料」をいただいたのに、これ以上「展開」出来ません。お許しください。夕食は「湯豆腐」だったとのこと、よだれが出そうです。

永続的な「静かな学校革命」の始まりに、乾杯しましょう。

一路平安（イイルゥビンアン）は願わず――

ご自愛ください。

玉田勝郎

玉田勝郎　様

「一路平安は願わず」は「仮の闘い－あるオルグのノオト」山田彰道さんの言葉ですね。私もこの本を大学時代に購入をした覚えがあります。でも、読み始めで挫折をしたのではないでしょうか。何か茨の道を、覚悟を決めて一歩踏み出す。荒野が連想されます。冬の凍てつく満州でしょうか……。そのような厳しい道を歩み、ついぞ解放への道に向かう。そんなイメージを持ちました。

さて、毎回私のメールにお付き合いくださり、いくら感謝をしても尽くせない、そんな気持ちでいっぱいです。私は、恵まれた教え子ですね。メールの公開を承知していただいた瞬間に道が開いたように思えたのです。その直感があたりました。佐藤学氏から次のようなメールが届きました。**「神宮司さま　とても示唆深い玉田さんとの往復書簡、そして手に取るようにわかる学校の取り組み、お伝えいただいて感謝しています。何が何でも、一度訪問したいと思っています。今年度はとても無理ですが、来年度の4月か5月に伺えるでしょうか。佐藤」**ということでした。往復書簡が佐藤氏を「何が何でも」という気持ちにさせたのだと思います。

実は、10月に佐藤学氏に手紙を出したときには、葉書で断りの返事をいただき、11月に東大阪市立小阪小学校でお会いした時にも、丁寧なお断りを受けました。これは当然ですね。何の実績もない学校からの依頼ですから。でも、取り組みを開始すれば、きちんと答えてくださる方だとわかりました。模擬授業の報告の後の返事は、**「すばらしい研究会の様子、参考になります。来年、ぜひ訪問したいと思うのですが、スケジュールがどうか。また、ご連絡ください。佐藤」**という内容で、それに比べると随分トーンが違うと思います。いずれにせよ、人が動くときと言うのは、人同士が共鳴する時なんですね。私は、この間の先生とのやりとりで随分勇気もいただきましたし、この往復書簡で、佐藤学先生も本腰を上げられたと思います。ひたすら先生に感謝です。

岳陽中の生徒のアンケートで、「この学校で誇れることは？」という項目に**「先生たちが私たちのために学び合っていることです」**と答えています。岳陽中がすばらしいのは、教師でも、生徒でもありません。教師と教師の関係、教師と生徒の関係、生徒と生徒の関係がすばらしいのだと思います。そんな「学びの共同体」に本校もなればと願っています。

神宮司竹雄

こうして神宮司先生は、持ち前の行動力と求心力と猪突猛進の勢いで、実に多くの人々を「学びの共同体」に巻き込んでいった。

かくいう私もその1人である。神宮司先生とは関西大学の研究会で初めてお会いしたが、その研究会に神宮司先生を招いたのは当時まだ英国にいらした玉田勝郎先生だった。

佐藤学先生は語る。

高槻市立第八中学校の改革への協力依頼を引き受けたのは、何としても阪神地区に「学びの共同体」づくりの安定した拠点校を築く必要があるからである。もし安定した拠点校を築けなければ、現在100校以上と想定されるこの地域の「学びの共同体」づくりに挑戦している学校は十分な成果をあげることはできないだろう。依頼を引き受けた理由はもう1つある。高槻市立第八中学校において「学びの共同体」づくりを推進している中心的な教師は神宮司竹雄さんであるが、神宮司さんは、この数年間、全国各地の「学びの共同体」づくりの学校を訪問し、阪神地区における学校改革の難しさを十二分に認識している数少ない教師の1人である。彼が教師をつとめる学校ならば、阪神地区の学校の難しさを突破する改革が実現できるのではないか。その希望にかけてみたいと思ったのである。(佐藤 2006: 214–215)

神宮司先生ほど熱烈に「学びの共同体」に傾倒している教師は全国でも珍しい。

2人の関係はまるで「弁慶と牛若丸」のようだ。

佐藤学　牛若？　ぼくが？
牧野　はい。なんとなく、かげがあるから。

夕食会の席でどさくさにまぎれて言ってみると、「ふっ」とニヒルに笑って、それ以上は何もおっしゃらなかった。

佐藤学という人は弱者の痛みを知る人だと思う。ぶっきらぼうな物言いに誤解を受けることも多いだろう。けれども、全国に点在する名もない小さな学校の小さな教室の片隅で心を震わせている小さな存在の隣にそっと寄り添うことのできる人だから。

そんな繊細な一面を神宮司先生も感じ取ったのかもしれない。「一人残らず子どもたちの学ぶ権利を保障する」という「学びの共同体」のヴィジョンと哲学に共鳴し、全幅の信頼をもって推進役を果たしてきた。

ある学校の授業研究会に居合わせた神宮司先生が、相手を信頼して後ろに倒れる演技を即興でしたところ、小柄で華奢な佐藤学先生が、神宮司先生の大きな身体を支えきれず、本当に倒れてしまったという笑い話もある。

神宮司竹雄先生なくして、高槻八中と「学びの共同体」の出会いはなかっただろう。おそらく、私と「学びの共同体」の出会いもなかった。

第4章　子どもたちの身体から出ているもの

佐藤学先生が「牛若丸」なら、佐藤雅彰先生は「清水の次郎長」だ。富士市立岳陽中学校の校長時代、保守的な土地柄で知られる静岡で、奇跡の学校改革を成功させた。「出すぎる杭は打たれない」が口癖、という愉快な一面もあるが、紳士的な親分で物腰もやわらかい。

2005年2月10日（始まりの校内研修）

高槻八中では、佐藤学先生の訪問（2005年5月）に先立ち、佐藤雅彰先生が校内研修に招かれた。研究授業（数学）の授業者は、「模擬授業」で教師役を務めた平野先生だ。

授業開始のチャイムが鳴ると、生徒たちに爪楊枝12本が配られた。

当時はまだ机の配列はコの字型ではなく、すべての机が前を向く一斉授業の配列だった。

平野　爪楊枝1本の長さを1として、面積が8になる図形を作ってください。爪楊枝12本すべてを使って。

生徒はそれぞれ個人で「面積8」の課題に取り組んだ。その後、「面積7」「面積6」「面積5」と課題の難易度が高まっていった。途中、作業が進んでいる生徒が指名を受けて図形の例を黒板に描いた（図2）。

平野　じゃあ、班になって、記録用紙に描いてください。たくさん見つかるはずなので、班ですり合わせてみてください。

生徒たちは机を動かし、男女4人班のグループを作ったが、それだけで協同的な

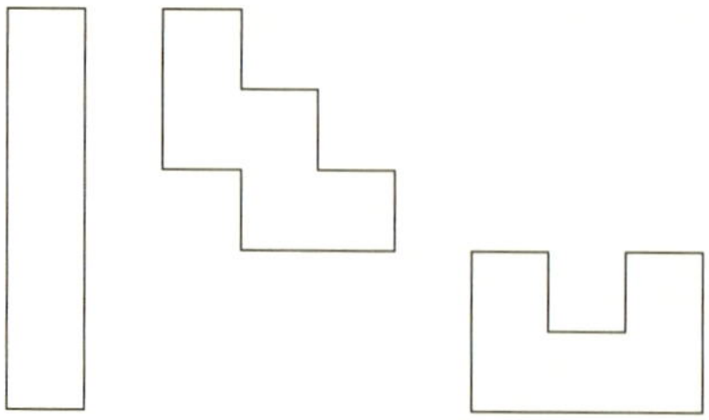

図 2　「面積 5」の図形の例

学びが成立するわけではなく、個人作業を続ける生徒の姿も見られた。その後、課題は「面積 4」まで進んだが、停滞した空気のまま授業は終わった。

校内研修は研究協議の会場に場を移し、授業者の平野先生が授業をふりかえる。

平野　たくさん反省点はあると自分でも思うんですが、今日は、手を動かせない子が多かったなと思いました。教材の使い方はまた考えないといけないと思います。正直、自分でも言ってから、ああ、と思ったんですけども、「面積 8」のあとに「面積 7」「面積 6」も入れてしまったんですけど、あそこで「面積 5」に飛んでもよかったなと自分で思いました。

表情を見ていると、やっぱり「面積 4」の図形をつくるときに考えているような様子も出てきましたし、幸男くんのあれがヒントになって、「斜め」において「面積 1」を分けたらいいんだというのに気づいて、手が動き始めているところもあって、自然と「面積 4」を探すうちに「面積 3」の図形が見つかったりとか、「面積 2」とか「面積 1」までは出てこなかったんですけど、そっちのほうでもう少し時間をかければ、交流もできて、面白かったんじゃないかなと思います。

この時期、高槻八中ではようやく「学びの共同体」に対する意識が共有され始めたばかりで、研究協議そのものも試行錯誤しながら進められた。

司会　反省もいろいろあるということですけど、本当にお疲れさまでした。じゃあ、いろいろ見ていただいた中で、感じたこととか、子どもの表情とかもそうですけど、今日は、さっきおっしゃったように、こつこつというか、黙々という感じで、子ども同士のかかわり合いが見れたらもっと良かったかな、と思うんですが、とりあえず、感想でもいいので、自由に出していただけたらと思います。

いかがでしょうか。同じ数学の方か、どなたでもけっこうです。担任でもいいですよ。

担任　太郎がいつもの太郎らしくなくて、面積が少なくなってから、いつもの太郎の雰囲気が出てきた。考えることが好きな子やからね。太郎は、一郎を嫌てるんやけど、でも、なんとなく一緒にやれてるみたいな感じで、そういう意味では良かったかなと思う。

この日の校内研修はごく小規模だったが、佐藤雅彰先生の初訪問に際して、高槻市教育センターの指導主事も参加していた。

中里　基本的なことを1つ質問していいですか。一番のねらいは、面積4なら4、3なら3をつくらせることにあったのか、あるいは、4なら4、3なら3のいろんなものをつくらせることにあったのか。
平野　はい。いろんなものが出てくるほうをめざしていたんですけども、いろんな形で、いろんな発想がたくさん出てきたら、で、それを共有できたら、というのがねらいだったんですけども、最初に6、7を入れて、時間をかけすぎてしまって、本来やりたかったことができてないです。
中里　あ、それで、もっと早く、5とかを先にやってもよかったかな、と。

しばらくの間、先生たちがお互いの顔を見合っていると、別の指導主事が「よろしいか？」と切り出した。

大沢　えっと、まず、さっき中里先生が言いはったように、今日の課題は「周りの長さが12で、いろんな面積をつくろう」というのか、「面積が5のいろんな形をつくろう」なのか、今日の授業の「これや」というのが、たとえば1時間終わったときに、子どもが「今日はこれをやったんやな」というのが見えてなかったなと思うんです。
「今日の目標はこれですよ」と最初に出す場合もあるし、終わりに「今日はこれだったよ」というのもあるんですけど、そういうものを明確に持たれといたほうがよかったなと思うんですね。
2つ目は、面積が5までのときに、きっとたくさん出てたと思うんですよ、パターンが。班で交流したときも、7パターンか、8パターンか、あったと思うんだけど、できたらそこまでを1時間にしてね。で、周りが12で、9もあって、8もあって、7もあって、5もあって、と。その5のときに、いろんな発想が出てくるので、そこで交流しといて、次の時間で「もう1つ行くよ」ということで4にする、とか。で、「斜め」の発想とかが出てきたら、5までの考え方が次に活かせたんかな。時間的にもったいないというか、2時間くらいでいいんじゃないかな。

教育センターの指導主事という立場であれば、授業の内容に視点が行くのは当然だろう。しかし、この研究協議の目的は違うんだよ、と神宮司先生は言いたかったに違いない。

神宮司　大沢先生にききたいんやけどね、「どこで学びが成立して」てね、「どこで学びが成立してなかった」と思いますか？
大沢　個々の部分では、たとえば太郎くんはできたり、A くんができたり、B くんができたりしてると思うんだけどね。一人ひとりは、学びができてたり、できてなかったりするんだけど。グループにしたときに、1 人の理解が他に伝わったか、という辺りは、今日はあんまりなかったんちゃうかな。
　たとえば、4 が出てたとき、隣の子に、周りの子に、「調べてもらいなさい」と言うたら、周りの子は「たしかに面積は 4 になってる」「先生、できてるよ」と呼ぶと、ちょっと自信がつきますよね。
神宮司　そうではなくて、「どこで学びが成立して」いて、「どこで成立していなかったか」ということ。「どこで」ということをききたい。
大沢　全体に？　それとも、個々で？
神宮司　全体でも、個々でも。
大沢　今日の授業でいえば、「学び」までは行ってなかったんじゃないかな。幸男くんは、なんとなくわかったけど、それが今日の授業のゴールやったのかも、わかってないんじゃないのかな。
神宮司　コミュニケーションが成立していたのは、どこだと思いましたか。
大沢　幸男くんと太郎くんが、話し合いしたり、してた部分かな、とは思う。
神宮司　そう、一番手前のところ。花子さんと太郎くんね。あそこが、小さな声だけど、コミュニケーションが成り立ってましたよね。それを幸男くんが聴いてたかどうかはわからへんけども。何がヒントになったんかというのはわからへんけども、コミュニケーションが成り立ってたのは、そこなんですよね。それを幸男がどう受け取ったのか、というとこらへんがね。学びが成立してたところだと思うんだよね。
　一番最初の部分は、6 とか 7 とかいっぱい描いた子おったでしょう。あそこでは「学び」は成立してないと思うんだよね。スラスラスラ～と解いてるわけやから、考えてない、ということやから。
大沢　ぼくはね。7、6、5 のあたりでスラスラ書いた子は、数学ができる子やからね。とりあえず、そこでお互いに表現させて、できる子はできる子で、そこで交流させたいなと思うね。だけど、4 にしたときは、もう手足が出なくなって。面積 5 はたくさん出た。だけど、4 はなかなかでない。そこの部分の、自分自身の葛藤みたいなんが、味わえたらええんちゃうかな。

のちに、大沢先生はこの日の出来事を懐かしむように語られた。

「今更ですが、『学びの共同体』の目指すところや、研究協議の目的や方法の違いも、やっと理解できました。自分の発言が異質に感じます。『学びの共同体』をよく理解せずに参加した結果です。これも学びですかね」

(2009年8月31日のメールより)

大沢先生の戸惑いは、一般的な授業研究を知る人なら誰もが最初に経験する葛藤であり、「学びの共同体」づくりには欠かせないプロセスだ。

2人のやり取りがきっかけとなり、「コミュニケーションが成立していたところ」という視点が共有された。

司会　「斜めにしたら」って、太郎が言ってたでしょう。
平野　はい。「斜めにしたら」って。
司会　最初から「斜め」にしてたんやな。
平野　はい。一番最初の面積5をつくるときから、太郎くんはもう「斜め」にしてました。1人でぶつぶつ「斜め」「斜め」と言ってたので、たぶん、周りの子にも聞こえてたんじゃないかな。
神宮司　それを、もうちょっと早い段階でね、「斜め」というのを共有しようとはしなかった？
平野　えっと、そのときは……流してしまいましたね。あ、一番最初につくってたときには「これでいい？」というきき方をして、「斜め」ということは、たぶん、言わなかったと思う。
中里　そうそう。平野先生が「斜めやね」と言った。幸男くんができたのは、その直後や。
神宮司　なるほど。
中里　それまで幸男くんはね。ぼく、じーっと見てたんやけど、「斜め」にはしてへんけども、おっきく三角つくったりしてね(手で三角形を描く)。まったくできてなかったのに、突然できたんですよ。
神宮司　そうそうそう。
中里　それまでは、幸男くんも、直子さんも、一生懸命「斜め」にしようとするんだけど、どうしてもできなくって、太郎くんが、途切れた形の4つを最初につくったときに、先生を呼んで、「うーん、これは」という会話の中で、「斜め」という言葉が、ぽろっと先生から出てきて……。その前か？　いや、そのあとか？　なんせね、先生の「斜め」という言葉があってから動きだしたのは事実ですよ、見てたら。

平野　私が「斜め」って言ったのは、太郎くんが「斜め」という言葉を口に出して、それを、つぶやきをどうにか拾おうと思ってたんで、繰り返して「斜め」と言ってやったんですね。

中里　ああ、そうですか。彼が「斜め」と言ったのをぼくは聴き取れなかった。先生が「斜め」と言ったのだけ聴き取れた。で、それから、ほんまに、突然やった。

ここで、佐藤雅彰先生と谷崎校長が研究協議の会場に合流した。

谷崎校長　今、いっぱい、いい話聴いてきました。すいません。

司会　ちょうど今ね、いい話になってるんですけど(笑)。

谷崎校長　あ、ごめんなさい！

校長室で佐藤雅彰先生のお話に耳を傾けていた谷崎先生にしてみれば、聴きたいことがありすぎたのだろう。

司会　あと、ぼくが気づいたのでは、後ろの一樹と涼子が小声で、あと順子、智子ぐらいしか、子ども同士のつながりというのはあまり見えなかった。でもやっぱり、太郎のところが一番、あそこをうまくつなげたりしたので、よかったなと思います。

あと、どうですか？

1人の同僚教師がぽつりとつぶやいた。

同僚　最初の……班にした意味が……あんまり……ようわからんかった……私には。

平野　最初に班にした意味は……えっとですね。清くんという男の子が、全然手が動いてなかったんですね。毎時間だいたいああいう感じで、すごくしんどそうな顔して、何もしないで座ってるんですね。班にしたら、ちょっと手を動かすきっかけになるかな？　と思って。他の子も、たくさん描けている子もいれば、1つ、2つの子もいたので、手が動くきっかけになれば、と思ってしたんですけど、まだ、個人で考えたい子がすごく多かったのと、あまり班の中で共有できたところが出なかったので、やってみた結果は……意味なかったな、と思います(苦笑)。一応、ねらって、班にしました。

「清くん」という名前が出たので、思い切ってたずねた。

牧野　いいですか？　その清くんという生徒さんのことをずっと見てたんですけど、１回目のグループの直前に、先生が声をかけられましたよね。
平野　はい。
牧野　あの瞬間に、彼の目がまず変わって、筆箱から鉛筆を取り出したんです。その直後が班づくりだったので、最初の班のときは、彼は、言葉は出さなかったけれど、何かこう、つながりを感じてたような気がするんですけど……。
平野　はい。
牧野　そのあと、繰り返し、グループになる度に、だんだん彼が独りになってしまって。ですから、（清くんのいる）真ん中のグループは、彼の負のエネルギーが、ほかの３人にも伝わっていた、というような感じだったので……。

平野先生がうんうんとうなずいてくれたのに励まされ、さらに思い切って。

ずーっと「先生に声をかけて欲しい」って表情をしていたような気がして。でも先生は、あえてそれをされなかったのかな？　と途中で思ったんです。最初はきちんと、あそこで声をかけられて、そのあと、なんとなくこう、ちょっと先生のかかわり方が変わったような印象を受けたんですが、それは何か、お考えがあったんでしょうか？

平野　最初に寄っていったときに、私は、その、寄られるのが嫌なのかな？というふうに、とってしまったので、ちょっと離れたとこから見る形に、変えたのは変えたんですけど。でも、１回目に班にしたときに、あの子、筆記用具出して、ちらっと、初めて班にしてから２つくらい描いたんですよ。考えてたのを描いたのか、近くの子のを見て描いたのかはわかんないんですけど。そのあとは、あまり寄らないほうがいいのかなって……。
牧野　うん。なんか、そういうのは感じ取れました。難しいですよね、ああいうときって。
平野　そうですね。で、声かけたときに、「何か困ってることとか、わかんないとこある？」って言ったら、「ない」と言われてしまって。そのあと、どう接していいかがわからなくなったので、中途半端な接し方はどうかなと思って、ちょっと控えてしまいました。

神宮司先生が満面の笑みで見守っている。

神宮司　でも、ちゃんとわかってんやな。そういうことが。その状況がね。
佐藤雅彰　うん。平野先生、そうやって気がついたの、偉いと思うんだよね。ぼくも実は、ずっと清くんのことが気になってたんですけども。

佐藤雅彰　先生のかかわり方が、今「引いた」と言われたんだけど、こういう触り方なんですよね。

佐藤雅彰　嫌なんですよね、人にこういう触り方されると(5本の指先だけを肩にあてる)。

佐藤雅彰　こうやって触ってくれると(手のひら全体を肩にあてる)、

佐藤雅彰　あったかみが伝わってくるわけです。

佐藤雅彰　だから、清くんは「どう？」ってきかれたときに、自分はかかわってくれているように見えるけれども、「本気でおれのこと、かまってくれているのかなぁ」という構え方もあるんじゃないかなと思うんですよね。そうすると、ああいうようなグループにしたときに、先生の**「居方」**というんですけども、一番この子にかかわんなきゃなんないところには、先生は**「どっぷり」**かかわってやる、たっぷり話を聴いてあげる、ということをしないといけない。毎時間やらなきゃいけない。今日、先生がそれだけ気がついていたら、もっと清くんのところに「どっぷり」つかったってかまわない。他は黙っていたっていいわけですよね。……と、清くんに関してはそう思いますね。

司会　では、佐藤先生、お願いします。
谷崎校長　お願いします。
佐藤雅彰　ありがとうございます。私は研究者でも学者でもありませんので、みなさんと同じ立場で、授業を見させていただいたんですけれども、平野先生の授業を見て大変勉強になりました。どういうことが勉強になるかというと、先生と子どもとのかかわりとか、子どもと子どものかかわりが、どういうところで成立していて、成立しないのか、ということが、全部違うんですよね。毎回同じということはあり得ないんですね。

〈何を見るのか〉
佐藤雅彰　先生方にお願いですけれども、見るときに後ろのほうで見られた方がいると思いますけど、やっぱり、**子どもの表情を読み取る**ということですね。先生もね（牧野のほうを見て）、さきほどおっしゃってましたけど、ぼくもそうですけど、清くんに焦点がいきますよね。

最初の段階で、5分くらいで、私は実は4人の子にマークをしたわけですね。1人は太郎くん。なぜマークしたかっていうと、もう最初から先生に質問をする。つぶやくんですね。「あ、この子つかえるな」っていう意味ですね。あのつぶやきをうまく利用しなきゃいけないな、っていうふうに思います。それから、この子は活動的だけど、イマジネーションっていうんですかね。そっちで生きててね。あんまり、論理的に考えてない。でも、これは面白いな、ってね。失敗もしましたが、こういう子を活かすと面白いかな、ってね。

その次は、信夫くんという子が、ちょっと気になったんですよね。でも、グループの中で、ぱっと見たときに、何種類か描いてあったもんですから、大丈夫かな、と。それから、清くんと。

それから、右側の聡子さんという女の子がいたんですね。この子、できる子じゃないかな、と思うんです。このできる子が、よくわかりませんけども、最初に誰かが前で説明していたときがありますね。面積5のときだったかな。あのときに、あの子はなんにもやってないです。こうやって(姿勢と表情をまねる)。「こんなの、わかってんじゃないの」っていう小馬鹿にした顔なんです。だから、なんにも描かない。だけど、できないわけじゃない。できてるんですけどね。「こんな程度のことで、何をやってるのよ？」っていうような顔に見えたんです、ぼくは(笑)。ですから、気になったんですけど、そのあと一生懸命、グループの中で顔がちょっと変わってきましたので、あ、これは大丈夫かな、と思いました。

だから、そういう形で、自分なりに、**子どもたちの身体から出ているもの**を感じとって。誤解もありますし、間違いもあるわけですから、途中で修正していけばいいわけですね。そして、そういう目を、こういう研究授業を見るとか、ビデオ研修をするときに勉強してほしいわけですよ。「あの子、ちょっと気になるね」って。

そういう感覚が、自分が授業やったときに、こう立ったときに、感じられるようになるんです。「あの子、ちょっと、学んでないんじゃないか」「困ってるんじゃないか」って。そういう感覚なんですよね。それを身につけることが大事だと思うんです。

ところが、へんな学校に行くと、この間、○○大学の付属中学の公開授業研究会へ呼ばれて行ったんですけど。こういう研究会やりますよね。そうすると、「姿勢が悪い！」っていうんですね。(首をかしげながら)あんなにいい意見言ってるのに、「姿勢が悪い」「声が小さい」ってね。何でそんなこと言うのかな、って思うんですよね。

余分な話になって申し訳ないんですけど、講演のときに必ずこういう話をするんです。「先生方にとって、いい姿勢って、どういう姿勢ですか？　やってみてください」って。そうすると、だいたい背筋を伸ばして、手をこうやって(膝まで伸ばして)、みんなちゃんと、まじめな先生多いですね(笑)。「じゃあ、その姿勢で1時間ずっと私の話を聞いてほしい」って。「えぇ？」っていうんですね。

だから、「いい姿勢」とか、「いい授業」もそうですけど、誰にとって「いい姿勢」なのかというと、見る者にとって「いい姿勢」とか、そういうことなんですね。子どもは、ぼくらもそうだけど、寝転がって、こうして肘ついてたって、一生懸命考えてることはあるわけですよね。

それから、「明るく元気に」って、その人が言ったんだけど、本当に悩んで、確信を持てないときは、声が小さくなるんですよね。自信がないときは。なんでもかんでも大きな声で言う、っていうのは。職員会議だって、「じゃあ、あなた、大きな声で言ってますか？」というと、だいたい寝てるか、ぼそぼそ言ってるか、どっちかだと思うんですよね。

だから、自分たちが普段やっていないことを子どもにだけは要求する。そういう授業研究会はやめたほうがいい。今日のように、子どもの固有名詞が出ますよね。固有名詞は、それぞれの先生方が、気になった子どもたちがあるわけですね。その目を養っていくことだろうと思うんですね。そして、自分の授業で変えていく。

自分の授業では、たとえば、今日の清くんが一生懸命やってると。だけど、数学の時間になったら、あまり一生懸命やらない。いったいこれはなぜだろうか。そうすると、数学に対する苦手意識だとか、そういうのもあると思うんですよね。それから、先生とのかかわりがあまりよくないとか。そういう見方を勉強されていく。

そのために、表情を見たいために、さっき言ったように、後ろにいないで、前に来て、見ていただきたい。

それから、研究協議会のときに固有名詞で語るということと、どういう学びが成立していたかということを、「よさ」という面で話をされるといいんじゃないのかなと思うんですね。その先生の「こういう授業がよかったね」というときに。ほめるときにですね。

今日は、とにかく**テンションが低い**ですよね。非常に、先生がこう**「しっとり」**と授業を語っているわけですね。そうすると、子どもたちは落ち着いていられるわけですよね。あれ、キャンキャンキャンキャン言われると、子どもたちはそれだけで嫌になっちゃうわけです。そういう点では、すごくいい雰囲気で授業が進んでいってるんです。そういう「テンションが低い」なんていうのも、1つの「よさ」だと思うんですね。

それから、「**テキスト**とつながっている」「現実のこととつながっている」「子どもと子どもがつながっていた」とか、「先生と子どもの関係が**やわらかかった**ですね」とか、そういう**かかわり**ですね。そういうことを見る、ということ。

私にとっては、この日が高槻八中訪問の初日で、「学びの共同体」はおろか、学校現場の授業研究そのものが初めての体験だった。学生時代は教育学部で教師を志したとはいえ、子どもたちの身体から出ているものを読み取る、ということを学んだ記憶はない。

この日、ビデオカメラを持参した私はとりあえず授業を撮影したものの、何をどう捉えればいいのかまったくわからず、不安だった。ところが、初心者のまぐれ当たりかもしれないが、ごく自然に、清くんが目にとまった。それでいいのかなんて、そのときはわからなかったが、平野先生と清くんの間で交わされる**無言の対話**を無我夢中で追いかけた。

思い切って発言したのはそういうわけだったが、このときの経験が小さな自信となって、大学に戻ると早速、平野先生と清くんの物語を短い映像作品に編集してみた。

すごく楽しかった。授業中、誰にも気づかれずにひっそりと進行する小さな物語をドラマとして再現することがこんなに楽しいなんて、知らなかった。

早速、「平野先生と清くん」というタイトルをつけて、谷崎校長と平野先生に届けた。ふと思い立ち、佐藤雅彰先生にもダビングビデオを郵送した。すると、すぐにお返事をくださった。

牧野　先生

ビデオテープを拝受しました。ありがとうございました。

清くんという個の活動を丁寧に追いかける。新しい視点でのビデオ鑑賞だけに、批評するというより、今までのナラティブと異なる文化を感じました。さすが情報学部ですね。

牧野先生の質問の声はありましたが、もっと映像の説明とか、牧野先生自身の分析コメントが場面場面でナレーションとして付け加えられたら、見る方はもっとわかりやすいのではないでしょうか。

「物語の映像分析により、教師のメタ認知を支援する」は私たちが目指していることと一致しています。高槻市立第八中学校では、今後はビデオ研修が中心になると思います。教師は、映像を通して、自分や他者の行動を客観的に省察し、子どもを見る目、教材を見る目を育み、今までの指導を軌道修正していく。このメタ認知能力を育てる授業研究の在り方を大学の先生方に指導していただけたらと思います。

ところで、私は、学者でも研究者でもありません。ナラティブ、ストーリー性について、佐藤学先生から「文章表現はナラティブ(物語風叙述)で」とよく言われてきました。ただ、そのことがよくわからないまま今日まできています。ブルーナー、マイケル・コール、ジンメルは読みなさいと言われ、読んではいますが……？？？……。

私には、観察記録を授業の流れで書くしかできません。例えば、教師と子どもや子ども同士の相互作用とか、モノや言語による媒介とか、グループが共同体か等、それらが子どもの学びの文脈にどう影響していたのか、教師はどういう居方をしたらよかったのかを記述し、参観させていただいたお礼にしてきました。参考に同封しました。時間があったら読んでください。

牧野先生のビデオを見て、文章もいいけれど映像もインパクトがあってわかりやすい。併用はできないかという思いを抱きました。これからもお付き合いの程よろしくお願い致します。

佐藤雅彰

文章と映像を併用できないか。このときの佐藤雅彰先生のアドバイスが内本先生との対話を続けていくうえで重要なヒントとなる。

佐藤雅彰　とくに国語の授業の場合は、**「つながり」**というのが非常に重要なことになりますね。全体で協同的な学びをやることがありますよね。そのときに、子どもたちの意見が出てきますよね。その意見を、瞬時といってはなんですけども、この子の意見が、誰の意見から出てきているのか、っていうことを「つなげて」ほしいわけですよね。それができるか、できないか、っていうのは、もう訓練しかないと思う。

子どもたちは、たとえば簡単なのは、「佐藤くんの考えを聴いていて」とかね、「佐藤くんと似てるんだけれども」って。そういう言い方のときはもう必ず、前の人のを聴いてるわけですよね。だから、**「聴く」**というときの、**「つなぐ」**ためには、先生が、そのことをわかっていないといけない。

国語の場合は、いろんな意見が出るんです。違った意見が出るんですね。違った意見が出るんだけども、それが布を織るように、折り重なっていけばいいわけですよ。

もう１つ、「この子の考え方がすごく面白いな」というときがありますよね。そこは深めたいと思ったら、やっぱり、深める発問をしてほしいわけです。

たとえば、「その考え方、どこでそう思ったの？」って言えば、そこで深まるわけですね。で、「その考え方について、どう思う？」って他の子どもにつなげた場合は、そこでつながっていくわけですけども。

「その考え方、どこでそう思ったの？」って。そうすると、子どもは必ず教科書の場面を言います。**「このページのここに書いてある」**って。そしたら、そこで子どもたちに**「じゃあ、そこへ、みんなでもう１回テキスト見てみよう」**って。それが、**「もどす」**ってことなんですよね。学先生がよく言う「テキストにもどす」ってことですね。あるいは、「表現を共有する」とも言うんです。そういう形で、**「聴く」**ということを丁寧に扱っていく、という工夫をしないといけないんですね。

2005年3月11日（学校全体で取り組む）

年度末、学校改革委員会から新年度に向けた3つの方針が立てられた。

・月1回の授業研究（校内研修）
・月1回のビデオ研（学年研修）
・全教科・全学年でグループ学習

さらに、2004年度の校内研修の実績をふまえ、2005年度の授業研究会の計画が示された（図3）。

こうして、高槻八中の「学びの共同体」づくりが正式に立ち上げられた。

高槻市立第八中学校　2004(H16)年度　学校改革委員会総括　校内研修(2005.3.11)

「新学習指導要領」実施の3年目にあたり、新しい学力観について教職員の共通理解と再認識をする必要がある。「生きる力」「確かな学力」をどう捉え、実践していくかは、全校をあげた取り組みが必要である。授業については、一斉講義型から問題解決型の授業に大胆にシフトすることが必要である。今年度は「授業研究」として「学校改革—学びの共同体づくり—」の実践に取り組んでいる先進校の視察を中心に調査研究をすすめてきた。本校の教育目標「自立・共生・チャレンジ」の実現化されたモデルとして、以後、全校をあげて「学びの共同体」づくりに取り組んでいきたい。

●今年度の授業研究

計画的に授業研究が実施できた。研究協議の内容も、生徒の学びについて固有名詞で交流ができてきている。このような協議が学年会でできることが目標である。

5月26日(水)ビデオ研(3年数学)
6月23日(水)授業研究(1年数学・2年英語)
10月27日(水)ビデオ研(3年保体)
11月24日(水)授業研究(1年理科)
1月26日(水)授業研究(2年数学)
2月10日(水)授業研究(2年数学)
2月23日(水)授業研究(2年英語)

学年別のビデオ授業研究は計画通り実施することができなかった。そのための時間保障が必要である。ビデオを見る視点を鍛える必要がある。

●次年度の計画

全員公開とする。

校内研修(原則6限授業7限協議)	**学年会(5限までの授業の日に)**
4月27日(水)授業研究	5月　9日(水)ビデオ研
5月25日(水)授業研究	6月13日(水)ビデオ研
6月22日(水)授業研究	7月11日(水)ビデオ研
7月　6日(水)ビデオ研	9月12日(水)ビデオ研
10月12日(水)授業研究	10月24日(水)ビデオ研
11月　9日(水)授業研究	11月　7日(水)ビデオ研
11月30日(水)授業研究	12月12日(水)ビデオ研
1月18日(水)授業研究	1月30日(水)ビデオ研
2月15日(水)授業研究	3月　6日(水)ビデオ研

「学びの共同体」づくりを目指し全教科・全学年で次のように取り組む
・グループ活動を毎時間取り入れる授業の組み立て
・教室の座席は市松模様で男2女2のグループを決める
・一斉講義型の授業から問題解決型の授業へ(背伸びの教材開発)
・具体物(モノ)の使用
・「聴く・つなぐ・もどす」

図3　2004年度の実績と2005年度の計画

II　挑戦

学び合いを実践する

第5章　実践者と研究者の対話

2年A組の学級通信『ターニングポイント2のA』(5月24日号)には、内本先生のあの日の感想が綴られていた。

> さて、土曜日は1、2限は公開参観、更に3限目は研究授業と大勢の人に囲まれての授業となり、随分と緊張したことでしょう。お疲れ様でした。私も、予想していたとはいえ、あれほど多くの方の前で授業をするのは初めての経験だったので、随分と上がってしまいました。しかし、みんなの協力もあり無事終えることができ、心底、ホッとしております。
>
> 今年度から「お互いに学び合うために」ということで、グループ学習を増やしていますが、すぐに班席になれないなど、軌道に乗っているとはいい難い状況でしたが、あの日は、みんなサッと班になってくれたのには感激しました。また、いつも以上に顔がよく上がっていて、みんな気を遣ってくれているなって感じました。ありがとう。保護者の皆様にも、授業前に廊下で「先生、頑張ってね」と暖かい声援をいただきました。大変心強く感じました。
>
> 授業後は、昔一緒に仕事をした方々から、「お疲れ様」とねぎらいの声をたくさん掛けていただき、中には教え子まで来ていて「先生、昔とかわらんね。懐かしかった」と言っていました。この間、結構プレッシャーもありましたが、ささやかなチャレンジをしてよかったなと思いました。
>
> 午後からは、研究協議ということで、多くの方から助言をいただきました。また、今後の授業に活かしていけたらと考えています。また、先日、牧野先生(関西大学の先生)に撮っていただいたビデオの話をしましたが、みんなから「自分たちも見たい」という声があったので、牧野先生に相談したところ、「先生や生徒さんたちが今後どのように変わっていかれるか自身で感じてもらえるのも面白いですね」とおっしゃってくださいましたので、少し先になるとは思いますが、そんな機会も設けられたらと考えています。

牧野　撮影したビデオの中で、まだこれというものはないのですが、グループ学習として完成していなくても、生徒たちに公開していっていいのではないでしょうか？

内本　それじゃあ、昼休みに弁当を食べながら見ましょうか。先生も一度いらしたらいいですよ。

佐藤学先生を迎えた授業研究会の翌週から、内本先生との共同研究が本格的に始まった。職員室では毎日、先生たちの机の上に何枚ものプリントが配られる。形式的な授業レポートを渡しても、読みたいとは思ってもらえないだろう。ふと、「文章と映像を併用できないか」という佐藤雅彦先生のアドバイスを思い出し、印象的な場面の写真を映像から切り取って文章に添えてみた。

このとき、授業を観察して気づいたことを説明する代わりに、伝えたいメッセージを物語に埋め込むというアイデアを思いついた。そこで、出来事や発言を時系列に記録するだけでなく、ストーリー性（プロットのあるドラマ的展開）を意識した。やがて、登場人物の喜怒哀楽を捉えた写真に台詞をあてるコマ割りが漫画のレイアウトに近づいていった。こうして、実践者と研究者の対話を媒介する「物語レポート」[1]というメディアが形づくられた。

2005年6月16日（2年A組【国語】短歌）

内本　6月にちなむ言葉を何か、書いてごらん。はい、ノート出して。
信治　ジューンブライド。

内本　1つも書けてない人、手あげてごらん。……ぎょうさんおるねえ。そんなら、例をあげます。たとえば、こんなやつや。（「紫陽花」「蝸牛」「虫歯」と板書する）
信治　（パチンパチンと手を叩いて騒がしく音を立てている）
内本　これ、なんて読みますか？　そやな。アジサイやね。
信治　そう！　そうそうそう。アジサイや！
内本　こういうやつで、けっこうですので。
信治　なあ、ほんなら……。
内本　それじゃあ、班つくってごらん。
信治　はあ？　なんでや！　先生？　言おうとしたのに。
内本　交流しなさい。数個、自分で書きあげてごらん。それをもとにして、やってください。
生徒たち　（ざわざわと机を動かし始める）
内本　わからない人は、教えてもらえ。

「班をつくってごらん」「交流しなさい」という指示だけでは、グループで何をすればいいのかがわかりにくい。たとえば、「各グループで6月の季語を10以上考えてみよう」と指示すれば、季語の数を増やすことが目的だとわかるのではないか。

そうメモに書きとめた。

陽子　先生、てるてる坊主は？
内本　ああ、ええんちゃう？　てるてる坊主、OK やね！

内本先生がその場を離れたあとも、陽子さんは 5 本の指で何かを数えていた。「てるてる坊主」の短歌を創っていたのかもしれない。

グループ学習が終わると、内本先生は各班から出された季語を順番に板書していった。「ほか、ない？」「ほか、ない？」と確認する内本先生に背を向けた陽子さんが、はしゃぎながらおどけて言った。

陽子　先生、てるてる坊主、無視してるぅ～。

その様子をビデオカメラで撮影した。

「物語レポート」が生まれる前のこの時点ではまだ、書きとめたメモは口頭で伝え、ビデオはダビングして届けていた。

2005 年 6 月 16 日（班ノートでつなぐ）

牧野　「コラボレーション」には「協同」「共同」「協働」「協調」のようにいくつかの解釈がありますが、個と個を有機的につなぐ「対話」は個人よりも全体が優先される集団主義とは違う、と考えています。

そう持論を語る私に、神宮司先生が学級通信を見せてくださった。クラスの生徒たちの手記を「本当の友達」というタイトルで編集したものだ。

（桜子）　席がえして初めての班ノート！　なに書いていいのかわからんけど、桃子さんの班ノートに書いてたことについてちょっと書きます。「本当の友達」とは、なにか……？　私についての「本当の友達」は、いい所とわるい所、どっちもみつけるのがいいけど、やっぱり友達だったら、わるい所をみつけるのは、少しむずかしいかもしれない。それに、みつけたとしても、私は、それは、直接、相手に伝えるのは、今は、できないかもしれない。それが原因でカンケイがくずれちゃうと思ってしまうと思う。でも、ちゃんと、いい所とわるい所をみつけて、それを相手に伝えられるまで、私の場合は、そんなに時間はかからないと思う。時間がかかっても、それをたっせいできたらいいと思う。

(剛)　夏はきらいだ。夏になるといつもゆううつになる。なぜって、それは夏になると水泳の授業が始まるからだ。みんなの中にはプールが大好きな子が大多数だと思う。でも、僕はプールとマット運動は大の苦手だ。俺は泳げない。水泳……こんなに恐ろしい授業は他にない。なんで俺は泳げないんだ……。理由の1つは、小学校の頃から、俺はプールに入るだけで「中耳炎」が起きてしまい、授業に参加することができなくて、技術が身に付いていないという事(言い訳)。それから根本的な理由は、スタミナと根性が無いことだ。すぐにつかれて、泳ぐのをやめてしまう。なのに300mのテストだなんて、考えただけでサーと血の気が引く。無理だー。だってその1／12の長さでさえわかんないんだから。

さて、俺がどれだけ泳げないか分かった所で、本題に移ろう。今日はうれしかったことが1つあった。俺が泳げないとみんなが知ったら、みんなは俺をバカにしてくるだろうと思っていた。まあ思った通りからかってくる人もいたけど、それでも沢山の人が「一緒に頑張ろう」とか「努力すればうまくなるよ」とはげましてくれたり、泳ぎのコツを教えてくれたりした。とてもうれしかった。こういう風に、お互いの出来ない所をはげまし合って、助け合いながら共に高まっていくのは、言った方も言われた方も気分が良くて、とてもいいことだと思ったので、これからもそういうことが起きると良いと思う。自分も、やたらと人をバカにするのではなくて、その人をはげますことができたらいいなと思った。あとは俺が、水泳を好きになることが出来たら、かんぺきなんだけどね……おわり。

(2005年6月14日)

(桃子)　今回は、人の良いところを書いてみようと思います。この前、私は、「本当の友達」とは何か？　について、班ノートを書きました。それを、先生が、みんなに発表したとき、「うわっ！　ハズかしっっ ///」とか思っていました。その次の日、ある人から手紙をもらいました。そこには、こう書いてありました。「私(その人)は、きみ(私)にとっての、本当の友達じゃなかったん？」みたいな事が書いてありました。その文を読んで、あたしは、しばらく固まった。その時、頭の中にあったのは、きっと、その人を傷付けてしまったという思いだけでした。手紙の最後の方を見て、私は、正直おどろきました。だって、そこには、こう書いてあったんです。

これから、きみ(私)にとって、何でも話せて、それを受けとめられる「本当の友達」になるから、本当に悲しい時、つらい時は、私をたよってねって……。私がこの内容を読んで、うれしかったことは、「本当の友達」になるからと書いてあったところです。私はきっと、その人を傷付けて、つき離していたのに、その人はまた、私に近づいて来てくれました。本当にうれしかったです。物じゃないねんけど、友達は、私にとっての生活必需品みたいなものです。時々、傷付いたり、傷付けたりするけど、その事があった事によって、より一層“友情”が深まるんやと思います(私は)。

あと、その人(手紙をくれた人)は、桜子さんです！！

(亮)　学校のプールはあまり好きじゃない。おれはあまり泳ぐのは上手くないしおそい。だから後ろの人に何回もぬかされた。でも、一応最後まで泳ぐことはできた。剛は前に「おれ泳がれへんねん」といっていた。それでも、一生懸命泳いでいた。泳げなくてもがんばっていたのがすごかった。それに、友達に泳ぐコツなどを聞いていて感心した。ぼくも友達にコツなどを聞きたいと思っている。

(2005年6月16日)

牧野　これはまさしく、個と個をつなぐ「対話」ですね。ところで、つなぐ対象には2種類あります。1つは**人間関係**、もう1つは**知識体系**です。前者は生活の中でつなぎ、後者は授業の中でつなぐ、ということでしょうか？

当時は、私自身がまだよくわかっていなかった。

神宮司　この学級通信は、6人班(生活班)の班ノート[2]がもとになっています。このような「生活綴り方」教育に裏打ちされた集団づくりの取り組みが、高槻の教育の独自性と言ってもよいと思います。そのことと授業における「つながり」をどうつくるのかということが新しい取り組みなのです。授業だけ見ると、岳陽中のものまねかもしれませんが、生徒一人ひとりの生活背景に迫る取り組みは、やはり高槻独自のものと言ってよいでしょう。しかし、この伝統を受け継いでいる教師は、ごくわずかになってしまったと思います。

授業づくりと人間関係づくりは「車の両輪」なのだ。

2005年7月7日(2年A組【国語】形容詞)

内本　今度は「性格・性質」を集めてもらいます。さっきは心の状態を表す言葉をあげてもらいました。今度は「人の性格」に限定して、お互いに相談して、やね……。
信治　おこりっぽい。
内本　班つくってごらん。10個をめどにして、ノートに書いてみてください。

〈板書〉
人の性格・性質　10個をメド

このように、前回の授業で私が伝えたことに対して、内本先生は必ず、次の授業で「返事」をくださった。この授業実践を介した「対話」を通して、「物語レポート」というメディアが進化していった。

「学びの共同体」づくりに取り組む前は、この課題を個人間で競争させていたという。競争させると「やる子はたくさん見つけるが、やらない子は全然やらない」。一方、グループにすると、「やらない子でも、なんとなく周りの子の声を聴きながら少しはやる」。

内本　ただ、生徒と生徒を**「つなぐ」**というのが、まだ難しくて……。

たしかに、机と机の間が大きく離れたグループがあちこちに見られる。

机を動かそうとしない男子生徒に近づいて、「見せてくれる？」とたずねてみた。すると、手を止めて、ノートを見せてくれた。形容詞がいくつか書いてある。

やさしい　こわい　ばからしい

その様子に気づいて、内本先生がやって来た。

内本　「やさしい」「こわい」「ばからしい」か（苦笑）。けっこう激しいの、多いな。
生徒　……。
内本　もうちょっと、いきたいな。

そう言って、その場をすっと離れた。

内本先生は「10個以上！」「10個以上！」と叫びながら教室をぐるぐる回り黒板の前に戻ってくるという動作を繰り返した。

グループ学習が終わると、コの字型に戻る。座席順に指名された生徒が、順番に形容詞をあげていった。

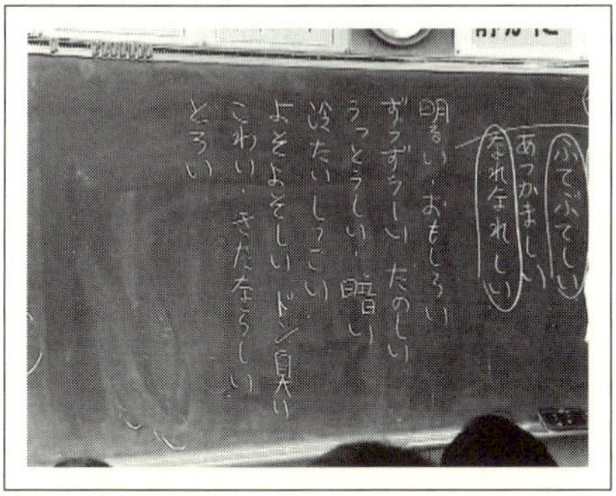

〈板書〉

ふてぶてしい　あつかましい
なれなれしい
明るい　おもしろい
ずうずうしい　たのしい
うっとうしい　暗い
冷たい　しつこい
よそよそしい　ドン臭い
こわい　きたならしい
とろい

彼ら彼女らの形容詞はなぜこんなにも「負の意味」ばかりが並んでいるのだろうか。

授業は「形容詞の活用」に移った。

結局、生徒たちの言葉は黒板の中央で宙に浮いたまま、置き去りにされた。

2005年7月7日（ビデオ上映会）

七夕の日の昼休み、2年A組では授業ビデオの上映会が行われた。生徒たちは弁当を広げながら、まるで映画鑑賞でもするように、わいわいと楽しそうだった。

たまたま内本先生の近くに陽子さんが座っていた。2人の間でこんな言葉が交わされる。

内本　いま「てるてる坊主」のとこ、やったやろう？
陽子　てるてる坊主？
内本　（テレビを指差して）「てるてる坊主、いいの？」とか言って。ビデオに映ってる。
陽子　（画面に注目し、じっと見つめる）

「てるてる坊主」のやり取りが内本先生と陽子さんをつないだように、暗中模索で授業観察を始めた私にとっては「先生が自分の話を聴いてくれた」「ダビングビデオを観てくれた」という手ごたえが「もっと伝えたい」「より効果的に伝えたい」という動機につながった。

こうして、「物語レポート」は実践者と研究者の対話によって育てられた。

2005年7月14日（放課後の職員室）

内本　レポートを読ませていただきました。おっしゃる通り、生徒たちの形容詞を授業に活かせていなかったなあ、と気づきました。

あの男子生徒は頭のいい子でね。前に「3年生になったら、できる子だけを集めたクラスで勉強したい」と言っていました。いろんな背景を持つ子たちと学ぶことの意味というのが、まだよくわからないようで。だから、「ばからしい」という言葉が出てきたんだろうと思いますけど。

でも、たしかに、あそこでそれを活かすことができたかもしれない。とくに授業の後半で、みんなから出た形容詞をそのあとの授業に活かせたかもしれませんね。生徒の意見は聞いたらもうそれでいい、と思っていたけれど。

このつぶやきから、内本先生が「聴く」ということを意識していなかったことがわかる。「聴く」ということの大事さがわかったと語る日まで、まだ長い道のりが続く。

このとき、私はようやく内本先生の目を正視することができた。自分のしていることが役に立っているという確信が持てないまま授業観察を続けていたが、「こうやって見てもらうと、自分では気づかないことに気づくことができて勉強になりますねぇ」という言葉が素直にうれしかった。

牧野　そういえば、さっき谷崎校長と話していたんですけど、このレポートを他の先生たちに共有できないか？　って。許可していただけるでしょうか？

内本　ああ、それはいいですよ。今回のレポートにも、神宮司先生の授業記録をつけてくれたでしょう。ああいうふうに、他の先生の授業からこちらが気づくこともありますし、同じように、自分の授業が他の先生の参考になるなら、それはいいことだと思います。

内本　しかし、研究者の人っていうのはすごいですね。何気ない日常の授業やのに、ああやってつなげていって、1つの物語というか、ドラマをつくるんですから。ビデオを見るのも時間がかかるだろうに……。

牧野　たしかに時間のかかる作業です。でも、ドラマのある物語をつくる作業って楽しいんです。時間がかかってしんどいのに、楽しいからはまってしまう(笑)。生徒たちや先生たちの小さな物語を1つずつ積み重ねていけたらいいなって思っています。

2005年7月14日（放課後の校長室）

谷崎校長　協同的な学び[3]に反対する人は誰もいないの。

「学びの共同体」づくりの難しさを語るとき、谷崎先生はそう前置きをされる。

谷崎校長　八中では「学びの共同体」という、見えない大きなものに、みんなつぶされている。しがらみになっている。大きな見えないものを課せられたという意識がある。本当は、もっと楽しくやれればいいのだけど。グループ学習だけなら、いいのだけど。

とくに、まだグループを入れるタイミングとかがよくわからないから。ただ、よくよく聴いてみると、子どもたちも4月よりはグループが当たり前になってきている。グループのよさをつかんでいる。今の課題は、なかなか「つながらない」ということ。もっと深いところの悩みになってきている。

4月の時点では先生たち自身に実感がなく、子どもの前でも自信をもって言えなかった。2学期はもう一度、子どもたちに投げかけていく。誰もが安心して学べる授業づくりのためにグループ学習を大事にしたいんだって。

この頃は、先進校と言われる富士市立岳陽中学校のような理想像とのギャップが大きく、しんどさだけが先行していた。

谷崎校長　佐藤雅彰先生や深沢幹彦先生には、こんな「学びの共同体」を創りたいというヴィジョンがあるけれど、そこが自分の弱いところかな。実感がない。まだ自分自身が学んでいる最中だから、「これでいいんだ」と思えたときに、それが確かなヴィジョンになると思う。

このつぶやきから、谷崎校長は「学びの共同体」のヴィジョンに確信を持てずに悩んでいたことがわかる。この取り組みでいいんだと語る日まで、まだ長い道のりが続く。

注

1　「物語レポート」は、授業づくり・学校づくりのコンサルテーションを促進する。コンサルテーションとは「研究者自身が実践者の省察をうながすツールとなり、日常的関係のなかで子どもや教師の成長を支援するシステムを教師とともに構築するというあり方」である（藤江 2010a: 175）。授業観察の視点は、教室談話を忠実に記述する逐語記録とは異なり、「全体をみつつ、特定の子どもに焦点をあて、その子どもの経験を追っていくというエスノグラフィーの方法」（本山 2007: 134）をとる。

「物語レポート」の特徴の1つとして、見るべき対象が絞られる点がある。授業ビデオには「教師・子どもの声の抑揚や動き、表情、姿勢など、普段無意識に振る舞っている“身体的要素”、机の配置や子どもの活動の広がり、クラスの環境の構成といった“空間的要素”など、映像には実に多くの情報量が撮影者の意図にかかわらず記録されて」いる（野口 2007: 300）。そのため、授業ビデオを視聴するだけでは撮影者の意図が読み取りにくい。一方、「物語レポート」は授業ビデオの映像から情報を抽出し、授業のストーリーを再構成したメディアである。ストーリーの再構成においては、観察者の意図（メッセージ）を伝えるための方略として「物語による説得」（牧野 2008）という修辞学的な表現方法を活用している。

2　班ノートとは、生徒たちが自由に思いを綴るいわば生徒間の交換日記だが、教師が丁寧にこれを見守る。高槻の「集団づくり」においては、この班ノートが生徒と生徒、生徒と教師をつなげるメディア（媒介）の役割を果たした。

3　佐藤（2012）は「協同的学び」について次のように述べている。

> 現在、小学校でも、中学校でも、高校でも、「学び合い」による授業改革が広く展開されている。しかし、その多くは「協力的学び（cooperative learning）」であって、学びの共同体の学校改革が推進している「協同的学び（collaborative learning）」ではない。この2つは混同されがちなので、ここで若干の説明をほどこしておきたい。
>
> まず翻訳の言葉による混乱がある。「協力的学び（cooperative learning）」が教育心理学の関係者（特にバズ学習［ハチが飛ぶときの「ブンブン」うなる音を「バズ」と言う。1950年代から60年代に普及した話し合い学習］を推進した研究者）によって「協同的学び」と翻訳されたために、この混乱が生じている。そのため心理学分野の研究者は、しばしば違いを明瞭にするために「協同的学び（collaborative learning）」を「協働学習」、あるいは「協調学習」という訳語で表現してきた。私の提唱する「協同的学び」はcollaborative learningであり、心理学の研究者たちが「協働学習」あるいは「協調学習」と呼んでいるものと同一である。
>
> それでは「協力的学び」と「協同的学び」とは、どう違うのだろうか。
>
> 「協力的学び」は、アメリカで広く普及している小グループの学び合いであり、社会心理学者のジョンソン兄弟の理論とスレイビンの方式が代表的な研究である。この方式は2つの理論によって成り立っている。1つは個人で学ぶよりも集団で学ぶ方が達成度が高いという理論であり、もう1つは、競争的関係の学びよりも協力的関係の学びの方が達成度が高いという理論である。
>
> 「協力的学び」の前提とするこの2つの理論は正しいし、「協力的学び」は方式として定式化されやすいこともあって全米に広く普及した。日本においても翻訳された「協同的学習」に関する本のほとんどが、この「協力的学び」のタイプの本である。
>
> それに対して「協同的学び」は、ヴィゴツキーの発達の最近接領域の理論とデューイのコミュニケーションの理論にもとづいており、学びの活動を対話的コミュニケーション（協同）による文化的・社会的実践として認識し、活動的で協同的で反省的な学びを組織している。したがって「協同的学び」においては、「協力的学び」のように協力的関係よりも、むしろ文化的実践（文化的内容の認識活動）に重点が置かれ、意味と関係の構築としての学びの社会的実践が重要とされる。（佐藤 2012: 31–32）

第6章　先進校から学ぶ

2005年6月30日（富士市立岳陽中学校）

先進校の富士市立岳陽中学校では、佐藤学先生と佐藤雅彰先生を迎えた公開授業研究会が開催された。高槻八中からは校長、教頭、教諭3名が参加した。高槻市から富士市までは新幹線を乗り継ぐ旅だが、航路を使う人たちに比べたら近いほうだ。それに、先生たちとの語らいは楽しく、あっという間に時間が過ぎた。岳陽中に到着し、受付で名乗ると、校長室に案内された。

佐藤学教授と佐藤雅彰元校長が、藤田校長と一緒に各教室を回る。最初に見学したのは理科室の授業だ。4人グループで男女の生徒が実に自然に語り合う姿に驚いている私に、佐藤雅彰先生がそっと声をかけてくださった。

佐藤雅彰　身体がやわらかいでしょう？
牧野　は、はい。

ところが、教室を次々と見学していくうちに雅彰先生の表情がしだいに曇っていった。時折、厳しい表情で藤田校長に質問する。校内を一巡し終えると、「難しいなぁ」と低い声を漏らした。

佐藤雅彰校長の後任となられた藤田修一校長は、この日、全国に先駆けて「学びの共同体」づくりを継続することの難しさを経験される。

佐藤雅彰　今年、講師は何人？
藤田校長　3人です。今年移ってきた新しい先生は9人ですね[1]。
佐藤雅彰　ぼくと一緒にやった人は何人残ってるのかな。「学び」を追究できる人がいなくなった。
佐藤学　今年は難しい。
藤田校長　やることはやるんだけど、よくわからなくて。

佐藤学　学年会のときに何をやっているの？
藤田校長　どちらかというと、生徒指導になってしまう。
佐藤学　そんなこと、やっちゃあダメ！
藤田校長　どうしても気になるので……。

佐藤学　問題がある子（生徒指導の対象）のところにばかり行って、一人ひとりが見えていない。「学び」を見ずに「問題」を見ている。目立たない子、おとなしい子のところにすぐに行かなきゃいけないのに、やっていない。今の岳陽中は３分の１の先生によってもっている。この先生たちが異動で出たら、もうもたない。どうやって危機を乗り越えればいいのか。それは、中堅の先生たちを安定させること。

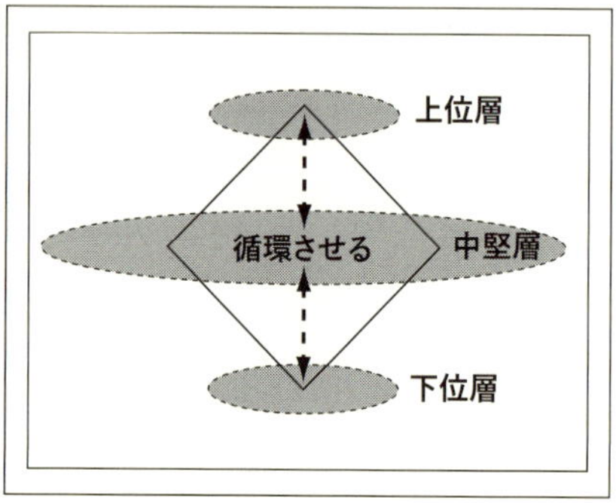

佐藤学　つい下位層に焦点を当ててしまうが、これをやってはいけない。中堅層はよくわかっていない層だが、ここが安定すれば、下位層はここをめざしてジャンプすることができる。うまく行っているときは上位層に焦点を当て、皆がそこをめざせばいい。そうやって、ひし形の層の間の動きを循環させる。

後日、視察のレポートを藤田校長にお送りすると、すぐにお返事をくださった。

牧野由香里さま
先生のまとめられた報告を大事に読ませていただきました。ありがとうございました。私自身も深く受けとめています。校長として不足の点も一層見えてきました。
岳陽中は知らぬ間に、突き崩してきた壁を、新たにつくっていたのだと考えています。私に変化を十分察知する力がなかったことです。この事実は、多分時間の問題で早晩発生したことでしょう。
不安を希望へ。（これが私の信念といえば信念です）
これが私の道と考えております。だから、この点で収穫があったと考えます。本校はモデル校という意識はありません。外に向けて、提案する授業を組織しません。問題を共有してもらうことが可能なら、そのことを大事にしたいと考えてきました。目指すものは「学びの共同体」をここにつくることです。このことがいかに楽しいことだということを我々は知っていました。しかし、人の上に乗って「学びの共同体」を享受できないことも知りました。毎日毎日、挑戦してつくることを厳しく教えていただきました。
同封の資料は、新たな出発を準備するための校長のため息です。でも、いつまでもため息で止まっている暇はありません。ご支援ありがとうございます。

富士市立岳陽中学校

藤田修一

藤田先生と再会したのは第1回「学びの共同体」冬季研究会(2009年1月)で分科会のグループをご一緒したときだった。岳陽中には後任の校長が就任されていたが、藤田先生の謙虚に学び続ける姿勢は変わらなかった。第2回「学びの共同体」冬季研究会(2010年1月)では授業研究のパネリストとして大広間のステージに登壇された。

2005年7月22日(高山右近の足跡)

夏休みが始まり、高槻市では城跡公園近くの会場で教員研修(高槻市夏季教育セミナー)が開催された。佐藤雅彰先生の講演を聴くため、私も参加した。それまで断片的に理解していたものを体系的に整理するうえで役立った。とはいえ、もともと「学びの共同体」を研究していたわけではない自分が違和感を覚えないのはなぜだろう？　そんなことを考えながら歩いていると、会場に隣接する教会の前で、ふと高山右近の像[2]が目にとまった。

あ、そうか！　そもそも、なぜ高槻には人権という発想が生まれたのか。なぜ被差別者を排除しなかったのか。歴史をさかのぼると、キリシタン大名として知られる高山右近にたどりついた[3]。

この日、夜の宴席には高槻の伝統を受け継ぐ教師たちが集まり、佐藤雅彰先生を囲んだ。長年、阪神地区の人権教育に献身してこられた玉田勝郎先生も神宮司先生の誘いを受けて同席していた。語り合いの場が和んだ頃、ふいに、玉田先生が問いを投げかけた。

玉田　1匹の羊を助けるために、99匹の羊を無視していいのか？
佐藤雅彰　1匹の羊を助けられない羊飼いに99匹の羊を助けることはできない。
玉田　その通り！
教師一同　そうそう。
牧野　あの、「1匹の羊」は聖書に出てくる話[4]ですよ。
教師一同　そうかあ。これは、聖書の話かあ。
佐藤雅彰　1人の教師に1匹の羊を背負うことはできない。みんなで協力しなければ。
玉田　うんうん。

後日、玉田先生に真意をたずねた。

牧野　あの問いには、どんな意図があったんですか？
玉田　1匹の羊を助けるために、99匹の羊を無視していいのか？　という問題。そうしたとらえ方の発想の、二項対立をいかに超えて行くか？　とりわけ、授業の展開において、です。佐藤雅彦さんが言っていた通り、協同の学び、その追究が問われている。

宗教としてのキリスト教ではなく、小さな存在に寄り添い、権利を守ろうとする思想が「1匹の羊」の物語を介して受け継がれてきたのではないだろうか。
「小さな協同体」としての学校づくりをめざしたジョン・デューイの思想もまた、キリスト教の精神に支えられていた[5]。

2005年7月27日（深沢幹彦先生のことば）

高槻八中では夏休みの校内研修に深沢幹彦先生（**熱海市立多賀中学校**元校長）が講師として招かれた。深沢先生は驚異的な速さで学校改革を進めた校長として知られている。当時の多賀中を伝えるエピソードについて、佐藤学先生は語る。

> それにしても、改革を開始してからわずか1年半である。どうして、これほど速い速度の改革が実現できたのだろうか。その秘密を解く鍵の1つが、職員室近くの廊下に掲示してある文化祭の1コマの写真と言葉の記録である。研修主任の庄司朋広さんが担任する2年C組では文化祭において「学び合い」をテーマとして、4月以降の半年間の教室で生徒同士の学び合いがどのように発展したかを即興劇で発表した。そのラスト・シーンで1人の男の子が次のように発言した。
>
> 「学び合いが始まってから、なぜだかわからないけど、遅刻が減りました。
> 学び合いが始まってから、なぜだかわからないけど、欠席も減りました。
> 学び合いが始まってから、なぜだかわからないけど、テストの成績もあがりました。
> 学び合いが始まってから、なぜだかわからないけど、笑顔がふえました。
> 学び合いが始まってから、なぜだかわからないけど、学校が楽しくなりました」
>
> この発言は全校生徒の拍手喝采を浴びたという。深沢校長をはじめ同校の教師たちは、この発言を驚嘆と感動をもって受け止めた。というのも、この

> 発言を行った男の子は昨年まで不登校だった生徒だからである。事実、「学びの共同体」づくりをとおして多賀中学校の不登校の生徒数は激減していた。2 年前まで 2 桁を数えていた不登校の生徒数は昨年 8 名にまで減少し、今年はゼロである。もちろん複雑な家庭の事情を抱える生徒が数多く存在する同校において、「不登校気味」と呼ばれる生徒は少なくない。しかし、その生徒たちも仲間や教師とのつながりに支えられ、日々、学びの挑戦を続けている。文化祭において発表された男の子の発言は、同校の教師たちと生徒たちが協同で取り組んできた「学びの共同体」づくりの成果を何よりも雄弁に物語っていたのである。(佐藤 2006: 145–146)

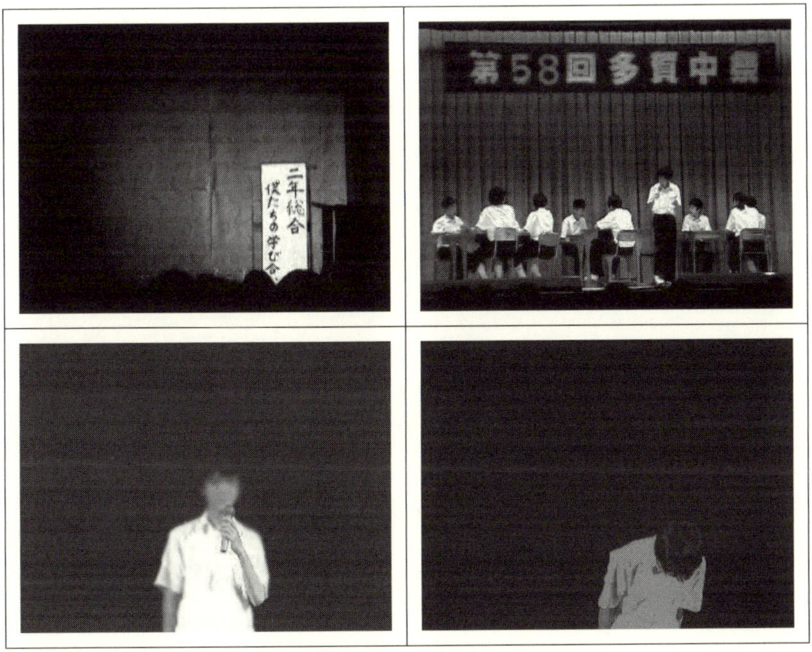

深沢先生が何者かをまだよく知らない私はなんとも不躾な質問を投げかけた。

牧野　深沢先生は先ほど「(学びの共同体づくりの)鍵は先生たちが 1 つになることだ」とおっしゃいましたが、それが一番難しいのではないかと思うのです。多賀中では何か意図的な働きかけをされたのでしょうか？

こんな質問にも顔色ひとつ変えず、むしろ楽しげに応えてくださる。それが深沢幹彦先生だ。

多賀中では、できるだけ先生たちが悩みを言い合える場をつくった、というのが回答だった。

研修後、深沢先生が高槻八中の研究協議の記録を読んで来られたと聞いて、感想をたずねてみた。すると、独り言のようにつぶやかれた。

深沢　八中は一人ひとりの先生の発言が長い。多賀中では、もっと短い言葉のやりとりがポンポンと続いた。なんていうか……八中はモノローグで、多賀中はダイアローグというような……。

深沢先生のことばが頭から離れなかった。その違いは何か。深沢先生はなぜその違いに気づいたのだろう？　やがて、深沢先生がかつて名古屋大学の重松鷹泰教授に授業記録[6]を送っていたことを知る。

深沢　重松先生のところでやっていた若い頃は、技術的なことばかりだったけれど、当時先生が書かれた本を読んでみると、思想とか、哲学とか、何十年も経った今になってようやくわかるようになった。重松先生の教育は、仲間や子どもたちを戦場に送った戦争体験から来ているものだけど、そういう思想や哲学は、当時はわかっていなかった。たぶん、先輩たちもわかっていなかったと思う。

授業記録の分析によって培われた観察眼が高槻八中と多賀中の違いに気づかせたのではないだろうか。当時、高槻八中の研究協議は座席順に発言するのが通例だった。先生たちは自分の番が回ってくると書きとめたメモのすべてを言い尽くそうとし、1人の発言が必然的に長くなった。一方、多賀中の研究協議では「もっと短い言葉のやりとりがポンポンと続いた」という。

> 傍らに座っている私が聞いていて小気味よいほど、次から次へと教室で発見した事実と印象が交流される。一人ひとりの教師が観察した小さな事実の意味をつなぎ合わせて、1つの織物を織っているようなコミュニケーションである。教師間でこういう響き合う学び合いを生み出してきたから、多賀中学校は、これほど速やかにかつ確実に教室の改革を達成してきたのだと思う。（佐藤 2006: 149）

高槻八中の先生にしてみれば、研究協議の進め方そのものを試行錯誤していたのだから、気づいたことはとりあえず言っておこう、という試みもあっただろうし、いいかげんなことは言えない、というプレッシャーもあったと思う。研究協議の場でお互いの発言を「つなぐ」という意識が生まれるまでにはもう少し時間が必要だった。

2005年8月1日（熱海市立多賀中学校）

熱海のアクション・リサーチ研究会で深沢先生に再会した。熱海市立多賀中学校の経験について改めて質問すると、「うーん」と考え込んでしまった。ちょうどそこへ当時の教頭先生が通りかかった。「ねえねえ、どうだっけ？」と深沢校長（当時）から話をふられた後藤教頭（当時）が私の質問に熱心に応えてくださった。要するに、**教師たちが対話できる環境が整っていた**ということらしい。

牧野　それは、どうしてですか？
後藤　深沢先生だから。
牧野　そういえば、深沢先生は「佐藤学」先生をあまり前面に出さなかった、とおっしゃっていましたが……。
後藤　そうそう。もともと校長と部下の間に信頼関係があったからこそできたこと。たとえ「エベレスト」が現れても、自分たちは目の前の「富士山」を見ていた。

なるほど。エベレストが世界一と知っていても、最初からエベレストをめざす登山家はいないだろう。登山経験などない素人ならば、めざす前にあきらめる。

2005年8月2日（小林里絵先生の授業ビデオ）

研究会2日目に参加した分科会では、別府市立青山小学校の実践報告に目を奪われた。校長と研究主任による発表の中で紹介されたのは、小林里絵教諭の授業ビデオだった。

教師が子どもたちのかたわらに腰掛けている。「うん」「うん」とうなずきながら、一人ひとりの言葉に耳を傾けている。子どもたちも先生と同じように耳を澄まして仲間の言葉を聴いている。

そんな教室の空気が伝わってくるような印象的な映像だった。

出会いというのは実に不思議だと思う。直後の昼食の席でたまたま隣に座った女性が、なんと、小林先生の前任校（別府市立緑丘小学校）の同僚で、研究主任（当時）として研究を推進していらした衛藤和子[7]先生だったのだ。

衛藤先生によると、小林先生は「教師対生徒」的な授業になりやすいことに悩んでいた。「どうしたら子どもたち同士の学びができるのか」と自問自答し、まず、教師の発言をできるだけ少なくして、子どもの発言をしっかりと**「聴く」**ことを大事にすることから始めたという。

また、緑丘小では、校内研修の授業者は発言記録を作成することが奨励されていたが、膨大な時間と労力を要する作業であり、家庭での持ち帰り作業になることがほとんどだった。しかし、小林先生は毎回子どもたちの発言記録を丁寧に分析し、「この子の発言とこの子の発言がつながっていた」と気づくようになっていった。

衛藤先生が別府市に戻られたら、小林先生と連絡をとってくださるという。10月14日に開催される青山小の公開授業研究会で、ぜひお会いしたいと思った。

2005年8月5日(秋田喜代美先生のことば)

不思議な出会いがまたもや続いた。アクション・リサーチ研究会(熱海)を総括された東京大学の秋田喜代美教授が、数日後、関西大学で開催されたシンポジウムに講演者(と集中講義の講師)として招かれた。

私は高槻八中の報告をすることになっていたため、秋田先生の面前で、まだアイデアの段階だった構想について拙い発表をした。「物語レポート」の作成を通して、自分が身につけたものを授業研究に応用できないか？　と考えたのだ。

今日、授業の研究方法として、授業ビデオを基に事例研究を行う方法が普及しているが[8]、1時間の授業をじっと見ていても、最初のうちは何をどう見ればいいのかよくわからない。そのため、ビデオ研修の経験が乏しい教師は「何も観ずに終わってしまう」(佐藤雅彦・佐藤学 2003: 193)。さらに、同じ授業を撮影したビデオであっても、撮影者によって映像は大きく異なる。

> 撮影者は、学ぶ意欲のない子ども(あくびをしている子ども、活動をしない子どもなど)や子ども同士のかかわりのよさやよい表情や困った表情等を撮影するように心掛けている。その場合でも、ファインダーの中にどの子どもを入れるかは撮影者の感性に任されている。したがって撮影者の感性が問われることになる。(佐藤雅彦・佐藤学 2003: 194)

一方、「物語レポート」を作成するときは、まず授業の映像を編集し、取り上げたい特定の場面で、子どもたちの表情やしぐさを捉えた瞬間の写真を切り抜き、そのときの対話の記録と合わせて、授業記録をストーリーとして再構成する。この作業を繰り返すうちに、いつしか、撮影の段階から物語を意識するようになった。やがて、「ファインダーの中にどの子どもを入れるか」という判断は、授業の中で展開する小さなドラマ(心温まる物語もあれば、悲しく切ない物語もある)を捉えることに焦点化されていった。

こうして、「物語レポート」を作成する作業そのものが「撮影者の感性」を磨いてくれた。とすれば、「物語レポート」の作成は授業を読み取る力を育てる方法の１つとなりうるのではないか。映像編集は膨大な時間と労力を要する作業であり、校内研修には向いていないかもしれない。しかし、たとえば大学院の授業課題であれば、まとまった時間をかけることもできる。

集中講義の最終日、秋田先生を囲んだ親睦会で、大学院生たちが授業研究の悩みを語り合った。ふいに高槻八中の話題になったとき、その場の雰囲気につられて、私もつい弱音をはいた。

牧野　何をどうすればいいのか、まったくわからなかった。でも、あるとき気づいたんです。自分は、底のないプールで必死に立ち泳ぎをしている人たちを、ただプールサイドから眺めていただけだった、と。だから、自分も飛び込んでみよう、って。もっと見えなくなるかもしれないというリスクもあったし、それでいいのかどうかなんてわからなかったけれど、とにかくもう、飛び込むしかなかった。
秋田　それで一緒に立ち泳ぎをするのね。
牧野　はい。
院生一同　（シーン）
秋田　おもしろい！

当時まだ迷いがあった私にとって、この一言がどれだけ励ましになったことか。その後、ドナルド・ショーンの一節を見つけたとき、「それで一緒に立ち泳ぎをするのね」という秋田先生のことばを改めて思い出した。

> 私が描いてきた幾種類もの反省的研究において、研究者と実践者は応用科学のモデルのもとで行われてきたやりとりとは非常に異なる協働の様式に参加することになる。実践者は研究者の成果を単に消費する者として働くのではない。実践者は実践にもちこんだ思考様式を反省的研究者に明らかにし、自分自身の「行為の中の省察」の手助けとして反省的研究へと接近する。さらに反省的研究者は実践の経験に対して距離をおくことはできないし、はるかに劣っているわけにはいかない。フレーム分析、レパートリーの構築、アクション・サイエンス、あるいは「行為の中の省察」の研究のいずれに従事するにせよ、反省的研究者は、実践の経験の内側の見解をともかくも獲得しなければならない。反省的研究は実践者と研究者、研究者と実践者のパートナーシップを必要としている。　（ショーン 2001: 202–203）

あの晩、秋田先生は宿泊先で「物語レポート」の発表レジュメに目を通してくださったに違いない。数日後、ホテルの絵葉書が届いた。

> 暑中お見舞い申し上げます。熱海でのアクション・リサーチ研究会、8月5日のシンポジウム、そして打上げといろいろ大変お世話になり、有難うございました。先生と第八中との関係、本当にすてきだなあと思いました。また打上げにまでおつきあい下さいまして、関西大学でのよい思い出となりましたことを御礼申し上げます。今後共研究交流をどうぞよろしくお願いいたします。暑さ厳しき折、どうぞご自愛下さい。
>
> 秋田喜代美

2005年8月8日（別府市立青山小学校）

実はこのとき、高槻市内の小学校に招かれて校内研修の講師を務める予定が決まっていた。とはいえ、学校現場で話をさせていただくのは初めてで、何を伝えるべきかと思案していた。熱海のアクション・リサーチ研究会で小林里絵先生の授業に釘づけになった私は、別府市立青山小学校に手紙を書いた。

> 別府市立青山小学校
> 校長先生、（研究主任）先生
> 熱海のアクション・リサーチ研究会では、興味深いご発表をありがとうございました。先日もお伝えした通り、高槻市内の小学校にてお話をする機会をいただいております。
>
> 高槻市立桃園小学校　9月30日（金）15：45～17：15　（対象：桃園小教師　約20名）
> 研修内容：「授業の中での話し合い方」「子ども同士のコミュニケーションのとり方」
>
> 私はコミュニケーションと能力について研究しておりますが、子どもたちの発言がつながっていく過程を学術的に説明することはできても、現場の先生にとって説得力があるのは授業の具体的なイメージではないかと思っております。理論を軽視しているわけではありませんが、それより、ビデオに映し出された子どもたちの表情から肌で感じ取っていただくことのほうがはるかに重要だと考えました。
> お忙しいところたいへん恐縮ですが、桃園小の校内研修の教材として、小林先生の「注文の多い料理店」の授業ビデオをお貸しいただけたら幸いです。こちらでダビングさせていただいたのち、責任をもってお返しいたしますので、どうかご検討よろしくお願い申し上げます。
>
> 牧野由香里
>
> 追伸　10月14日は何とか都合をつけて、公開授業研究会に参加させていただきます。

ほどなく、青山小から小包が届いた。丁寧に梱包されたダビングテープと一緒に、小林先生が作成されたという発言記録も同封してくださった。

2005年9月30日（高槻市立桃園小学校）

高槻市立桃園小学校の校内研修では、まず授業ビデオを上映し、その後、発言記録を台本として子どもたちを演じながら、先生たちに授業中の対話を再現してもらった。大分弁の発音が難しい部分もあったが、最初は断片的だった子どもたちの発言が徐々につながっていく様子や、小林先生のかかわり方やつなぎ方を通して、授業の空気を感じ取っていただけるように努めた。そして、最後に少しだけ専門的な解説を加えた。

桃園小の先生たちは小林先生の授業の疑似体験から本質的な何かを学び取っていた。

・友だちの意見を聴いて、そして自分の意見を言うという形になっている。自分の授業では、子どもたちは自分が言ったらそれでおしまいで、人の意見は聴かない。それから、先生の受け止め方がうまい。返し方とか、上手にしている。

・子どもたちが不思議に思ったことと付き合っていく。そういう授業は大事だろう。つい教師は、そんなことはどうでもいいから、と自分の考えを優先しがちだが、子どもたちから出てきたことから引き出していく、というのは見習わなきゃいかんなと思った。

・それぞれの考えをしっかり持っていて、必死になって発表している授業で、どんどん発展していくという、つながった授業だ。そして、集中している。日ごろの訓練もあるだろう。具体的に何ページの何行目ということを子どもが発見しているということは、この教材の読みを深めているのではないか。子どもは自分で結論を見つけるんだ。子どもが聴き上手で学び上手。そして、最後に話し合っているところは、聴き合って、伝え合う授業になっている。

・教師が「そういうことやね」って返しているのは、一見オウム返しのように見えるが、子どもをまず受け止めている。受け止めて、引き出すという、すごいことをやっている。カウンセリング・マインドという感じで。子どもからいろんな意見を引き出すというようなクラスを作っている。そういうところを学びたい。

・かなり訓練を積んでいないと、できない授業だと思う。コの字型で、教卓がなく、先生が子どもの一部になって、実は子どもの意見を聴いて、子どもたちには気づかれない形でつないでいる。私は背が高いから、普段からすごい角度で子どもを見下ろしてしまうけれど、たまに読み聞かせをするとき、一緒に座って読んでいると、すごく視界が違う。そういうところでいっぱい気づくことがあって、こういう視点で子どもを教えるのはすごく大事だと思う。ただ、授業でやるのは難しそう。

校内研修の講師を務めるのはこれが初めてだったことを思えば、まずまずの出来だったと自分では思ったが、残念ながら、桃園小に私を紹介してくださった高槻市教育センターの大沢先生の質問には答えることができなかった。

大沢　小林先生は、どうやって、このような成果に到達できたのですか？

私には、衛藤先生のお話を代弁するのが精一杯だった。

牧野　すいません。10月に青山小に行くので、小林先生に直接たずねてみます。

2005年10月14日（石井順治先生のことば）

別府市までは飛行機とバスを乗り継ぐ旅だった。余裕があれば温泉も料理も楽しみたかったけれど、九州行きの目的はただ１つ。

午前中の公開授業では小林先生の教室にとどまった。といっても、できるだけ控えめに、教室の隅に腰掛けたまま授業の空気を感じ取ろうとした。

日常のごく自然体の授業だったが、先生も子どもたちもやわらかかった。

この日の公開授業研究会は、佐藤学先生と石井順治先生（四日市市立常磐小学校元校長・**東海国語教育を学ぶ会**顧問）が招かれていたため、大勢の見学者が訪れていた。小林先生は気さくな方だったが、青山小の先生たちは準備や対応に忙しそうだったので、単刀直入にたずねた。

ところが、小林先生は衛藤先生と同じことを語られた。授業中の発言記録を分析したら、この子の発言とこの子の発言がつながっていたと気づくようになった、と。

結局、答えは見つからなかった。そうあきらめかけたとき、午後の授業研究会の会場で、講師の石井先生に見学者が質問を投げかけた。

見学者　青山小の先生方は、どうやって、このような成果に到達できたのですか？

すると、石井先生は一言一句をかみしめるような口調で、つぶやかれた。

石井　教師は、「語らない」のではなく、「語れない」んだ。

秋田先生によれば、「(学びの共同体に取り組む)教師たちは、頭で理解するのではなく、自分なりのやり方で試行錯誤しながら1年くらいかけて身体化していく」[8]という。知らず知らずのうちに身につけた「わざ」は言葉では説明できない、ということだろうか。

ならば、「語れない」実践者の代わりに「語る」ことが研究者の役割ではないのか。

この瞬間、私の中から迷いが消えた。

「対話による学び」に取り組む教師たちは、どのような過程をたどって成果に至るのか。その道のりを可視化することこそが自分の仕事だ。

そう自覚した瞬間だった。

注

1　2005年度、富士市立岳陽中学校の教師は46名で、全体の5分の1にあたる9名が4月に赴任されたばかりの新しい先生だった。

2　カトリック高槻教会高山右近記念聖堂(1962年設立)の高山右近像である。

3　高槻の人権教育を直ちに高山右近と結びつけるのは甚だ強引だが、今日解放教育に従事している人々に「1匹の羊」の物語が受け継がれていたことは興味深い事実である。

高山右近が高槻城主を務めたのは1573年から1585年までのわずかな期間だが、この間、城内に天主教会堂やセミナリオ(神学校)が建設された(高槻高山右近研究会2001)。近年、城跡から戦国時代のキリシタン墓地が発掘されている。高槻市教育委員会がまとめた資料によれば、1581年には「25000人の人口のうち18000人がキリシタンになったといわれている。それは右近が家臣そして主だった百姓を招いて説教を聞かせるなどした成果であった」(高槻市教育委員会1977: 25)。「右近がキリシタンとして、ふさわしい行動をとり、領内の政治にあたっても、領民を愛し、貧しい信者の死にあたって、彼は棺をかつぎ埋葬をおこなったと伝えている」が、「これらの行動は、宣教師の記するところで、残念なことに確かめることはできない」(高槻市教育委員会 1977: 29)。

武将としての右近は、本能寺の変(1582)のあと山崎の戦いで羽柴秀吉に従い戦功をあげるが、関白となった秀吉の命により明石城主へと移封される(1585)。「右近の移封によって高槻のキリシタンたちの運命はどのようになったのであろうか。イエズス会1591・2年度年報には、高槻では互いに信仰をすてぬことを誓っていたのみならず、異端がまじることも拒否したと記している。村ぐるみ1つの信仰に入ることが、真宗・日蓮宗などにもみられるが、キリスト教も村の惣的結合で維持されたのであった。元和年間に宣教師が訪ねているが、その後の消息はわからない。17世紀中頃高槻で10名、下音羽村で多数のかくれキリシタンが発見されているから、信仰はひそかに伝えられたのであった。茨木市千提寺から大正年間、多くのキリシタン遺物が発見されたのも、その1つであった」(高槻市教育委員会 1977: 35)。

明石城主となった右近は秀吉のバテレン追放令(1587)により棄教を迫られるがこれを拒否し、領地を没収される。流浪ののち加賀藩前田家の重臣として26年間仕えるも、家康のキリシタン大禁教令(1614)により国外追放に処せられる。到着したマニラで大歓迎を受けるが熱病に倒れ、翌年息をひきとる(1615)。

「右近が高槻の地を去って、戦国以来の1つの時代が終わった。この地域出身の武士は主君とともに他国へ移ったし、あとには新しい領主が家臣団をつれてのりこんできた。武士と百姓ははっきりとわかれ(兵農分離)、また商工業者も城下町高槻や、富田・芥川の町場に移住して営業をおこなうようになった(商農分離)。身分によって居住地も違い、権利も違うといった強固な身分制が成立したのもこの時期であった。この身分制の最下層におかれ、苛酷な差別をうけた『かわた』などの身分の人々も権力にがっちりと把握されたが、これが現在、その解放が国民的課題となっている被差別部落の起源である」(高槻市教育委員会 1977: 39)。

高山右近を伝える資料として宣教師フロイスの『日本史』や北國新聞社の『加賀百万石異聞　高山右近』が知られるが、宗教と政治は互いに利用し合う側面を持ち、日本に生まれた初期キリスト教会も例外ではない。日本の戦国時代と世界(ポルトガル、スペイン)の大航海時代という2つの潮流に翻弄された高山右近の心情を想像するうえでは小説『高山右近』(加賀乙彦 1999)が手掛かりを与えてくれる。作家自身がキリスト者でありまた精神科医であることが生々しい心理描写を説得力のある創作物に仕上げている。

4　「ある人に100匹の羊があり、その中の1匹が迷い出たとすれば、99匹を山に残しておいて、その迷い出ている羊を捜しに出かけないであろうか。もしそれを見つけたなら、よく聞きなさい、迷わないでいる99匹のためよりも、むしろその1匹のために喜ぶであろう」(マタイによる福音書18：12–13)。

この物語では「1匹の羊」だけでなく、残りの99匹にこそ着目したい。山に残された99匹が羊飼いの帰りを待っていられるのは信頼関係があるからだ。そうでなければ、羊飼いが不在の間に残された99匹がバラバラになってしまうだろう。

5　田中(2009)はジョン・デューイの思想について次のように述べている。

> デューイが標榜したデモクラシーは、たんなる政治的な意思決定の方法ではない。デモクラシーこそが、彼の求めた理想社会のヴィジョンである。彼にとって「デモクラシー」は、相互依存的・相互扶助的な協同体《コミュニティ》を形容する言葉であった。

> (中略)デューイにとって、すべての個人は、どのような身体的・認知的な差異があろうとも、「1つの固有な潜勢力《ポテンシャル》」であり、教育の目的は、すべての固有な潜勢力を充分に発揮させること、つまりその成長の支援である。(中略)学校は、このデモクラシーを教える場所ではあるが、たんに言葉、意味、制度としてのそれを教える場所ではなかった。デューイにとっては、学校そのものが「小さな協同体」すなわち「小さなデモクラシー空間」でなければならなかった。子どもたちは、小さな協同体としての学校でこそ具体的に助けあうこと、実際に他者の心情に応答すること、共感することを経験できるからである。デューイにとって、小さな協同体としての学校こそが、既存の社会をデモクラティックな協同体に変える礎だったのである。
>
> もっとも、デューイにとって、デモクラシーは、容易に「完全性」に到達するものではなかった。「完全性」という言葉は、ルソー、カント以降の近代教育学が教育目的を語るときに用いた言葉であり、イエス・キリストのような絶対的な道徳的完全性を意味していた。デューイは、デモクラシーをつねに進行形の状態、たえざる自己更新の状態におくことで、こうした完全性指向の近代教育学から離れようとした。デューイにとっては、たえずよりデモクラティック的な社会を構築しようと努力すること自体が、デモクラシーの本態であった。(中略)たしかにデューイは、完全性を固定的な理念ととらえることに反対したが、それはキリスト教的な完全性思想を否定することではなかった。むしろ、デューイにとって、本来のキリスト教的な完全性思想は、不断にかつ果敢に自己更新するダイナミズムそのものであった。(田中 2009: 276–279)

6　重松鷹泰は教育の科学的研究を提唱し、『授業分析の方法』(重松 1961)をまとめた教育学者である。客観的かつ詳細な授業観察のために、観察の対象(児童生徒の発言、児童生徒の動作、教師の言葉、板書、教師の位置と机間巡視、教師の指名、教室の空気、全体の動き)および観察の条件・手段(観察の場所、時刻の明示、机列表、録音機、カメラ、観察帳)を整え、組織的な授業記録の作成方法を具体化した。

重松(1961)によれば、「授業の記録はそれを読んだ場合に、まさにその授業をみているかのように、情況を描き出していることがまず必要である。しかしそれは誰かの主観によって結晶された文学的なものではなく、教師や子どもたちの動きがそのままに記述されており、それを手がかりに各種の解釈が成立するくらい詳しいものでなければならない」(重松 1961: 56)。

重松によって具体化された「授業分析の方法」は今日の授業研究にも受け継がれているが、授業記録の作成は膨大な時間と労力を要するため、学校現場の日常に普及しているというわけでは必ずしもない。

「授業分析に取組んだ人々の前に立ちはだかった障害は決して少なくないが、その大きなものの1つに『記録の整理にあまり時間と労力がかかりすぎる』ということがある。個別の記録を整理するのにも、それぞれ1時間乃至2時間を要するし、総合記録をつくるために読みあわせ検討を行う段になっては全員が7・8時間(会議にして3回位)を要するし、それに基づいて総合記録にのせるべき原稿を提出するのにも1・2時間、さらに手分けで原紙を切ったり謄写したり、それをはりあわせたりするのに、各人4・5時間を要するとすると、各人十数時間を割かなければならなくなる。これは多忙な現場人にとっては容易でない負担である。この負担を訴える歎声がリーダーを辟易させがちであった」(重松 1961: 60–61)。ただし、「これはかなり時間を要するが楽しい時間である。各人が少しずつでも成果を持ちよるのであるし、平素の会議では発言しないような人も発言しないわけにはいかない。もちろんここでも観察したことの間にくいちがいがいくつも発見される。それを正すのは共同の責任であり、録音や写真がもう一度ひっぱり出されるし、授業者の記録も尊重される。誰かが権威をもって審くことはゆるされない」(重松 1961: 58–59)。

なお、授業記録の事例は『授業分析の理論と実際』(重松ら［編著］ 1963)にも紹介されている。

7　2011 年度、衛藤和子先生は別府市立青山小学校の校長に就任された。

8　藤江(2010b)は授業の研究方法について次のように述べている。

> 教育や学習研究における質的研究は、社会学や文化人類学の影響を受け、イギリスでは 1960 年代から、アメリカやヨーロッパ諸国では 1970 年代から取り組まれてきた。客観的に現象を解明し、一般化できる概念や理論の構成をめざす量的研究に対して、質的研究は、対象者にとっての出来事や行為の意味を具体的に構成していくことをめざす。そのために、まずはその場を理解すること、そしてその場にいる人たちの声を内側からとらえることが求められるのである。授業場面であれば、授業の起こっている状況、授業に参加している子どもや教師の発話や行為を精緻にとらえること、そのうえで、その状況における子どもや教師の発話や行為の意味を解釈し再構成していくことによって、授業を理解しようとするのである。調査の過程においては、ビデオカメラや IC レコーダといった映像や音声記録の装置を活用することにくわえ、その現場に身を置き、そこで暮らし学ぶ人々と文脈を共有し、その文化のリズムやテンポや呼吸に身を添わせ、「もの、こと、人」の性質や、文脈に潜在する関係性などを五感を駆使して統合的にとらえることも重要である。しかし、とらえただけでは理解したことにはならない。言語化することではじめて知となり他者に伝えるための基盤を得ることになる。
> (藤江 2010b: 194)

9　秋田喜代美(2005 年 8 月 5 日)「学校でのアクション・リサーチ」関西大学人間活動理論研究センター第 1 回公開フォーラム「教職専門職大学院のカリキュラムを構想する」の講演より。

第7章　「物語レポート」で対話する

2005年9月29日(2年A組【国語】心のバリアフリー)

夏休みが終わり、9月も末のこの日、内本先生は以前のように生徒のもとからすぐに立ち去らず、一人ひとりと向き合おうとしていた。しかし、依然として「教師対生徒」という個々の関係性に留まっていた。

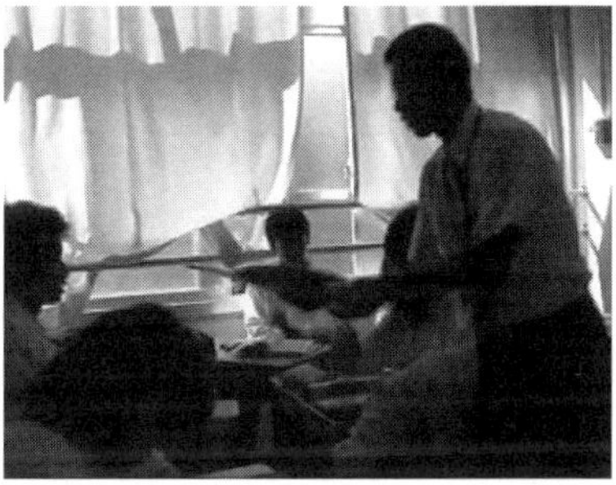

ある生徒のノートを丁寧に確認し、本人にコメントを返す。

別の生徒のノートを丁寧に確認し、本人にコメントを返す。

またある生徒のノートを確認して、本人にコメントを返す。

ノートという「モノ」を介した「教師と生徒」の対話を「生徒と生徒」の対話に広げることができるはずだ。たとえば、ある生徒のノートを隣の生徒(孤立している子)に

紹介し、「あなたは、どう思う？」とたずねるだけでも、きっかけとなるのではないだろうか。

ただし、新しい工夫も見られた。テキストの本文を読んで、自分が「感じたこと」「気づいたこと」「印象に残った表現」をノートに書きとめるだけでなく、発表のときは、他の人が「感じたこと」「気づいたこと」「印象に残った表現」を自分のノートに書きとめるように指示した。内本先生は「人の書いていることを知ることはすごく大事だ」と説明しながら、聴き合う環境をつくろうとしていた。

生徒　障害者といって特別扱いされることが本当は嫌だったんだな、と気づきました。

内本　みんな、ノートに書いときや！

時間が足りず十分に共有はできなかった。

ただし、一人ずつ指名して順番に発表させるときと比べると、生徒たちは他の人の声に耳を傾けていた。

2005 年 9 月 29 日（放課後の職員室）

放課後、職員室は文化祭の準備でごった返していた。授業の話を切り出せる雰囲気ではなかったのだが、「心のバリアフリー」の単元が終わってしまう前に伝えたいと思い、放課後まで待っていた。夕方 6 時過ぎになって内本先生が職員室に戻られたので、作りたての「物語レポート」を手渡した。

内本　なるほど。たしかに、隣の子にノートを見せるというのがありますねぇ。
牧野　1つのアイデアに過ぎませんが、ちょっとしたことでいいんです。

このとき、授業ビデオから切り取った写真はそれだけで説得力があるようだと感じた。

谷崎校長　こうやって分析してもらうと、すごく勉強になると思う。教師っていうのは、自分が何をしているのかわからないものなのよね。そう言われてみれば、たしかにそうね。隣の子にノートを見せたらいいのよね。

佐藤雅彰先生のことばを思い出した。

「教師は、映像を通して、自分や他者の行動を客観的に省察し、子どもを見る目、教材を見る目を育み、今までの指導を軌道修正していく。」

（2005年2月、佐藤雅彰先生の手紙より）

牧野　今朝のハイライトは、何といっても「友達のメモ」ですよね。
内本　他のクラスでやったときはもっと意見が出て、生徒たちもちゃんと聴いていました。
牧野　そうだと思います。本当にあと一歩、というところまで来ていると思いますよ。
内本　教材に力があるから。今朝も、あらかじめ読みたい人を募っていたんですよ。指名されて読むのではなく、読みたい人が読むんやから、みんなもちゃんと聴こう、と言えるし、みんな、いつもより聴いていたでしょう？
牧野　はい、みんないつもより真剣な顔をして聴いていました。おっしゃる通り、力のある教材ですね。でもそれと同時に、内本先生が着実に前進されているんだと思います。

2005年10月5日（2年A組【国語】心のバリアフリー）

『五体不満足』の本文から、子どもと母親の会話を再現する。

子ども　あの人、手と足がないよ。お母さん、どうして？

母親　ごめんなさい。ごめんなさい。いいから、こっちにいらっしゃい。

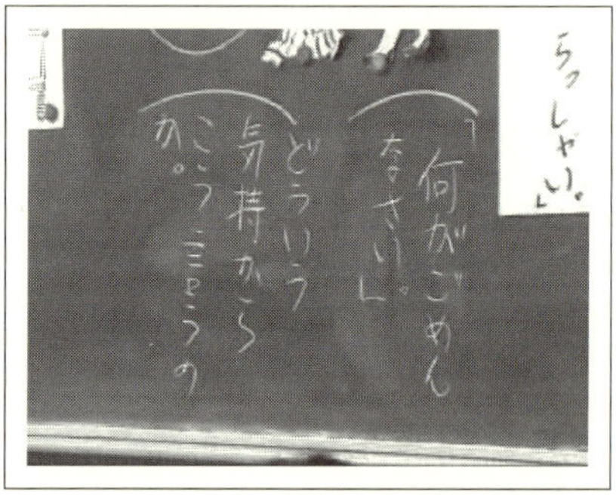

内本　ノートに書いてみよう。

〈板書〉

「何がごめんなさい。」

どういう気持ちから、こう言うのか。

内本　とりあえず、書けた人、手をあげて。

十数人の手があがった。窓際では信治くんが手を高くあげている。

内本　ここでちょっと、相談してくれる？　書けていない人が3分の2くらいいるので。

信治くんのノートを確認する。

信治くんの斜め向かいでは、どうしていいかわからない様子の誠くんが、きょろきょろしている。

グループの指示を出しても、机と机の間には人が通れるほどの隙間が空いている。

内本先生は信治くんのノートを手に取り、誠くんに語りかけた。

内本　見せてもらう？

誠　（うなづく）

信治くんのノートを真剣に読み、

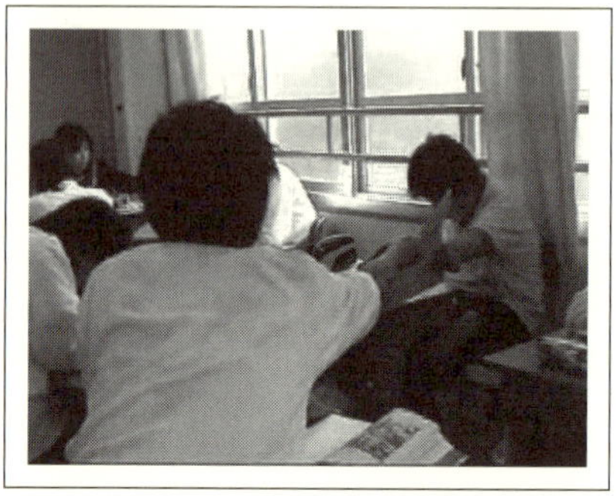

ノートを返す。

（信治くんはうつむいたままノートを受け取る。）

誠くんは鉛筆を持ってじっと考える。

〈誠くんのノート〉

「何がごめんなさい」
本人が気にしていることを聞いたから

「どういう気持ちから、こう言うのか」

内本先生が後ろから誠くんのノートを覗く。

別のグループに伏せたまま作業をしようとしない生徒たちがいる。

内本　見せてもらえ！

しかし、生徒の反応はない。

誠くんへのかかわりと、このグループへのかかわりは、距離のとり方が明らかに違った。誠くんにはかたわらで「見せてもらう？」と語りかけたが、このグループには遠くから「見せてもらえ！」と指示を出した。

発表の時間、信治くんが積極的に意見を述べたが、他の生徒たちの反応は鈍い。

生徒　……書けてない。

内本　さっきの、信治くんから聴いたやつは、なんとなく理解できた？

生徒　（うなづく）

内本　そこを取り掛かりにしてくれたらいいです。

内本　信治くんがこう言ったけれども、私も同じような気持ちになった、とか。信治くんはこう言ったけれども、私はこう思ったとか。そうやって、つながっていきますので。また、気持ちはあるんやけども書けない、という人は、私もそうです、といってつなげていけばいいから。だから、しっかり聴いといてや。

一生懸命つなごうとしている様子がひしひしと伝わってくる。しかし、このあと指名された生徒が一人ずつ発言するたびに内本先生の解説が入った。

生徒A　何も考えずに、ストレートな質問した、というか、疑問をぶつけたから。

内本　なるほど。何も考えずに、子どもが疑問をぶつけたから。だから、「ごめんなさい」なんだね。子どもが思ったことをそのまま口にしたからね。

生徒B　申し訳ないと思った。

内本　申し訳ないということは、相手に対して申し訳ない？　ほなら、何で「こっちにいらっしゃい」と言うの？

生徒B　（小さな声で）

内本　ああ、なるほど。「こっちにいらっしゃい」って叱るわけやね。そういう感じ？

生徒B　（うーん、と首をかしげる）

内本　ちょっと違う？　まあ、相手を傷つけたから、その子に対して、ダメでしょ、と。そんな感じが、親としてはある、と。

生徒と生徒を「つなぐ」ときは、教師は必要以上に介入せず、むしろ黙って耳を傾けるだけで十分ではないだろうか。

内本 母親は、「同情」「遠慮」「気兼ね」という気持ちから「ごめんなさい」と言った。

終盤、授業はやや強引に展開していった。

内本 障害者、外国人、マイノリティと共に生活することによって慣れる。

強引な展開に生徒たちの気持ちは離れていったように感じた。

しかし、誠くんは小さな声だが、胸を張って発表できた。

これは内本先生が信治くんと誠くんを「つないだ」成果とはいえないだろうか。

2005年10月12日（2年A組の時間割変更）

内本先生から時間割の変更を知らせるファックスが届いた。

> 関西大学総合情報学部　牧野先生
> 　いつもお世話になっております。今週より時間割が変更になっております。2－Aの国語が1限から3限に移りましたので、ご連絡させて頂きます。お電話させていただいたのですが、つながりませんでしたので、FAXさせていただきました。宜しくお願いします。
> 高槻市立第八中学校　内本

> 高槻市立第八中学校　内本義宜先生
> 　いつもお世話になっております。わざわざFAXをお送りくださり、ありがとうございました。明日は午後から出張が重なっているため、3限ということであれば、残念ですが、見学はあきらめます。ただ、先週のレポートをお届けしたいのと、谷崎先生にお話ししたいことがあるので、八中にはうかがいます。内本先生は授業中かもしれないので、その場合は机の上にレポートをお届けし、失礼することにいたします。ご連絡ありがとうございました。
> 関西大学　牧野由香里

内本先生のお人柄を表すエピソードだが、この時間割変更がのちに2年A組のドラマを生み出すことになる。

2005年10月13日（午前の校長室）

この頃、私には悩みがあった。「物語レポート」は内本先生、谷崎校長、神宮司先生には届けていたが、他の先生たちにしてみれば、「あの人は毎週木曜日にやって来て、職員室でいったい何をしているのか？」と不信に思っていたことだろう。

谷崎校長と相談すると、「物語レポート」を他の先生にも配布して、「みんなで読んでいきましょう」と提案してくださった。

一般的な授業レポートは文章中心で、校長にとっては参考になっても、先生たち全員が読むのは難しい。その点、「物語レポート」のように写真があると、たとえば生徒との距離のとり方の違い（近くで接するか、遠くから指示するか）などがイメージしやすいので、先生たちも見ようという気になるのではないか、という谷崎校長

のご判断だった。

谷崎校長　先生たちがどう思っているのかはまだわからないけれど、とにかく読んではいるみたい。

単にコピーを配布するだけでなく、谷崎校長が内容にコメントを添えてくださることで(図 4)、外部の人間の私的な研究ではなく、「学びの共同体」づくりの一部という位置づけがなされた。やがて、職員室で私に向けられる視線に変化が生じた。先生たちとの距離感は格段に縮まり、自分も「学びの共同体」の一員になれたような気がした。

2005 年 10 月 27 日（午前の職員室）

内本　職員会議で、校長から話してくれと言われました。生徒をあてて私が説明を加えるという指摘がその通りやなと思ったので、それ以外の 3 つのクラスではそうしなかった。そのほうがたくさんの生徒をあてられたし、生徒も集中してよく聴いていた。そして、たくさんあてたぶん発言の内容にもバリエーションが出た。そこのところは納得しました。
牧野　そうですか。それはよかったです。
内本　ただ、自分の考えていたことと生徒の発言にズレがありました。教科書にもあるように、自分自身の社会の中での役割というところまで考えてほしかったのですが、乙武さんについて「強いな」「前向きやな」という感想を述べていました。授業の前後に感想文を書かせて、それなりに変化はありましたが。

牧野　他の先生方の反応はいかがでしたか？
内本　神宮司先生から「つなぐ」というのを体感できたのと違うか？　ときかれたので、自分でそう思ったと答えました。あと、何人かの先生が「見せてもらってます」「いろいろやっているんですね」と声をかけてくれました。ビデオ研や校内研修のようなものがないと、他の人の授業を見る機会というのはないですから。

2005 年 10 月 27 日（午後の職員室）

牧野　2 年生に何かあったんですか？
内本　昼休みに、普通は弁当を教室で食べるのですが、屋上で食べた生徒がいたんです。一部の子だけですけど、そういう生徒がいて。そういうところも微妙に、授業に影響しているのかもしれません。

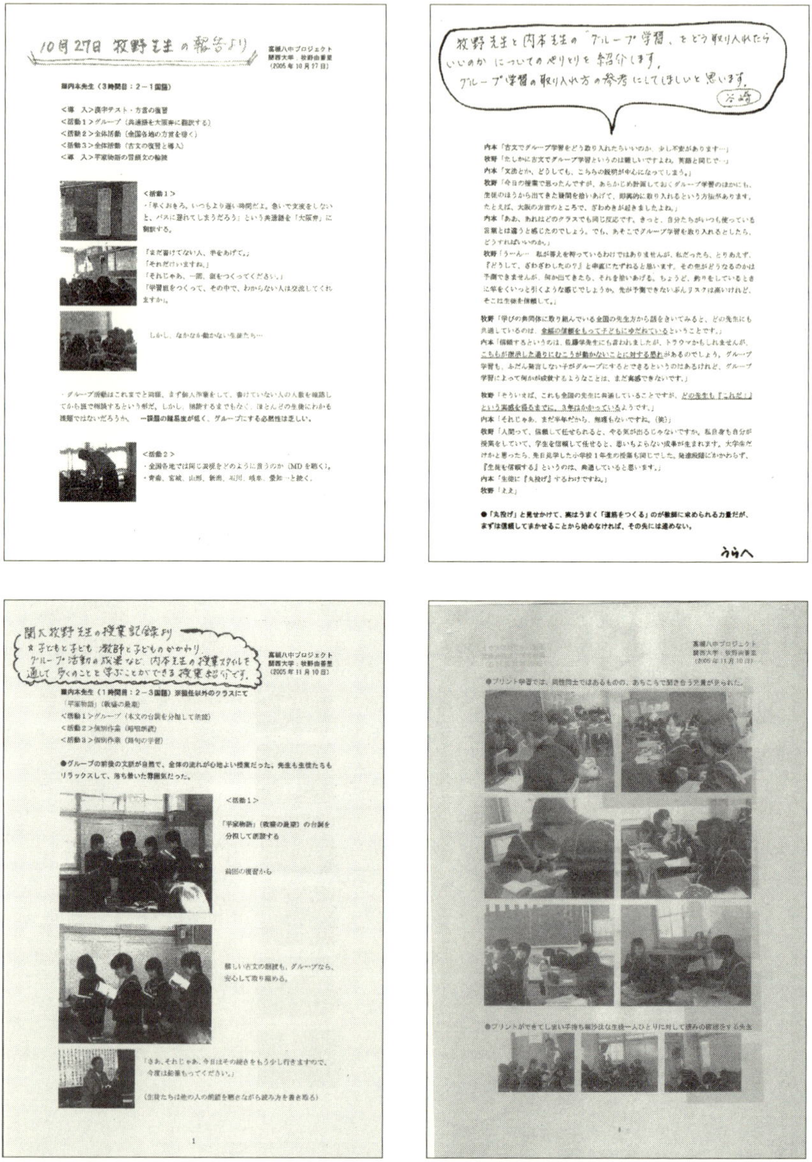

10月27日 牧野先生の報告より

高槻八中プロジェクト
関西大学　牧野由香里
（2005年10月27日）

■内本先生（3時間目：2－1国語）

<導　入>漢字テスト・方言の復習
<活動1>グループ（共通語を大阪弁に翻訳する）
<活動2>全体活動（全国各地の方言を聴く）
<活動3>全体活動（古文の復習と導入）
<導　入>平家物語の冒頭文の輪読

<活動1>
・「早くおきろ。いつもより遅い時間だよ。急いで支度をしないと、バスに遅れてしまうだろう」という共通語を「大阪弁」に翻訳する。

「まだ書けてない人、手をあげて。」
「それだけいますね。」
「それじゃあ、一回、班をつくってください。」
「学習班をつくって、その中で、わからない人は交流してくれますか。」

しかし、なかなか動かない生徒たち…

・グループ活動はこれまでと同様、まず個人作業をして、書けていない人の人数を確認してから班で相談するという形だ。しかし、相談するまでもなく、ほとんどの生徒にわかる課題ではないだろうか。　→課題の難易度が低く、グループにする必然性は乏しい。

<活動2>
・全国各地では同じ表現をどのように言うのか（MDを聴く）。
・青森、宮城、山形、新潟、石川、岐阜、愛知…と続く。

牧野先生と内本先生の"グループ学習"をどう取り入れたらいいのかについてのやりとりを紹介します。
グループ学習の取り入れ方の参考にしてほしいと思います。
谷崎

内本「古文でグループ学習をどう取り入れたらいいのか、少し不安があります…」
牧野「たしかに古文でグループ学習というのは難しいですよね。英語と同じで…」
内本「文法とか、どうしても、こちらの説明が中心になってしまう。」
牧野「今日の授業で思ったんですが、あらかじめ計画しておくグループ学習のほかにも、生徒のほうから出てきた疑問を拾いあげて、即興的に取り入れるという方法があります。たとえば、大阪の方言のところで、ざわめきが起きましたよね。」
内本「ああ、あれはどのクラスでも同じ反応です。きっと、自分たちがいつも使っている言葉とは違うと感じたのでしょう。でも、あそこでグループ学習を取り入れるとしたら、どうすればいいのか。」
牧野「うーん…　私が答えを持っているわけではありませんが、私だったら、とりあえず、『どうして、ざわざわしたの？』と率直にたずねると思います。その先がどうなるのかは予測できませんが、何か出てきたら、それを拾いあげる。ちょうど、釣りをしているときに竿をくいっと引くような感じでしょうか。先が予測できないぶんリスクは高いけれど、そこは生徒を信頼して。」

牧野「学びの共同体に取り組んでいる全国の先生方から話をきいてみると、どの先生にも共通しているのは、全幅の信頼をもって子どもにゆだねているということです。」
内本「信頼するというのは、佐藤学先生にも言われましたが、トラウマかもしれませんが、こちらが指示した通りにむこうが動かないことに対する恐れがあるのでしょう。グループ学習も、ふだん発言しない子がグループにするとできるというのはあるけれど、グループ学習によって何かが成就するようなことは、まだ実感できないです。」

牧野「そういえば、これも全国の先生に共通していることですが、どの先生も『これだ！』という実感を得るまでに、3年はかかっているようです。」
内本「それじゃあ、まだ半年だから、無理もないですね。（笑）」
牧野「人間って、信頼して任せられると、やる気が出るじゃないですか。私自身も自分が授業をしていて、学生を信頼して任せると、思いもよらない成果が生まれます。大学生だけかと思ったら、先日見学した小学校1年生の授業も同じでした。発達段階にかかわらず、『生徒を信頼する』というのは、共通していると思います。」
内本「生徒に『丸投げ』するわけですね。」
牧野「ええ」

●「丸投げ」と見せかけて、実はうまく「道筋をつくる」のが教師に求められる力量だが、まずは信頼してまかせることから始めなければ、その先には進めない。

うらへ

関大牧野先生の授業記録より
☆子どもと子ども　教師と子どものかかわり
グループ活動の成果など　内本先生の授業スタイルを通して多くのことを学ぶことができる授業紹介です。

高槻八中プロジェクト
関西大学：牧野由香里
（2005年11月10日）

■内本先生（1時間目：2－3国語）※担任以外のクラスにて
「平家物語」（敦盛の最期）
<活動1>グループ（本文の台詞を分担して朗読）
<活動2>個別作業（暗唱朗読）
<活動3>個別作業（語句の学習）

●グループの前後の文脈が自然で、全体の流れが心地よい授業だった。先生も生徒たちもリラックスして、落ち着いた雰囲気だった。

<活動1>

「平家物語」（敦盛の最期）の台詞を分担して朗読する

前回の復習から

難しい古文の朗読も、グループなら、安心して取り組める。

「さあ、それじゃあ、今日はその続きをもう少し行きますので、今度は鉛筆もってください。」

（生徒たちは他の人の朗読を聴きながら読み方を書き取る）

1

高槻八中プロジェクト
関西大学：牧野由香里
（2005年11月10日）

●プリント学習では、同性同士ではあるものの、あちこちで聞き合う光景が見られた。

●プリントができてしまい手持ち無沙汰な生徒一人ひとりに対して読みの確認をする先生

図4　谷崎校長のコメント入り「物語レポート」

牧野　今日も、グループ学習のときに生徒たちの反応が鈍かったですね。
内本　うちのクラスが一番鈍いんです。今日はとくに鈍かったですが。

担任のクラスにはいい面ももちろんあるが、教師に対する生徒たちの期待が大きいぶん、授業がやりにくい面もあるのだろう。

あれこれと考えたすえ、内本先生と私は実石先生に相談した。２年Ｂ組は実石先生のクラスで、木曜１限に国語の授業があったからだ。

実石　うちのクラスは学級崩壊寸前ですが……。
内本　そんなことないです。うちよりずっといいですよ。
牧野　担任の先生に対しては、生徒の期待が大きいのかもしれませんね。
実石　こちらも、いらん小言をいろいろ言ってしまいますし（苦笑）。とにかく、うちの生徒が他の先生の授業でどんな表情をするのか、ぜひ見てみたいです。

こうして、２年Ｂ組で授業観察を続けさせていただくことになった。

しかし、内本先生の表情は硬い。

内本　古文でグループ学習をどう取り入れたらいいのか、少し不安があります。
牧野　たしかに、古文でグループ学習というのは難しいですよね。
内本　文法とか、どうしても、こちらの説明が中心になってしまう。
牧野　今日の授業で思ったんですが、あらかじめ計画しておくグループ学習のほかにも、生徒のほうから出てきた疑問を拾いあげて、即興的に取り入れるという方法があります。たとえば、今日の授業では、大阪の方言のところで、ざわめきが起きましたよね。
内本　ああ、あれはどのクラスでも同じ反応です。きっと、自分たちがいつも使っている言葉とは違うと感じたのでしょう。でも、あそこでグループ学習を取り入れるとしたら、どうすればいいのか。
牧野　うーん……私が答えを持っているわけではありませんが、私だったら、とりあえず、「どうして、ざわざわしたの？」と率直にたずねると思います。その先がどうなるのかは予測できませんが、何か出てきたら、それを拾いあげる。ちょうど、釣りをしているときに竿をくいっと引くような感じでしょうか。先が予測できないぶんリスクは高いけれど、そこは生徒を信頼して。
内本　……。
牧野　「学びの共同体」に取り組んでいる全国の先生方から話をきいてみると、どの先生にも共通しているのは、**全幅の信頼をもって子どもにゆだねている**ということです。

内本　信頼するというのは佐藤学先生にも言われましたが、トラウマかもしれませんが、**こちらが指示した通りに向こうが動かないことに対する恐れがある**のでしょう。グループ学習も、ふだん発言しない子がグループにするとできるというのはあるけれど、グループ学習によって何かが成就するようなことは、まだ実感できないです。

牧野　そういえば、これも全国の先生に共通していることですが、**どの先生も「これだ！」という実感を得るまでに3年はかかっている**ようですよ。

内本　それじゃあ、まだ半年だから、無理もないですね(笑)。

牧野　人間って、信頼して任されると、やる気が出るじゃないですか。私自身も自分が授業をしていて、学生を信頼して任せると、思いもよらない成果が生まれます。大学生だけかと思ったら、先日見学した小学校1年生の授業も同じでした。発達段階にかかわらず、「生徒を信頼する」というのは、共通していると思います。

内本　生徒に「丸投げ」するわけですね。

牧野　ええ。

「丸投げ」と見せかけて、実はうまく道筋をつくることが求められるのだが、まずは信頼して任せることから始めなければ、その先には進めない。

牧野　あまり固定的に考えずに自分なりに解釈してもいいのではないでしょうか。教師の側がここで入れたいと思っていないときに無理矢理グループをいれても、生徒がのってくるはずがありませんし。

内本　1時間に1回、グループ学習を取り入れるということはみんなで決めたことですし、ルールに乗っかるほうがこちらも楽というのがあります。

牧野　全体で話し合うのも、協同的な学びです。ただ、全体でやると、どうしてもこぼれてしまう子がいるので、そういう子たちをつなぎとめるためにグループが必要になってきます。

佐藤学先生によれば、グループ学習には2種類ある。1つは「個人作業の協同化」であり、もう1つは「背伸びとジャンプのある学び」としてのグループ学習だ。協同的な学びの「協同」は本来後者を指すが、「個人作業の協同化」を入れないと「低学力層」を吸収できず切り捨ててしまう。高いレベルの課題を設定しても、その時点ではもはや回復できない。それゆえ、協同的な学びでは、この2種類の使い分け(課題の難易度とタイミングの調整)が重要となる。

内本　4 人でなくても、「隣同士で相談してごらん」というだけでもいいのでしょうか？

牧野　そういうときがあってもいいと思いますよ。

内本　古文の次は漢詩なんですけどね。

牧野　古文も漢文も、漢字の書き取りと同じで、文法の部分は反復でもいいと思います。それより、せっかく古典を扱うのですから、解釈のところで集中的にグループを取り入れたらどうでしょう。平家物語の「諸行無常の響きあり」なんて含蓄のある言葉から、生徒たちが何を見つけ出すのか、聴いてみたいです。

内本　まあ、あそこは言葉のリズムもいいですよね。とにかく、また考えてみます。

2005 年 11 月 10 日（2 年 B 組【国語】平家物語）

〈活動 1：グループ〉

「平家物語」（敦盛の最期）をグループで分担して朗読する。

難しい古文の朗読も、グループなら安心して取り組める。

〈活動 2：グループ〉

内本　今日はその続きをもう少し行きますので、今度は鉛筆もってください。

（他の人の朗読を聴きながら読み方を書き取る。）

机を動かす動きがスムーズになり、

各自が分担して練習する。

グループにならない班のところへ行き、

じっくり寄り添う。

〈**活動3：全体**〉

最後は、グループごとに発表する。

各グループの発表では、聴いていて心地よい朗読が披露された。声の大きさも滑舌も、活動2の前後で格段に違っていた。

2005年11月10日（授業後の職員室）

牧野　今日はとにかく、すべてが自然でした。先生も、生徒も、グループも。これはやっぱり、担任のクラスじゃない、ということが要因なのでしょうか？
内本　そうですね。やっぱりA組が一番気負っているというのはあるでしょうね。今日は「班になりなさい」といっても、スッと動いたでしょう？　A組は、担任だからか、敵対心がある子がいるけれど、B組はそういう子は少ないから、リラックスしてやれている。

牧野　古文の朗読をグループで分担するというのは、こういうやり方もあるのか！と思ったのですが、あの方法はどういう経緯で考えられたのですか？
内本　初めは群読をさせたんです。女子と女子のペアと男子と男子のペアで台詞を分担させる。でも、これだと台詞を合わせないといけないので、なかなかできなかった。そのぶん一文も長くなってしまう。そこで、句読点で短く切ってみたんです。それでやってみたら、比較的やるようになった。

牧野　グループを入れるタイミングがとても自然でした。
内本　まず、すでにやったところの復習を見本として4人でやらせて、そのあと、新しいところをグループでやる。どのグループが次にあたるかわからないので、みんな一生懸命やる。
牧野　なるほど。
内本　グループのあと、こちらが思っていた以上にスラスラと読めたんです。これは効果があるなと思った。それは自分でもビックリしました。
牧野　そうそう。グループのあとでは生徒たちの声が格段に違っていましたよね。はきはきとリズムにのって。

牧野　グループで朗読するのは、今回が初めてなのですか？
内本　はい。今までは一斉授業でやっていましたから。まず私が読んで全体で反復する。でも、グループでやると、そのあとの暗唱朗読が一斉授業のときよりずっとできるようになったんです。
牧野　あの暗唱朗読の発表は、ノルマのような強制力はあるんですか？
内本　いえ、生徒が自分から進んでしています。この数が増えたんです。暗唱朗読を自分からやる子がでてくると、他の生徒にとっても相乗効果になるんですね。

内本　これまでは古文を現代語に訳して説明していたのですが、今回は原文のまま朗読することにしました。平家物語という文学作品は、聴かせて語られてきたリズムのある作品だから、そういう部分に効果があるんだと実感しました。今まで一斉授業をしていたときには気づかなかったけれど。だから、古文のような教材はグループでやるといい。

牧野　なるほど。

内本　平家物語はこれで7回目ですから、教材の経験が違います。それだけこなれているというか。どんな反応があるか予測できる。この前の乙武さんの教材は2回目だったので、まだこなれていないというのもありました。

牧野　だからでしょうか。今日のグループは今までと違って、ちょっと大げさかもしれませんが、内本先生が独自のスタイルを見つけられたように感じたのですが。

内本　それはちょっと大げさですが(笑)、たしかに「できるな」という実感はありました。いつもうまく行くわけではないし、まだいくつかのグループはできないけれど。

1つ目のグループ学習、「個人作業の協同化」に手ごたえを感じている。

牧野　グループになれない班に対する対応も今日はとても自然でした。生徒との距離のとり方が、遠くから指示するのと違って、それぞれのグループにしっかり入って、できない子にも、できる子にも、一対一で接している感じがしました。

内本　そうですか。

牧野　それはやっぱり、担任じゃないからなのでしょうか？

内本　そうですねぇ……。

牧野　双方の期待が大きすぎて、必要以上に力が入ってしまうのは、あらゆる人間関係に言えることかもしれませんね。

2005年11月17日(2年B組【国語】平家物語)

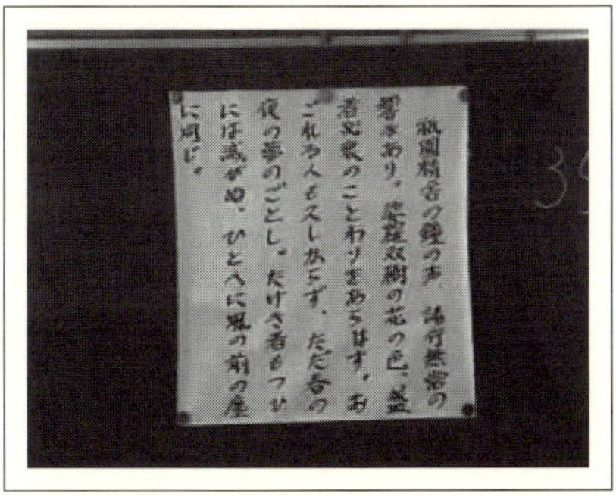

〈活動1：個人〉

一人ずつ前に出て暗唱朗読をする。

(黒板には模造紙に書かれた「平家物語」の冒頭文が貼られている。他の生徒たちからはこの模造紙が見えるが、発表者はこれを見ないで全員の前で暗唱朗読する。)

〈活動 2：個人〉

順番を待っている間、他の生徒は「敦盛の最期」の全文を書写する。

生徒　（後ろの子が）せんせ、どうやるん？
内本　（前の子に）教えてやってや。

すぐに後ろを向いて説明を始める。

不思議な光景だった。書写という単調な作業なのに、生徒たちが黙々と集中している。みんなが個別に作業しているのに、一体感のような心地よい空気が教室を包んでいる。

時折、書写の手を休めて、暗唱朗読する友だちを見守る。

〈活動３：全体〉

平曲を聴く。

（書写に没頭する生徒たちのかたわらでは、びわの音色と語りの声が響いている。）

授業終了のチャイムが鳴っても、書写の作業をやめようとしない生徒が少なくなかった。

2005年11月17日（授業後の職員室）

牧野　一人ずつ前で暗唱の点検を受けている間に、他の生徒たちが黙々と書写をしているので驚きました！

内本　暗唱の点検中に作業をさせるのは以前もやっていたのですが、早く終わってしまうとしゃべったり、暗唱の練習をさせるとうるさくて。今日のは誰もができるというのと、すぐに終わらないので継続できる、というのがあります。

牧野　二子さんも、真剣に取り組んでいました。

内本　自分がやるべきことがはっきりしている。この課題は先にやらずにこの時期までとっておいたんです。最初から原文を読ませて、読みがこなれて内容が定着してきている。

牧野　平曲がまるでBGMのようでしたね。

内本　平曲だけだとガヤガヤするし、暗唱だけでも間がもたない。写すことができるのは古文の力。難解な文章とリズムのよさ。乙武さんの文章を写せと言われてもやらない。

牧野　「平家物語」が先生に合ってるんでしょうね。内本先生のキャラクターに。

内本　硬い教材ということですか？（笑）　まあでも、自分としても好きな教材ですね。初めて扱ったのは15、6年前ですが、先輩の先生がノートに全文を書かせていたのを見て、「ようさせますね」といったら、「けっこうやりますよ」と言われて、まねてみたんです。暗唱は、中学生の彼らなら、頭がやわらかいから、やればできる。「あの子もできる」「この子もできる」「それなら自分もやってみよう」という相乗効果になっている。

牧野　1人でやっていたら、こうはいかないでしょうね。

内本　ふだん「できた」という感じを味わえない子も味わえる。できる子は、他の子たちより先に暗唱を済ませているので、いわば優越感を味わうことができる。できない子は、黒板に背を向けて（本文が書かれた）模造紙が見えない状態で（暗唱朗読を）前で発表しなければならないというリスクがある。こういうことは、同じ教材を何回か経験する中で試行錯誤してきたものです。

牧野　生徒があんなに集中していたのは、いろいろな要因が重なっていたんですね。

内本　学校によっては、前で発表しろといっても、「うるさい」とかいって、こちらの言うことを聞かない学校もある。そういう意味では、今日のような授業がやらせてもらえるのは幸せなことやなと思う。

この日の教室の空気をなんと言い表したらいいだろう。研ぎ澄まされた清らかさが寺の本堂を思わせた。生徒たちの集中力を内本先生のお人柄が包み込む。そんな不思議な空間だった。

2005年12月1日（2年B組【国語】連体詞）

〈活動1：個人〉

12月にちなんだ名詞を3つ以上あげる。

〈活動2：隣近所で相談〉

連体詞を見つける。

・町にある病院
・町のある病院

内本　さて、連体詞はどちらでしょう？
生徒A　え〜、わからん、わからん〜！
生徒B　あれや、あれや！

「わからん、わからん」という不安のざわめきが聞こえたタイミングでグループを入れていたら、生徒たちの反応が変わっていたのかもしれない。

内本　2つに1つやからね。隣近所で相談してください。

「隣近所で相談してください」と言われて、すぐに相談し始める子と、動こうとしない子がいた。

〈活動3：グループ〉

プリント学習（連体詞）をする。

「連体詞」のプリントを前にしても、生徒たちはなかなかグループになろうとしなかった。

机と机の間が大きく空いているグループが少なくない。

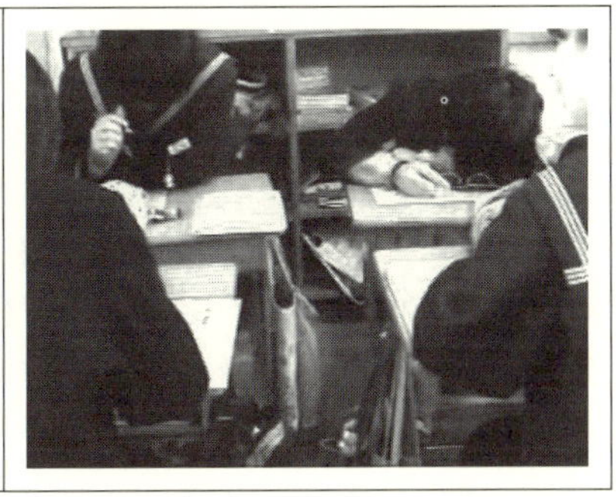

前日の校内研修では、内本先生が肩を落としてつぶやかれた。

内本　いつも私の授業はきれいに班ができない。机の間に溝が空いてしまって。そこらへんがまだまだできていない。

2005年12月1日（授業後の職員室）

牧野　2つに1つを選ぶ、という連体詞の課題がありましたが、生徒たちはあそこでグループになって相談したかったんじゃないでしょうか？

内本　そういえば、ほかのクラスで同じ課題をグループでやったら、そのあとの集中力がよかったですね。

牧野　何組ですか？

内本　C組です。あと5分くらいしかないときでしたが、生徒たちはもっと話したい、という感じでした。

グループ学習は課題の難易度や入れるタイミングによって生徒の反応が大きく異なる。

牧野　活動2（隣近所）と活動3（グループ）を分けたのは何か意図があったのですか？

内本　今日は時間的にきつかったんです。本当は練習問題をもう1つやりたかったので、急ぎすぎてしまって。グループを1回いれると、時間をとられてしまうので。

牧野　校長室で話題になっていたのですが、「隣近所で」というと生徒がキョロキョロするから、「隣同士で」といったほうがいいのではないか、という話になりました。

内本　実は、私はグループを入れる前から「隣同士で相談」というのはやっていたんです。でも、やっぱり、グループのほうが食らいつきがいい。**グループのほうが強制力がある。**

牧野　なるほど。佐藤学先生が4人にこだわられるのは、そういうことも関係しているのでしょうね。

男女混合4人グループの協同的な学びでは、男女の比率は均等（男子2人、女子

2人)であることが望ましいと言われる。

この方法でグループを組織すると、性別の違いが適度な緊張感を与えると同時に、生徒同士の力関係を取り除き、対等な場をつくりやすいからではないかと私は考えている。人間関係ができていないグループでは、男女比の少ない方が弱い立場になりやすく、人数が奇数のグループでは1人が孤立しやすい。

ただし、男女4人グループはあくまでも形であって、課題の難易度とグループ学習を入れるタイミングは、試行錯誤と経験を通して判断力を高めていくしかない。

2005年12月15日(2年B組【国語】漢詩)

〈活動1:個人〉

漢詩の基礎知識を復習する。

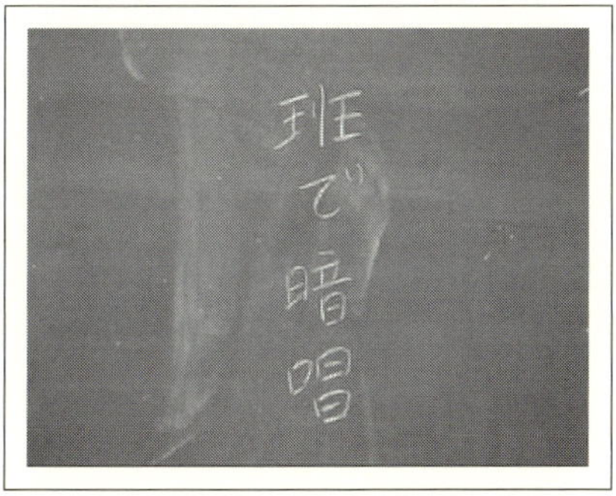

〈活動2:グループ〉

班で分担して漢詩を暗唱朗読する。

内本 まず、「春暁」「黄鶴楼」を班で分担してもらいます。それぞれ自分の読む場所を決めてもらって。4行ずつやからね。今度は班のメンバーで暗唱できるようにしてもらえますか。OK？

生徒 学習班で？

内本 はい、学習班でね。そこがクリアできた人は、「春望」のほうに入ってごらん。

内本先生は1学期と比べてずいぶん変わられた。グループ学習の目的と課題提示は明確になり、早く終わった班への指示も忘れていない。

生徒の動きはいつもより速く、机と机の間の隙間も縮まった。

4人の机をぴったりくっつけ、身体を乗り出して相談するグループも見られた。

以前の内本先生は、教卓を基点に教室中を動き回っていたが、一つひとつのグループにとどまる時間が長くなった。また、教え役というより、聴き役に徹するようになった。

〈活動3：個人〉

漢詩の書写をする。

古文と同様、生徒たちは漢詩の書写に没頭していた。

やはり、チャイムが鳴ってもなかなか作業をやめようとしなかった。

2005年12月15日（授業後の職員室）

牧野　席替えをしたせいかもしれませんが、前回と比べると、今日は机の間に隙間がないグループがいくつかありました。

内本　あの子らなりにやりたいものなら、やるんだなと思いました。まだクラスによって違いはありますが、B組はやるようになった。今日は今まで以上にサッとなりましたよね。あれには本当にびっくりしました。

牧野　そうですよね。（机を動かすときの）生徒たちの動きがすごくよかったです。

内本　なぜそうなったのか、わからないんですけど。

牧野　やっぱり、課題とタイミングじゃないでしょうか。あと、先生の動きや、生徒とのやり取りなど、小さなことですが、以前の内本先生と違うなって感じる場面が多々ありました。

ある研究者（秋田喜代美先生）が「学びの共同体に取り組む教師たちは、頭で理解するのではなく、自分なりのやり方で試行錯誤しながら1年くらいかけて身体化していく」と言っていたのですが、本当にそうだなと思います。内本先生も、きっと無意識のうちに、身体が覚えてきたような感じなのではないでしょうか？

内本　そうですか？（笑）　そうだとうれしいですが。

最初の公開授業研究会（2005年5月21日）から半年が経過したこの時期、内本先生は一進一退を繰り返された。

2006年1月19日（2年B組【国語】学生百人一首・枕草子）

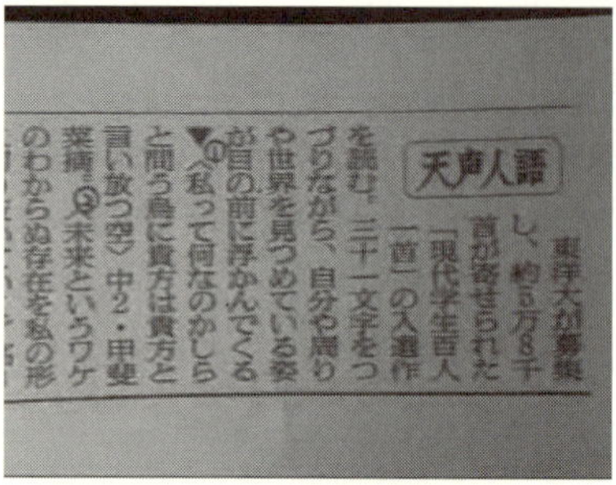
天声人語

東洋大が募集し、約5万8千首が寄せられた「現代学生百人一首」の入選作を読む。三十一文字をつづりながら、自分や周りや世界を見つめている姿が目の前に浮かんでくる▼①〈私って何なのかしらと問う鳥に貴方は貴方と言い放つ空〉中2・甲斐菜摘。②〈未来というワケのわからぬ存在を私の形

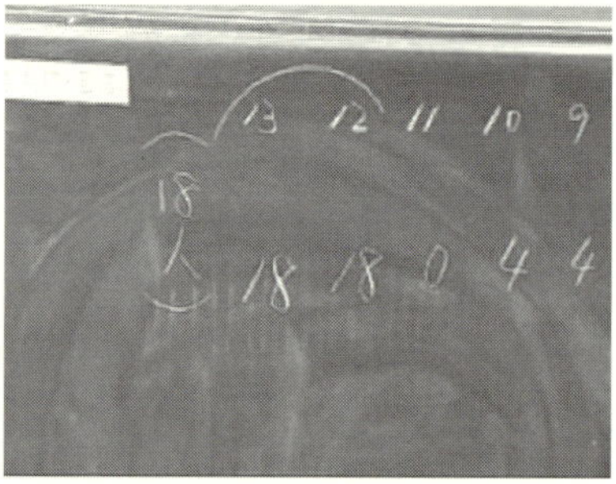

〈活動1：全体〉

「天声人語」に掲載された学生百人一首の入選作13首の中から**「意味のわかる短歌」**を3つ選ぶ。

「意味のわかる短歌」として13首の中から生徒たちが選んだ短歌は、①が0人、⑫が18人という具合に、極端な偏りが見られた。

①「私って何なのかしらと問う鳥に貴方は貴方と言い放つ空」

（中2・甲斐菜摘）

⑫「刈られても刈られた分だけまたのびる芝のあおさに力みなぎる」

（中2・鈴木奏帰慧）

〈活動2：グループ〉

枕草子の暗唱朗読をする。

内本　「秋」の復習を1回して、今日は「冬」が言えるようにしてください。

内本　それじゃあ、班をつくってごらん。

しかし、「グループの暗唱はもういい」と言いたげな倦怠感が漂う。

離れた机をくっつけて、ケアするものの、それだけでは追いつかない。

先生の声かけには応えても、そこで途切れてしまう。

お互いに目を合わせず、一言も交わさないグループもあった。

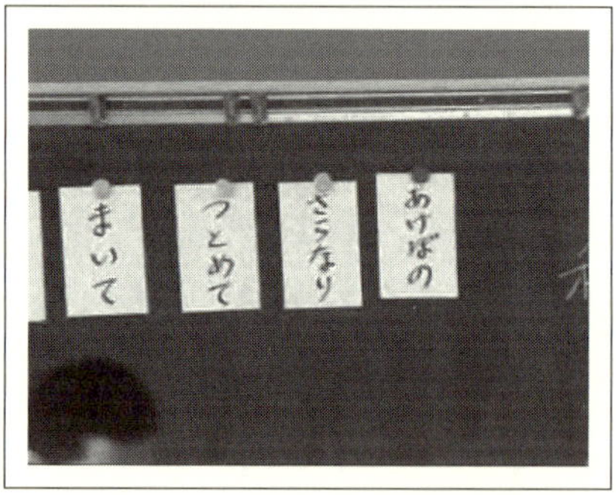

〈活動 3：個人〉

プリント学習(語彙)をする。

結局、11 月から 12 月にかけて生徒たちが見せた集中力は最後まで見られなかった。

2 つのグループ学習のうちの「個人作業の協同化」だけでは限界があることを痛感した。

2006 年 1 月 19 日(授業後の職員室)

牧野　活動 1 で、**「意味のわかる短歌」**を選ばせて、人数を数えたのはどんな意図があったんですか？

内本　新聞に親しみ、同じ年代の子たちがこんなものをつくっているということ。投票したのは、ただ読むだけでなく、選ばれた作品の中からさらに選ぶことで、協同の作業をいれたかったからです。

牧野　なるほど。今日の授業で私が感じたことを図で説明すると、こんな感じになります。少し理屈っぽくなりますが、全体のバランスを考えるときに指針にしているんですよ。

一斉講義と反復練習だけが繰り返される授業は、この図(図 5)にあてはめると、

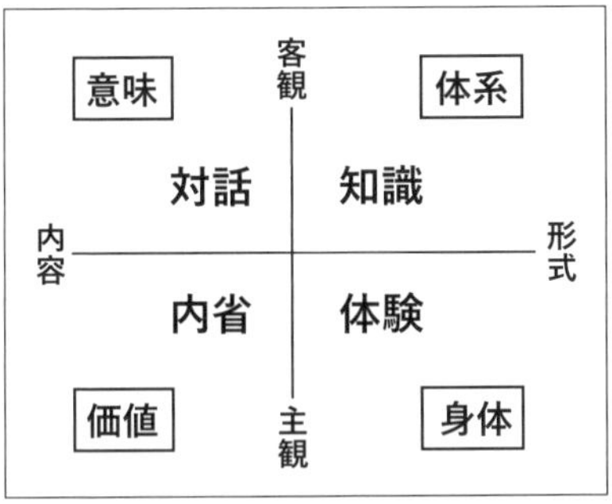

図５　多元的能力に含まれる４つの方角

右上の**【知識】**と右下の**【体験】**の間を往復するようなものです。つまり、体系化された知識を教師が伝達して、生徒は体験の反復によってそれを身体化させる。

ですが、書写の活動に生徒があれだけ集中したのは、単なる反復を超えて、その**【体験】**が左下の**【内省】**（自己との対話）に届いたからではないかと考えました。さらに、それを左上の**【対話】**（他者との対話）に発展させたいのです。

この**【対話】**を通して、他者（の意味づけ）と出会うことにより、自己（の意味づけ）を知ることができます。つまり、ここでいう「対話」とは、お互いの「意味」を相対化させることによって、新しい意味を構成するということなのです[1]。

内本　「意味を構成する」とは、どういうことでしょうか？

牧野　たとえば、今日の活動１にはその可能性がありました。ある短歌には18人もの手があがったのに、「私って何なのかしらと問う鳥に貴方は貴方と言い放つ空」という短歌には誰も手をあげなかった。とても興味深いと思いました。

この歌には作者の孤独感が込められていますが、「鳥」「空」「貴方は貴方」という言葉は、生徒たちにとって「意味」がないんです。ですから、「他者との対話」を通して、「意味」のないものを「意味」のあるものにする。それが「意味を構成する」ということです。

暗唱朗読の反復は「自己との対話」であり、【知識】→【体験】→【内省】と展開しても、その先の【対話】（他者との対話）には届きにくい。

内本　枕草子の次は、徒然草なのですが……。

牧野　グループの暗唱は１つの形として確立したと思うので、次は「走れメロス」に時間をとって、「他者との対話」にチャレンジするのも１つですが？

「走れメロス」のように倫理的な価値判断を問う題材は「正解」が１つだけではないので、【対話】が生まれやすい。

内本　「走れメロス」で、とは、どうすればいいのか。それに、生徒たちから意見が出てこなかったら……という不安がどうしてもあります。
牧野　どんな意見も対等に受けとめる、という覚悟があれば、思春期の彼らの思いは言葉となって溢れ出てくるはずです。教科書の意図はいわば道徳教育ですが、考えてみれば、うそっぽい話じゃないですか？　死刑になるためにわざわざ戻るなんて。「自分なら逃げる」と言う子がいるかもしれない。でも、それでいいと思うんです。

人は自分の意見が尊重されて初めて他者の意見に耳を傾けることができる。授業中それができるのは教師しかいない。生徒が人の意見を聴かない教室では、そもそも教師が生徒の意見を聴いていないことが多い。

内本　よく、生徒たちだけで盛り上がってしまうということがありますが。
牧野　それは教師のめざす授業の方向性と、生徒たち自身の関心がずれているからです。乙武さんの『五体不満足』の単元は時間が不十分だったというのが最大の問題でしたが、実はもう１つ、気になっていたことがありました。
　先生は教科書に沿った授業展開を生徒に期待されていましたが、こちらの方向性に強引に引き寄せるのではなく、生徒の問いに寄り添う姿勢が大事です。その問いの核にあるものを見極め、みんなで考えよう、という展開に持っていけるかどうか。その判断が問われるのだと思います。
内本　……。
牧野　参考になるかどうかわかりませんが、先日、面白いテレビ番組を見ました。忠臣蔵では四十七士ばかりが語られますが、仇討ちを断念した家来も二百数十人いたそうです。その人たちのその後の人生を追いかけるという番組でしたが、切腹をして一族を路頭に迷わせるより、裏切り者の汚名を背負っても生き抜くことを選択した人たちも少なくなかったと言います。刀を鍬に替えて農民となった一族の子孫は繁栄し、今も生き続けている。どんな選択が正しいかなんて、誰にも決められないと思うんです。
内本　なるほど。ちょっと考えてみますね。

2006年1月26日(2年B組【国語】徒然草)

〈活動1：全体〉

枕草子の暗唱朗読をする。

クラスメイトの暗唱朗読を黙って聞いている。

〈活動2：グループ〉

内本 「悪い友」「よい友」について。大人が書いてはるから、みんなは中学生ですから、ずれる部分はあるかもわからんけども、兼好法師と言われて、お坊さんのような生活をしながら、作品を書いたり、文学的な生活を送りはった人が、今から800年前に、どんなところが良くなかったのか、そして、どんなところが良かったのか、紹介します。

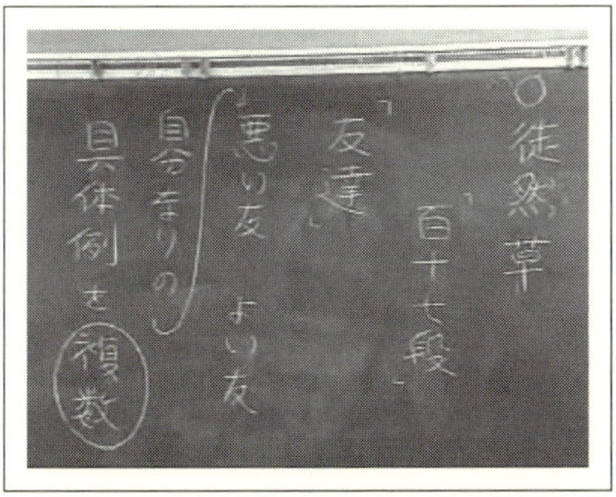

内本 その前に、あなたがた自身が思う、自分なりの「悪い友」「よい友」について。「悪い」と言うたかてbadじゃなくて、こういう人は遠慮したいなというニュアンスでけっこうですので。ノートを出してもらって、自分なりの「悪い友」「よい友」とはどんな人なのか。具体的なところを出してもらえますか。具体例を複数あげてみてください。

自分なりの「悪い友」「よい友」を考える、という課題に直ちに反応する。

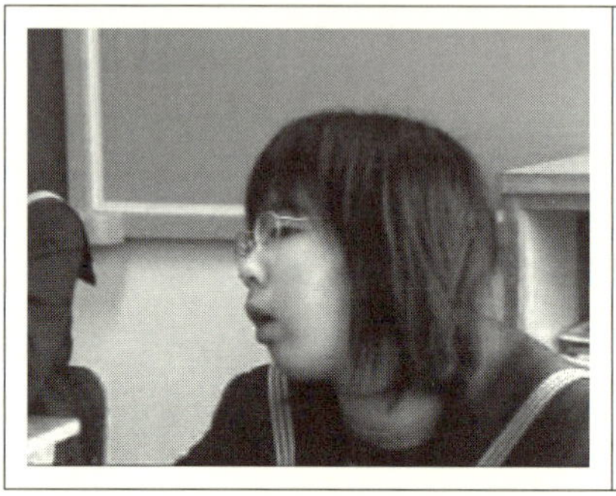

内本　まだ書けていないという人、手をあげてください。じゃあ、班つくってください。隣の人のを見せてもらってもけっこうですので。ちょっと相談してごらん。

1回目のグループ学習では、言葉を交わさない。

内本　まず「こういう人は遠慮したい」という人について、具体例をあげていきましょう。黒板には書きませんので、メモしてもらえますか。これは、答えがこれじゃなきゃあかんというのではないんでね。自分のフィーリングでやってもらっていいです。

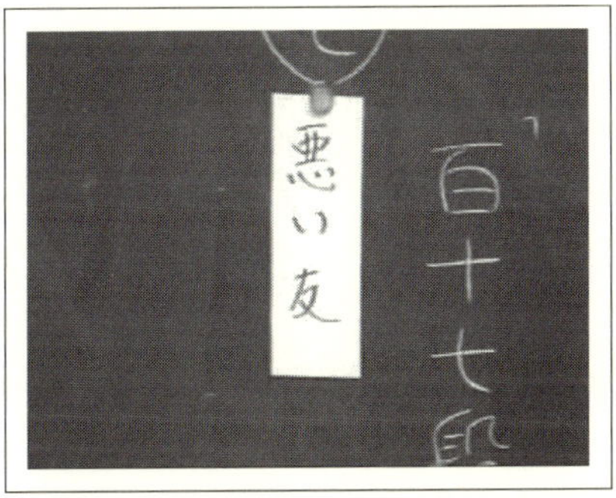

・自己中心的な人(大多数)
・話を聞かない人
・うそをつく人
・すぐ怒る人(すぐキレる人)
・人によって接し方が違う人

内本　じゃあ逆に、「よい人」って、みんなにとってはどういう人ですか。

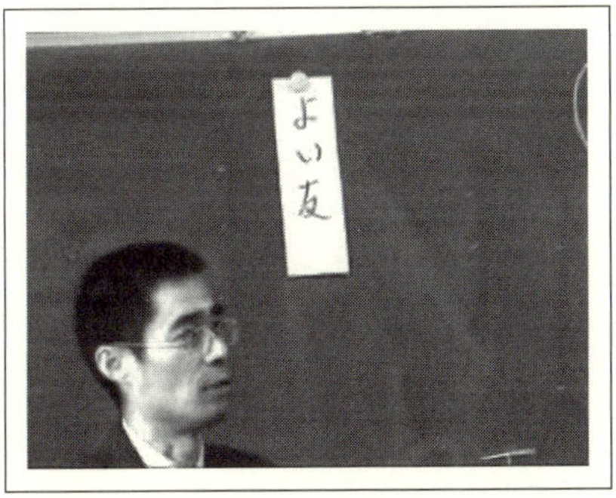

・楽しい人
・優しい人
・明るい人
・面白い人
・話が合う人
・いろんなことに気づく人

内本 800年前の兼好は、どんな人をあまり友にしたくないと言ったのでしょうか。それに対して「よい友」は。

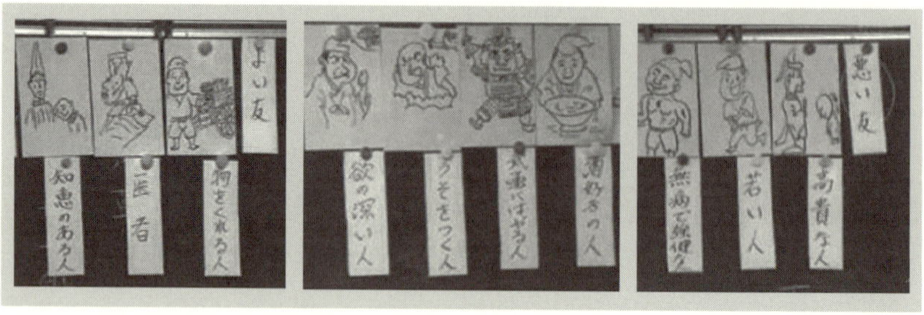

・**悪い友**：高貴な人、若い人、無病で強健な人、酒好きの人、うそをつく人、欲の深い人

・**よい友**：物をくれる人、医者、知恵のある人

兼好法師の「悪い友」「よい友」に耳を傾ける。

授業の展開が、形容詞の単元（2005年7月7日）とは明らかに違う。生徒たちの言葉は置き去りにされていない。授業の内容とつながっている。

内本　友だちというのは、こんなんは付き合いたくないな、こんなんはいいかなと、そんなふうに兼好法師はおっしゃっているわけです。その原文が、ちょっと難しいですが、こんなふうになっています。ちょっと読んでみようか。

〈活動3：グループ〉

四季のイラストを仕上げる。

2回目のグループ学習では、「うまいやん！」とのぞきこむ。

内本先生によると、活動2で徒然草の「百十七段」(悪い友・よい友)を選んだのは「走れメロス」を意識した伏線だった。この単元は、それまでは先にモノを与えて作業をさせていたが、この日は「まず生徒の状況を見てから」という授業展開にしたという。また、活動3にイラストの課題を入れたのは「絵で救われる子もいるから」。

言葉で対話するだけではなく、イメージで対話する子もいる。「物語レポート」を介した実践者と研究者の対話も、言葉とイメージを媒介にしている。

注

1　多元的能力に含まれる4つの方角をバランスよく循環させる「多元的能力を循環する学び」(図12)については、本書末の「研究者の視点」の中で詳しく解説する。

第８章　ターニングポイント

佐藤雅彰先生は2005年２月以来、１年に３～４回は高槻八中を訪問し、指導を重ねてこられた。

2006年２月８日（佐藤雅彰先生を囲む夕食会）

恒例となった「佐藤雅彰先生を囲む夕食会」では、高槻八中の先生たちが学校とは違う一面を見せてくれる。

内本　（週１回授業を見られるのは）そりゃあプレッシャーになりますよ。でも、そういうふうに見えるんやな、というのはすごく新鮮です。今までこういう経験はなかったですから。25年近く教師をやっているけど、授業を公開したのは新任の頃だけでした。

なんと、内本先生のご家族も「物語レポート」をご覧になっているという。職員室だけでなく、家庭にまで授業を開くことができるなんて！　それが内本先生の強さだと思う。そんな心の広さとは裏腹に、いまだ存在する生徒との距離が、傷の深さを物語っていた。

内本　テンションの高さというのは自分でもよくわかるんです。前任校は、荒れた学校でしたから。生徒と胸ぐらをつかみあって、何度ネクタイに血がついたことか……。そうすることで生徒と向き合ってきたんです。授業の前に、制服の襟を正すよう言うのは、ここでは自分が教師なんだ、と。なぜネクタイをするのか？とよくきかれますが、リラックスできるからです。「鎧」をつけているというか……。

佐藤雅彰先生の面前で、思い切って提案してみた。

牧野　「学びの共同体」づくりに取り組む小学校でよく見かけるように、教卓をどけて、椅子に座って生徒の話を聴いてみるというのはどうでしょうか？
佐藤雅彦　いいじゃない！

この一言に力をいただき、翌日、内本先生と私の集中力が一気に高まった。

2006年2月9日(2年B組【国語】ジーンズ)

〈活動1：全体〉
　漫画『徒然草』を読む。

〈活動2：個人→グループ〉

〈板書〉
「ジーンズ」　高橋順子
ノートに詩を読んで感じたこと、気づいたことをメモする。

内本　自分なりに一生懸命考えたんだけれども、まだ1つの言葉も自分の中からは出てこないな、うーん苦しいという人、手をあげてください。何か書いた？　自分に正直になってや。あたったときに、書けてへん、というのはなしやで。書けたみたいやから、それを班の人たちと交流してください。班つくってください。ちょっと時間とります。

佐藤雅彰先生にアドバイスされた通り、しゃがんで生徒に接する。ぎこちなさが多少は感じられたが、内本先生の思いは生徒に伝わったはずだ。

〈活動3：全体〉

内本　今日のは詩やからね。たくさんの言葉があるわけじゃないんで。その中からあなたたち自身がどんなことを感じたのか。どんなことが見つかったのか。それを交流したいと思います。

内本　いつもは意見を言ってもらっても、それ以上ツッコミませんが、今日はできたら、「なぜそう思ったのか」ということをつけ加えてもらえますか。たとえば、「ここにこう書いてある」とかね。「こんなふうに表現してあるから」とか。それを合わせてやっていきましょう。

前日に助言を受けたら翌日には実践する。この誠実さが内本先生の前進の源だ。しかし、このあと、まるで沈黙に耐えられないかのように、隙間なく言葉を連ねていった。

内本　1つ質問があったんです。「ジーンズってなんや？」という。まずそのあたりからいきましょうか。最初言ったように5回も出てくる言葉やからなあ。ジーンズってなんや、というふうに。じゃあ、そこから始めますよ。時間はもうあとね、10分弱しかないから。できるだけたくさんみんなが言うてくれたら、そのぶん話が深まるというふうになると思いますので。だから、こうじゃないかな、とかね。順番にいってますけど、そこで言いたいなと思ったら、そこで言うてください。OK？　わかる？　そやけど、意見はしっかり聴くようにしてほしいと思います。じゃあ、ジーンズってなんや。ジーンズって、なんだ。さあ、わかる人、言うてってや。とりあえず、きいていきますので。まず1つ目ね。ジーンズってなんやろ、ってこと。ジーンズってなんや。詩の中に5箇所あったんやなあ。ジーンズってなんだと。

内本先生が心配していた通り、生徒からの発言は出てこない。

本文を確認したり、ジーンズを吊るしてみたが……。

内本　なかなか出てきませんので、1 発目はきいてみます。

いつものように出席簿を開いて指名を始める。しかし、生徒の発言はいつもとは違った。

生徒　ジーンズは遊ぶことが好きやと思った。
内本　はい、それはどうして？
生徒　2行目に「遊びが好きな物」って書いてある。
内本　ああ、ここのことはジーンズのことを指しているということやね。なるほどね。

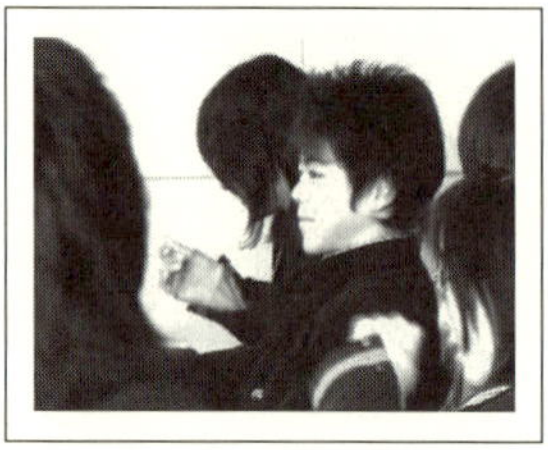

生徒　2つの視点がある。
内本　持ち主のほうとジーンズのほうか。それはどうして？
生徒　なんとなく。
内本　なんとなくと言うとわからんから、どこでそう思った？
生徒　最後から4行目。
内本　ここか。「ジーンズがさ」と言っているから、両方の視点から書いてあると、そこに注目したんやね。

生徒　ジーンズは遊びが好き。
内本　さっきも出たけど、それはどうして？
生徒　3行目。
内本　ここやね。はい。

「どうして？」と問われて「なんとなく」と応える生徒も、「どこで？」とたずねられると、本文中の具体的な情報を示して自分の考えを裏づける。

2006年2月9日（授業後の職員室）

牧野　佐藤雅彰先生のご助言を活かされましたね。新しい試みがいくつかありました。
内本　1回やってみようと思っていても自信がなかったのですが、昨日、話を聴かせてもらって、やってみました。こちらの思いを出すのではなく、生徒の意見を聴こう、と。
牧野　理由をきく、というのは、とてもよかったのですが……。

内本　待てないですね。

牧野　あ、気づいてらっしゃるんですか。立ったままでいると、沈黙が続いたときに、何かしゃべらないといけない、という脅迫観念に襲われます。昨日の話にもあったように、教卓をどけて、座って待てばいいと思います。

内本　たしかに、学活のときなんかは私も座ってやりますね。

牧野　それから、指名は、私はできるだけしないように心がけています。発言しない権利もありますし、誰かに指名されなければ発言できないようでは恥ずかしいよと伝えます。話し合いには、教師の側に熟練が求められるのと同時に、生徒の側にも訓練が必要なんです。自分たちの学びなんだから、自分たちで責任を持って、というメッセージというか。

内本　乙武さんのとき、自発的に朗読させたら真剣にやりましたよね。それと同じですね。

牧野　そうですね。

内本　生徒たちの意見がバラバラで、なかなかつながらないときがあります。

牧野　はい。たとえば、1、2、3、4、5の順に生徒が発言したとすると、みんなバラバラのように見えて、実は1と5がつながっていた、ということがあります。なぜかというと、生徒は、誰かの発言を聴いてから自分が発言するまでに時間が必要なんです。直ちに言語化できる子もいますが、考えをまとめているうちに他の人が次々と発言して、タイミングを逃してしまう、ということがあるからです。

大人も同じですが、話し合いに参加しているときは自分の考えをまとめるのが精一杯で、話の道筋を対象化する（第三者の視点から客観的に見つめる）ことはなかなかできません。ですから、教師が**言葉と言葉のつながり**を見せてあげると、生徒にとって助けになります。「5さんは1さんと同じ意見なんだね」とか、「3さんは違う立場だったよね」というように、いわば交通整理をするわけですが。

内本　気づいたことをノートに書かせて交流させるというやり方はどうなんでしょうか？

牧野　いきなりグループになって、自分の内面を見せろ、といわれても抵抗がある子もいると思いますが、今日のように、生徒のほうから「ジーンズってなんや？」という問いが出てきた時点で、「じゃあ、みんなで考えてみよう」と（即興的に）グループを入れることもできます。

内本　たしかに、そういう方法はまだやったことがないですね。今日の授業でも、どこにグループをいれたらいいのか迷って、ああいう形しか思いつかなかったんですが。でも、生徒のほうから、そういう問いが出るとは限らないですよね。

牧野　そうですね。……ちなみに、同じ授業をまだやっていないクラスは他にありますか？

内本　A組が3限にありますが。

牧野　それでは、A組でもう一度やってみましょう！　グループを無理に入れなくてもいいですから。「待つ」だけでいいですから。たとえ沈黙が1時間続いても待ち続ける、という覚悟でいれば、生徒のほうが逆にその沈黙に耐えられなくなるはずです。

内本　A組は……以前よりは落ち着きましたが、信治くんも愛さんもあいかわらずですよ。

2006年2月9日（2年A組【国語】ジーンズ）

信治　また来たの？

牧野　うん、飛び入りでね。

信治くんは、授業観察をA組からB組に移したあとも、廊下で会うと、「まだ来てんの？　暇やねえ」と声をかけてくれた。

内本　久々に今日は牧野先生に来ていただいてます。3か月ぶりくらいになるのかな。B組のほうを毎週撮ってもらってましたけれども、久々にA組の様子を今日は聴いていただきますから。

愛さんが大声でおしゃべりをしている。

内本　今日の交流はいつもと違うんですよ。黒板に書きましたが、これを添えてほしいです。なぜそう思ったのかということやね。ただし、誰かが発言するときにはしっかり聴いてもらえますか。こんな状態ではしゃべれんわけやな。だって、しゃべったかて、何人かが聴いてくれへんで違うことしてんやから。しゃべるときにはしっかり聴こう。

内本　もう1つ違うのは、今日は指名はしません。

騒がしい教室が一瞬静まる。

内本　自分でいけるかなと思ったら、そこで手をあげてもらったらけっこうですし、手をあげるのは気が引けたら、声をあげてもらったらけっこうです。

内本　中学2年生もいよいよ終盤を迎えて、来年は3年生やで。今日は中学生はどんなことを感じるのか、聴かせてください。

内本 それじゃあ、誰からいこう？
生徒 え？ なんでそんな体勢になってんの？
内本 みなさんの意見を聴かせてもらいましょう。

〈2分後〉
愛 先生、この作者、何歳？
内本 作者が何歳ということか？ じゃあ、1つまず出たぞ。
愛 え、出ないって。センセにきいただけ。
内本 それは、あなたの意見として採用していいのかな？
愛 わー、気持ちわるぃ。
希 わけわからんしぃ。

内本 はい。ただし、言うときには、なんでそう思ったかということを付け加えてくださいね。それが一応、今日の条件ですので。
生徒 なんて言っていいかわからへ〜ん。
内本 さあ、誰でもいいよ。

生徒 え〜 出るわけがない。
生徒 1時間おわっちゃうよ。

〈3分後〉

信治くんが手をあげた。しかし、窓側の最前列で内本先生は気づかない。

そっと合図して知らせる。

内本　お、いけるか？
生徒たち　（ざわざわ）
内本　ほんなら、まず1回聴こうか。

内本　（立ち上がって）はい、聴きなさい。
生徒たち　（ざわざわ）
内本　愛、顔を戻して、聴きなさい。

信治　作者はジーンズが好きな人やな。
内本　作者はジーンズが好きな人やなと思った。じゃあ、そう思うのは、どうして？
信治　なんか、ジーンズのことばっか書いてるから。
内本　ああ、ジーンズのことばっかり書いているから、この人はジーンズが好きやなと思った。はい。なるほど。

内本　さあ、次は？　ちょっと時間かかるよね、自分の考えをまとめるのは。

（ざわざわ　　　ざわざわ　　　ざわざわ）

〈7 分後〉　ざわめきの中、信治くんが「もう一度本文を読みたい」と申し出た。

内本　信治くんがもう 1 回詩を読みたいと言ってますので、聴いてください。

内本　（立ち上がって）ほら、さっき言っただろう。人が発言するときはしっかり聴こう。な。もう 1 回読んでくれると言ってんやから。はい、聴いてくださいよ。

内本　まだやで。愛、体を向けなさい。信治が読んでくれるんやから。はい、どうぞ。

信治　（詩を朗読する）

内本　信治くんが読んでくれました。それがまたヒントになるのと違うか？　そろそろ、言えるなと思ったら、言うてください。

騒がしい教室の中で、じっと黙っている生徒たちもいる。

〈10 分後〉

内本　だんだん時間が経ってきました。今のところ信治くんだけやで。自分の意見を言えたという点では。

〈12 分後〉

内本　考えんと、しゃべってたらあかんで。意見を言った信治くんに失礼やで。彼は自分の意見をちゃんと言ったんや。な。

愛　ジーンズに思い入れがあるから。

内本　それは意見か？　意見やったら、立って言ってくれるか？

愛　ジーンズに思い入れがあるから。（一瞬だけ立ってすぐに座る）

内本　それは、どうしてそう思ったの？

愛　「川のほとりに立っていた」とか、過去形だから。

内本　ああ、なるほどね。今のわかったかな？　ジーンズに思い入れがあったんや、と。なんでかというたら、川のほとりに立ってたという、そういう思い出があったんだ、と。はい。いいでしょう。けっこうです。

内本　愛さんの意見やな。ベラベラしゃべってたけども、実は考えてたんやな、彼女は。いいじゃない。

あとから気づいたことだが、愛さんの発言は最初の信治くんの発言とつながっている。「作者はジーンズが好きな人やな」（信治）→「ジーンズに思い入れがあるから」（愛）

もじもじと落ち着かない様子の直美さん。友だちにノートを見せたり、「じゃんけんして負けたら発表する」とふざけてみたり。

本当は発言したいのに、きっかけがつかめないのだろう。こちらをチラッと見たので、目を合わせて、うなずく。

内本　いつも、あてられないと言えない。指名されないとできない。指示がなかったらできない。それでは、いかんわなあ。

〈17分後〉　小さく手をあげる直美さんに内本先生が気づいた。

内本　言えるか？　勇気ある3人目が出ました。直美さん、どうぞ。
（他の生徒たちに対して）ちょっと聴きなさい。
直美　ジーンズが生きているみたい。
内本　ああ、ジーンズが生きているみたい。
愛　は？「洗って干した」って書いてあるやろ？
内本　意見があったら、あとで言ってね。で、どうしてそう思った？
直美　なんか……書いてあることが、ジーンズが行動してるみたい。
愛　は？　そんなわけない。人が、足がまたいでるんやで。

内本　どこを見てそう思った？
直美　「川のほとりに立っていたこともあるし」と書いてあるから。

愛　違う。「立っていた」というのは(作者の)高橋さんが立っているんやろ。

内本　あ、高橋さんが立っている、と。

愛　ジーンズが立ってるわけないやん。

内本　ああ……。

ここで、愛さんのツッコミを取り上げて、グループで考えることもできるだろう。

内本　はい、信治くんが3回目行きます。

愛　2回目やで、センセ。

内本　1回は読みだからね。

内本　はい、今(信治くんが)言ったの聞こえた？　「あいつ」が誰だか気になる。はい、じゃあ、信治くんが今言った答えに対して……あ、答えじゃない、意見に対して、きっとこうちゃうか、というのが言える人？　「あいつ」って、いったい何なのか。

教科書に「『あいつ』とはだれのことだろうか、想像して話し合おう」とある。

愛　彼氏。
内本　彼氏？　彼氏ちゃうか、と。それはどうしてそう思うの？
愛　思い出がいっぱいあるから。
内本　思い出がいっぱいあるから、彼氏違うかと。
内本　信治くん、それでOK？

信治　前半が暗い感じがする。
愛　なんで？
内本　そういう詩やと思ったんやな。それはどうして？
信治　……。(聴き取れない)
内本　だから、それはどうして？
信治　……。(聴き取れない)
内本　それを考えておいてくれるか？

「『あいつ』が誰か気になる」(信治)→「彼氏」(愛)→「思い出がいっぱいあるから」(愛)→「前半が暗い感じがする」(信治)→愛「なんで？」とつながった。と思ったら、「そういう詩やと思ったんやな」(内本先生)の一言で、つながりが切れてしまった。

目の前では、直美さんをはさんだ2人が言葉を交わしていた。

直美さんの右隣で、知子さんがたずねる。

知子　どうして、ジーンズが生きているみたいと思ったの？

直美さんの左隣で、友恵さんが応える。

友恵　ジーンズが行動とったから。

内本　信治くんの意見。前半はなんか知らんけど暗い。後半なんか明るくなる。なんでか。

愛　それは彼氏にふられてん。だってさ……。
希　彼氏にふられたんじゃない。遠距離や。
愛　でも「あいつ」が彼氏のジーンズかどうか。まだ好きやねんけど、無理やねんやもう。
内本　そこ、ぼそぼそ言っているけど、意見になりそう？
愛　ならん。
内本　まだ？　じゃあ、考えといてね。意見を言うときは立って言ってね。

まだ意見には「ならん」考えは、グループで相談することもできるだろう。

〈25分後〉
内本　初めての試みなんで、お互いにやり方がわからんところもあったと思うけれど、私自身は、もっと出ないんかなと思ったけれど、でも何人かの人がね、実際に自分で手をあげて、自分の意見をちゃんと述べたということ。これはよかったなと思います。

内本　はっきり言って、もっとずーっと沈黙が続いてやね、どないなんねん、という感じやったけども、最後に恋愛に関することが出てたけれど、またしっかり読んでみてください。次の時間に作者を紹介したいと思います。意見を言うてくれた人ね、どうもありがとう。

内本　便覧に少し載ってますので。
愛　1944 年生まれって何歳、先生？

授業の最初に愛さんは「この作者、何歳？」とつぶやいていた。そのつぶやきが、授業の終わりに「1944 年生まれって、何歳？」に変化した。

内本　ここに載ってますんで、参考にしてください。
愛　何ページ？
内本　145 ページです。

チャイムが鳴り、号令がかかっても、愛さんは便覧を閉じようとしなかった。

この日、他の人の発言を一番真剣に「聴いて」いたのは内本先生でも私でもない。愛さんだ。

2006年2月9日（授業後の職員室）

内本　「あいつ」のところで、グループを入れればよかったんですね！？
牧野　グループを入れるタイミングはいくつかありましたが、とにかく、意見が出ることがわかりました。最初は不安でざわざわしても、その波を越えると「なんとかしなきゃ」って思う子が必ず出てくるものです。

牧野　気になったのは「聴きなさい」という言い方です。私なら「聴きなさい」ではなく、「私に聴かせて」と言うと思います。「ね、静かにしてくれる？　愛さんの意見を聴きたいの」と言えば、静かになりますよ（笑）。教師が耳を傾ける意見には生徒も耳を傾けるからです。
内本　なるほど。

内本先生は、ずっとあとになって、このときの言葉を思い返してくださった。

牧野　それから、意見を言いたくても、冷やかしを恐れて言い出せない子がたくさんいるはずです。そういう子が発言しやすいように支援することも大事です。「発言したいときは、そっと手をあげて、先生にわかるように合図して知らせてくれる？」と言ったり。

内本　最後にこちらでまとめたのは、あれでよかったのでしょうか？
牧野　よかったと思いますよ。できたことをきちんと評価していましたから。「意見を言ってくれて、ありがとう」という先生の気持ちは、生徒たちに届いたはずです。

この授業をきっかけにして、内本先生は「待つ」ことで意見が出ることを体験された。ただし、「待つ」のはあくまでも出発点であり、生徒たちの中から出てきた意見を「つなぐ」というプロセスがこのあと続く。

さらに先の話をするならば、日々の授業の積み重ねを通して、生徒が自分たちで言葉をつなぎ合えるような対話の力を育てたい、という願いがある。

2006年2月16日（2年B組【国語】走れメロス）

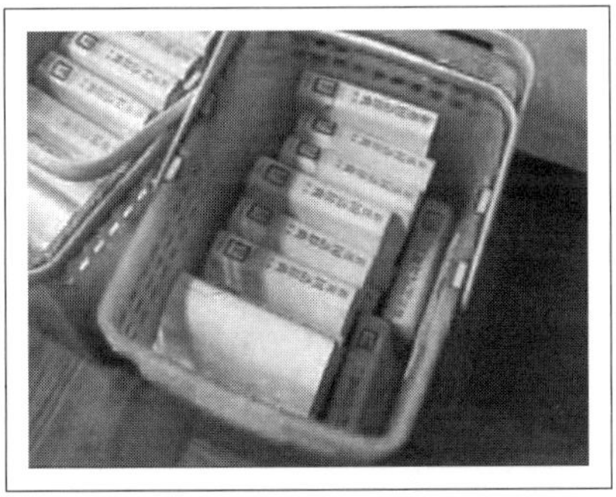

内本　ノートに感想を書いてもらいましたが、今日はそれを交流して、あとの時間で、意味調べね。言葉が難しいところがあると思うんで、そこを確実にしたいと思います。

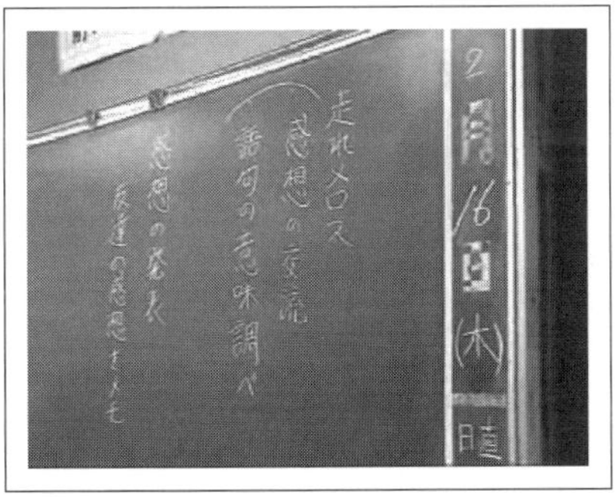

〈活動1：全体〉

内本　書いてもらったやつを読んでもらったらけっこうですから。まだ1回しか読んでませんので、その中で、あなたたちなりにね、こんなことを気がついた、感じたということを出し合ってほしいと思います。

二郎　全員言うの？
内本　言える人から、がんばって言ってごらん。誰でもいいよ。

前回の内本先生は、椅子に腰かける動作が少しぎこちなかったが、今回は自然な動きで、生徒たちも違和感なく受け入れている様子だった。

すぐに、3人の男子生徒が続けて意見を述べた。

一郎　迫力があった。
内本　ああ、迫力があった。どのへんが迫力あった？
一郎　しゃべってるところ。
内本　会話文か？　たとえば、どの会話文？
一郎　えっと、最初とか。
内本　一番最初のことか？
一郎　メロスが王様としゃべってるところ。
内本　ああ、王様としゃべってるところか。ああ、なるほどね。教科書で言えば、この辺やね。137ページから会話文が出てきますが、王様との会話というのは138ページのあたりやな。

二郎　メロスは友だちのためによくがんばったと思う。

内本　メロスは友だちのためによくがんばった。どのへんが一番よくがんばった？

二郎　もう無理と思っても、信じられると思ってたから、最後まで、あきらめずにがんばった。

内本　ああ、なるほどね。最後まであきらめんと走ったところやね。なるほど。友だちのためによくがんばった。

三郎　メロスはよく39キロも走った。

内本　メロスはよく39キロも走った。なんで39キロってわかんの？

三郎　前から4行目。

内本　前から4行目。ちょっと何ページか言うたって。どこや？

三郎　「10里離れた」って。

内本　ああ、ここやな！　136ページのところやね。「10里離れた」と書いてあるから、これを計算したわけやな。

三郎　下に書いてある（教科書に「1里は約3.9キロメートル」という注釈がある）。

内本　下に書いてあるか。1里は約3.9キロメートルだから、10里で39キロか。

沈黙が1分間ほど続き、またすぐ手があがった。

四郎　メロスはがんばったと思った。

内本　メロスはがんばったと思った。どこががんばった？

四郎　いっぱい走った。

内本　いっぱい走ったなあ。

五郎　メロスは「悪心を抱いている」という王様の心に勝った、というところがとてもいい話だと思った。

内本　ああ、メロスが王様の心に勝ったということやな。

男子生徒５人が続いたあとに、女子生徒が手をあげた。

一子　友だちのためにここまでできるなんて、すごいな。

内本　ああ、なるほど。その「ここまで」というのは、どこまでのことを指すわけ？

一子　友だちのために走ったり、妹に会いに行ったり。

内本　ああ、妹のためにも走ったもんなあ。なるほど。

二子　友だちと信じ合うっていうのは大事ということと、難しいという２つがわかった。

内本　ああ、とくにどういう場面で、そう思った？

二子　え、友だちのために、10里……。

内本　ああ、10里やなあ。

二子　10里離れているところを往復したりしたから。

内本　行って帰ったわけやからなあ。そういうたいへんなことを友だちのために成し遂げたということやな。「友だち」というのは大事なキーワードかもわからんなあ。

内本　そのほかどうや？　まだちょっとくらい時間あるよ。

約１分間の沈黙のあと、さらに女子生徒が続いた。

三子　メロスと友だちの友情がすごいと思った。

内本　メロスと友だちの友情がすごい。一番すごいと思ったのは、どういう場面やろ？　どのへんや？

三子　最後のところ。

内本　最後のところというのは？　どのへんになる？

三子　叩くとこ。

内本　ああ、お互い叩き合うところな。はい。一番最後の 157 ページから 158 ページのあたりやな。

四子さんの隣で、文太くんが別の本を開いている。

四子　王様は人を信じられないかわいそうな人やなと思った。

内本　王様は人を信じられへんかわいそうな人やと思った。どの文章がそういうふうに書いてあった？

四子　140 ページの一番最初の言葉。

内本　ああ、こう書いてあるね。「疑うのが正当の心構えなのだ」と。「わしに教えてくれたのはおまえたちだ。人の心はあてにならない」と。そういう記述がありましたね。

文太くんとは、難しい本を読んでいる文学少年だ。

五子　はじめは王様は人を信じられなくてかわいそうな人だったけど、メロスとかの友情を見て反省してたと思う。

内本　最後は反省してたんやろな。反省はどの言葉でわかる？

五子　「わしの心に勝ったのだ」という言葉。

内本　ああ、それ何ページ？

五子　158 ページ。

内本　158 ページの？

五子　11 行目。

内本　11 行目に書いてあるな。「おまえらは、わしの心に勝ったのだ」とね。なるほど。

「どのへん？」「どこや？」と返すことで、生徒の視点を「テキストにもどす」。

六子さんが精一杯の高さに手をあげた。

六子　話が長かった。
内本　え？　あ、話が長かった、か。

内本　どのくらい長かった？
六子　30 分くらい。
内本　30 分くらいかかったなあ。こんなん長いの読むの、初めてか？
六子　（大きくうなづく）

どんな意見も聴いてくれると安心できるから、どの子も意見を言えるようになる。

七子　メロスは自分に自信があって、すごいと思った。

内本　自信がある？　それは、なんで自信があるってわかるの？

七子　友だちに信頼されている、っていうか、信じてる。

内本　友だちが自分を信じてくれてる。そこの自信を持ってるということやな。そやなあ。自信ってなかなか持てん、というの、あるもんねえ。そうか。

内本　いろいろ感じるみたいやな。もう出尽くしたか？　12人くらい発言してもらったね。しっかり言ってもらえて、よかったと思います。自分の意見を自分で言うというのは、あんまり今までやってませんし、勇気のいる行為じゃないかなと思うんで、ちょっとやってもらったんだけれども、10名こえたのはこのクラスが初めてですわ。その点では、勇気のある人が少しずつ増えてきたんかな、ということだと思います。ありがとうございました。

緊張感のある静けさが教室を包み、騒がしくなる場面は最後までなかった。

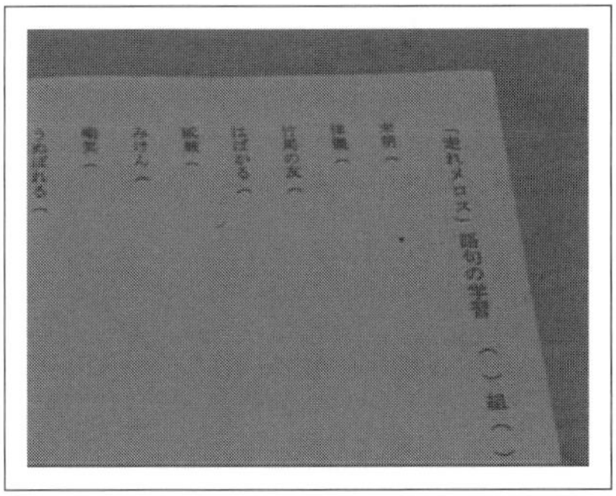

〈活動2：グループ〉

内本　意味調べということで、みんなから見て難しいかなというやつを30語句あげましたので、班で協力してやってもらったらいいですから。辞書を全員に配ります。分担してやってもいいし、そこはもうお任せしますので、この時間内に何とか30いけるように協力してください。はい、それじゃあ、班つくってもらえますか。

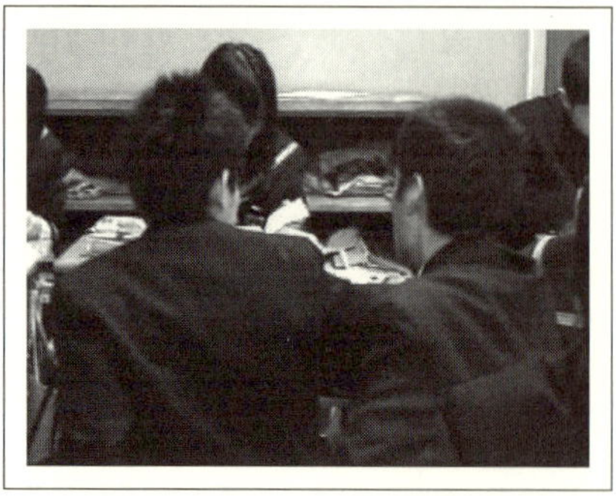

内本先生はまず、文太くんに声をかける。しかし、文太くんは別の本を読んでいる。

これほど「どっぷり」かかわる内本先生の姿を見るのは初めてだ。

2回目の声かけをしても、文太くんは別の本を読み続けている。

ここでも「どっぷり」かかわる。

3回目も文太くんは本を読み続けた。

しかし、このあと文太くんに変化が現れる。

本をしまい、グループの子をチラッと見るが、

先生が後ろを通ると、サッとうつむく。

このグループの男女比（女子３人、男子１人）も関係しているだろう。

辞書を開いて、

プリントを見つめる。

内本　それじゃあ、ぼちぼち時間ですので、辞書のほうを引き上げますから、席を戻してください。じゃあ、数だけ確認しとこうか。どれくらい書けたか。

活動が終わり、座席を戻したあとも、文太くんの身体はグループのほうを向いている。

内本　分担したところは30近くできたということで、けっこうだと思います。辞書を引いてたら迷う言葉が出てくると思うんですよ。どっちかな、というやつ。そのときにね、1回こちら(教科書)に「もどって」ね。ほんなら、どっちの言葉がうまく合うか。迷うときは、本文でどんなふうに使われているかを参考にしてもらったらいいかと思います。

内本　それじゃあ、終わりましょう。

文太くんが4人の辞書を内本先生に届けた。

2006年2月16日（授業後の職員室）

牧野　文太くんに3回声をかけられましたが、どのように語りかけたのですか？

内本　1回目は班の女子たちが彼ぬきでプリントの分担を決めていたので、「彼もいれてやってや」と言ったんです。そしたら彼は「ほっとけや」と。2回目は「うるさいな、あっちいけ」という感じで無視されました。3回目は「太宰って知ってるか？」ときいたら「知らん」と言うて、「メロスは読んだことあるか？」ときいたら「読んでない」と言うんで、「いい作品やから読んどきいや」と言ったんです。そのあと見たら、プリントが出てたんで、「あ、出してるんや」と驚きました。

内本　座って待つのを3年生の選択でもやりました。選択だから関係はバラバラですが、教えてもらったように「意見を聴かせてや」といって待ったら、5分くらいして「意見を言おうや」という生徒が2人くらい出てきました。以前からこういう授業をしたいと思っていたのですが、やり方がわかりました。ただ、出てきた意見を**「つなぐ」**というのが難しいです。こちらが「おさえどころ」を持っていたいのですが。

牧野　佐藤雅彰先生が、斎藤喜博を紹介されていました。教材を読み込んで、大事な言葉をいくつか選んで筋書きをつくり、生徒の問いがそこから外れたら、いったん生徒に寄り添って、最後は自分の描いた道筋にもどすことが大事だ、と。

牧野　この「道筋」というのを固定的に考えなくてもいいと思うんです。ある程度の想定をしておいて、それに重なればいい。たとえば、前回の授業であれば、「あいつは誰なのか」という問いを中心にすえる道筋もあれば、「誰がジーンズをはいていたのか」を中心にすえる道筋もある。どの道筋をたどっても、自分のねらう「おさえどころ」に導くことができればいいわけですから。もちろん、それには教材研究と経験が必要になりますが。

内本　「ジーンズ」は初めてでした。「走れメロス」は何回か経験がありますが、今日のように、最初の感想の時点で、それなりの意見が出てしまうんですよね。

牧野　今日はメロスと王様の視点だけで、セリヌンティウスや妹の視点はありませんでした。改めて読むと、メロスって、なんて自分本位なんだろうと思います（笑）。文太くんのような文学少年が、鋭い洞察を聴かせてくれると面白いのですが、そううまくは行きませんよね。

2006年2月23日（2年B組【国語】走れメロス）

内本　こないだは50字が一番多かったけれども、じゃあ、30字ぐらい書けてるか。30以上書けてる人、手あげて。ひとりだけ？　もうちょっと時間あげるわ。書きなさい。

書けてる人は、具体的に……「どこからそう思うのか？」　いわゆる「根拠」やね。ここを明確にしてください。じゃ、3分とりますので。

〈板書〉

・王について考えたこと

メモ（どこからそう思うのか？）

内本　30字はクリアできたという人、手あげてごらん。7人ぐらいの人はできたということやね。ほんなら、こんだけ書けてへん人がおるんやから、その人が言うてくれたら、他の人も考える材料になりますので。言える人たちから言ってってください。

内本　はい、いこうか。

二子　めっちゃ意地悪そうな顔してそう。

内本　めっちゃ意地悪そうな顔してそう、ね。それはどこや？　その根拠は。

二子　えっと、「顔は蒼白で、みけんのしわは、刻みこまれたように深かった」って。

内本　ああ、ここの部分やな。はい。よっしゃ。というような感じで、聴かせてください。

三子　人を殺したり乱暴だったりして、かなり性格悪いと思ったけど、人を信じれんとこは、かわいそうやと思った。

内本　なるほど。ここについてはかわいそうや、というのはあなたの感想やな。

前回の発言で三子さんは「メロスと友だちの友情がすごい」とメロスに着目していたが、四子さんの「王様は人を信じられないかわいそうな人やな」という意見を聴いて、読みを深めたことがわかる。

二郎　えっと、王は人に嘘をつかれた。

内本　王は人に嘘をつかれた。それは、どのへんから？

二郎　人を信じれんということは、人に対する信頼を失ったということやから。

内本　過去に裏切られるようなことがあったんじゃないか、ということやね。(9時10分)

どの子も、二郎くんの意見にじっと耳を傾けていた。

内本　そういう教科書には書いてないことが、文章を読んでいくと見えていくわけやなあ。「今のやつに自分も同じや」とか、「でも私はこう思うよ」というのがあったら、ぜひつなげていってください。「かわいそう」という見方もできるけど、「過去になんかあったん違うか」と。そういうことも考えられるということやなあ。

沈黙が続いた。

改めて前回の復習をする。

教科書に出ていない難しい問いだからこそ、グループで相談したいのではないだろうか。

内本　さあ、もう少しないかな？　身内やったよな。そのへんにも深さがあるんじゃないかなと思うんだけど。(9時12分)

内本　さあ、そろそろいいかなと思ったら、あと数人聞かせてください。まず3人出たよな。最初の感想に比べると、ポイントしぼってるんで、少し答えにくいかもわかりませんが。(9時14分)

内本　なかなかね、むずかしいかもわからんけども。どうですか？　あと数人いこう。な。数人。(9時17分)

内本　はい、それじゃあね、ちょっとしぼりたいと思います。今、二郎くんが言うてくれた「王は過去に人に裏切られたんじゃないか」というのがありましたが。

〈板書〉

・王について考えたこと
　メモ（どこからそう思うのか）
・王の過去について

内本　じゃあ、こういうふうに設定してみますので、これは教科書には書いてません。ただ、今の王の置かれている状況やね、そこからしぼって相談をしてみてください。ちょっと時間をとりますので。二郎くんは、かつて人に裏切られたという原因があってこんなふうになったんだ、という指摘をしてくれましたけれども、そこをもう少し具体的に考えてもらえますか。じゃあ、班つくってください。「王の過去について」にしぼって。（9 時 18 分）

生徒から出てきた問いをもとに課題を設定する、というグループの導入の仕方は初めてだが、このやり方で間違っていないと思う。ただし、導入のタイミングには配慮したい。問いが出た時点ですぐにグループにしていれば、もっとスムーズに展開していただろう。

内本　それじゃあ、教科書にはとくに記述はありませんので、みんなの頭の中でこの文章をもとにして、想像してもらった部分ですので、こう違うかなというのでけっこうですから、自分なりに考えたことをね、出してみてください。（9 時 25 分）

二子さんが小さく手をあげた。

内本　はい、二子さん。
二子　えっと、最初に、えっと、妹婿……
内本　ああ、妹婿なあ。
二子　妹婿を殺したってことは、
内本　うん。
二子　妹婿を、信……信頼してたのに、
内本　うん。
二子　裏……裏切ったから、
内本　うん。
二子　身内が信じれんくなって、
内本　うん。
二子　で、裏切ったから、最初に殺した。

先生が「うんうん」と聴いてくれると、自信のない意見でも安心して発言できる。

内本　うん。ああ、ここの部分やなあ。最初に殺したのが王様の妹婿やった、と。自分の妹の旦那さんやね。この人に、たぶん最初に裏切られたんと違うか、と。それから、自分の身内のもんが信じられなくなっていったん違うか、と。そういうことやな。はい。(9時34分)

内本　二子さん、今日、2つ目やねえ。はい、じゃ、いこうか。八子さん。

八子　王様はここ2年の間に、なんか身内とあって、信じられなくなった。
内本　身内となんかあって、という、その何かは、どんなことやろ？
八子　……。
内本　たとえば、ね。
八子　……。
内本　なんかあったわけやな。たとえば、そこをほんなら書いてくれるか？　ね。その何ちゅうのはこういうことやと。まあ、人と人の関係のことやから、どんなことあるかわからんけども、ふつう身内いうたらね、集まってお互いに助け合って、そんなんするのが一般的なんかなと思うけど、でも逆に、そうじゃなくなったときには、たいへんなことが起こるのも、それはまた身内であったりするんだけどね。

内本　さあ、そのあたりも踏まえて。(教科書には)書いてへんからな。書いてへんから、想像してね。(9時36分)

どの子も、必死に考えている。

内本　意見を言うのが難しい？　それとも、書いてることを発表するだけの勇気がない？　というか、自信がない？　それとも、きかれてることがよくわからない？　どう？　みんなどうや？　どのへんが一番わからへん？

六子　……。

内本　え？

六子　……。

内本　何きかれてるかわからへんか？　ああ、そうか。問題が漠然としてるってことやな。（9時39分）

二郎　何があったのかを想像するの？

内本　そうそう。こんなふうにして裏切られるようなことがあったんと違うかということで、あなたたちなりに考えられることはありませんか、というね。そういう問いですよ。

二郎　でも、妹婿に裏切られたんと違うか？　裏切られた内容のこと？

内本　ああ、どういうことで裏切られたのかと。そこが考えられたら、もっと話が進んでいくと思うんですけど。その内容まではわからんけども、妹の関係で王はこうなったちゅうことを二子さんは言うてくれたわけやから、それはそれでいいわけ

や。自分なりに、王がこういう人物になったいきさつやな。そこを想像してくださいといってるんですよ。(9時40分)

二郎くんは、「王は人に嘘をつかれた(誰かに裏切られた)」という自分の考えに対して、「最初に妹婿に裏切られた」という意見が出ているけれど、その先の何を想像すればいいのですか？　とききたかったのではないだろうか。一方、先生はそれぞれが独自に想像するよう求めている。

しかし、想像するだけでなく、想像する手がかりを本文から見つけ出すことが重要だとすれば、「二子さんが妹婿に裏切られたと、八子さんがこの2年の間に身内と何かがあった、と見つけてくれたけれど、それに関連すると思う箇所を本文(テキスト)から探してください」と言えば、課題が明確になるだけでなく、一人ひとりの発言がつながりやすくなる。

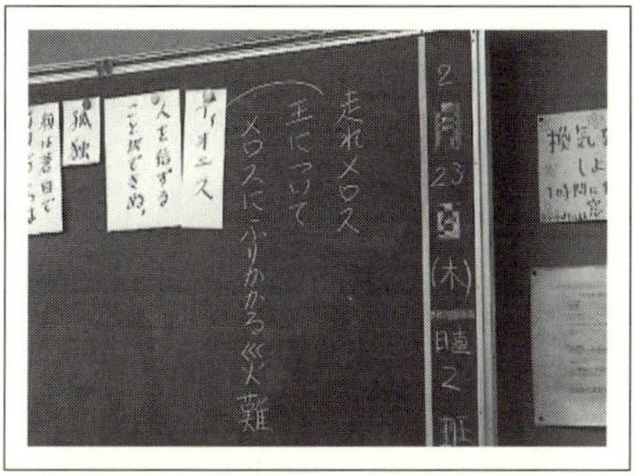

内本　(クラス全体に対して)さあ、どうでしょうか。私のほうでは一応20分でこの話はけりがついて、その次の「メロスにふりかかる災難」とふんでたんですが。(9時41分)

内本　ここには書いてへんけども、王はほんとにこれだけの人なんかな？　人を、ねえ、殺しまくって。そのへんは、もうちょっと違う王の一面みたいのは書いてないかな。(9時43分)

二子さんが3回目の挙手をした。

内本　はい、じゃあ、どうぞ。

二子　えっと、昔はやさしかったから、なんか、「町が明るかった」というところ。

内本　ああ、昔はやさしいもっと違う面があったわけやな。それはどのへんに書いてあったかな？

二子　はじめんとこの、「町が明るかった」というところ。

内本　ああ、137ページのあたりやなあ。メロスが2年前にこっち来たとき。そやね、書いてあるね。7行目か。「2年前にこの町に来たときは、夜でもみなが歌を歌って、町はにぎやかであったはずだ」と。ということは、以前の王はそうじゃなかったということやな。はい。そのあたりも、読んでたら出てくるわけやなあ。なるほど。ということは、時間が経たん間に王はかなり変貌したということやね。そんなこともわかるわけやな。けっこうですね。今日は、二子さん、大活躍やねえ。(9時44分)

断片的ではあるが、これは「聴く・つなぐ・もどす」の小さな一例と言える。二郎くんの意見を「聴いて」、二子さんと八子さんの意見を「つなぎ」、「テキストにもどす」ことにより、「王の変貌」という読みを深めることができたのだから。

内本　他の人も、自分で感じたことやからね。見つけたことを言ってください。どうや？　黙っててもねぇ。「走れメロス」や。なかなか走れへんじゃないですか(笑)。まず1つ目の王の所は大事なポイントやで。(9時45分)

内本　字数多かった人、どう？　自信ない？

九子　（うなずく）

内本　それじゃあ、もう時間も来てしまうんで、とりあえず、ここの部分はしっかりね。今、王はこんな状態ということは押さえておいてくださいよ。なぜそうなったかについては、何人か今出たぶんでいけば、以前に身内との関係のことで何かあったんじゃないか。具体的には裏切られたん違うかと。そんなことがあったということですね。

140 ページにこんな記述がありますね。4 行目かな。「わしだって、平和を望んでいるのだが」という記述については出てきませんでしたが、二子さんの 2 年前の話があったけども、その頃はこんなことなかったわけですよね。だから、そのへんのことが王の中にはあるんじゃないか。このへんはわかるんじゃないかなあと思います。(9 時 47 分)

2006 年 2 月 23 日（授業後の職員室）

牧野　先生の焦りが伝わってきました。

内本　テストが近づきましたから、生徒たちもテストモードに入るし、こちらもここまで進めたいという焦りがある。これまでこういう授業をやったことがなかったので、これがテストとどうつながるのか生徒たちにも見えにくいんでしょう。こちらにも焦りというか、不安があります。やっぱり難しいですね。C 組でやったときは 10 人くらい意見が出たんですが。王は不倫していたとか、小さい頃にいじめられたとか。

牧野　あ、そうか。意見がたくさん出ることを求めていらっしゃいませんか？　少ない意見でも、そこからつながっていけばいいわけで。ただ意見をたくさん言わせるだけだと、どうしても単調になってしまいます。**意見がつながって読みが深まる**楽しさを生徒たちに実感させてあげたいのですが。

内本　そうですね。実感できるからこそ続けられる。私だってこういう取り組みをして、成果を実感できるからこそ続けられるわけですし。今日だって、二子さんが意見を言うということだけでも、私にとっては成果なんです。

「対話による学び」の成果は知の創造（知識構築）であり、知識の量を測る標準テストとは別の評価方法が求められる。

2006年3月17日（2年B組【国語】接続詞・感動詞）

プリント学習（接続詞）をする。

感動詞の反復練習をする。

内本　覚えた？　言える？

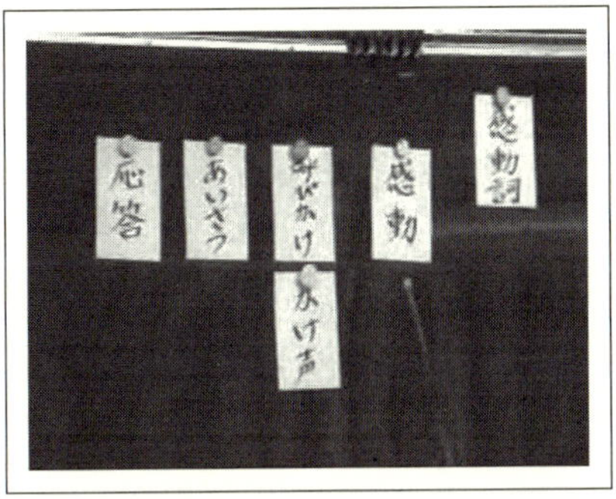

内本　はい、感動。
生徒　感動。
内本　呼びかけ。
生徒　呼びかけ。
内本　かけ声。
生徒　かけ声。
内本　応答。
生徒　応答。
内本　はい、そやね。

一問一答に生徒たちはうつむいていった。

2006年3月17日（授業後の職員室）

内本　文法はどうしても、こちらの思いと反応にすれ違いがあるというか。「接続詞」は、前回作文をさせました。接続詞のあとの文章を考えさせたら、面白い意見が出ました。

牧野　なるほど。実は、生徒たちの話し合いに「接続詞」を組み入れることができないか？　とずっと考えていました。

図６のようなメモ書きを示しながら、「十字モデル」[1]の説明を試みた。

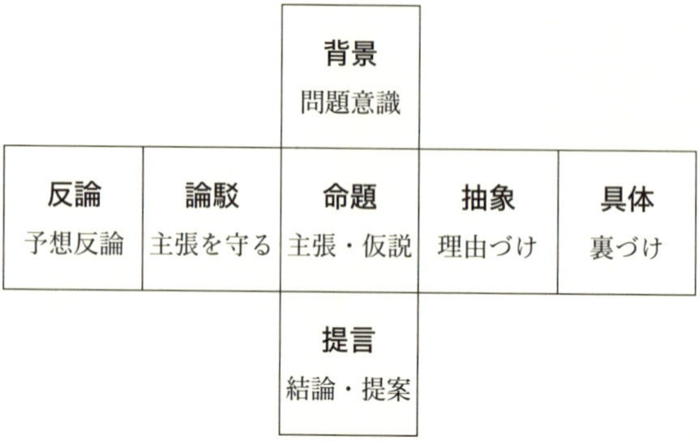

・問題(背景)について、
・主張(命題)と考える。
・なぜならば、(抽象)だから。
・たとえば、(具体)がある。
・たしかに、(反論)だ。
・しかし、(論駁)である。
・ゆえに、(提言)する。

図６　「議論の十字モデル」の７つの構成要素(メモ書き)

牧野　この図は、もともとスピーチやレポートのひな形として開発したものなのですが、学び合いにも同じ法則があてはまることに気づきました。たとえば、生徒の意見(主張・仮説)は**【命題】**にあたります。教師が**「どうして？」**と声をかけて、生徒が自分の考えを理由づけるのが**【抽象】**です。教師が**「どこで？」**と声をかけて、生徒が「何ページのどこ」と裏づけるのが**【具体】**です。

内本　なるほど。私がしていたのはこの部分(命題・抽象・具体)だったんですね。文法と同じですね。自分たちはそうと知らずにしゃべっているわけですから。

内本先生が指摘した通り、「十字モデル」は対話による意味構成の「文法」である。私たちが日本語の文法を知らなくても日本語を話せるように、意味構成の「文法」を知らなくても「対話による学び」は成立する。しかし、文法知識があれば外国語の習得に役立つように、意味構成の「文法」は「対話による学び」の助けになるのではないか。

牧野　はい。たとえば「ジーンズ」の単元では、直美さんの意見はこういう構造になっていました。

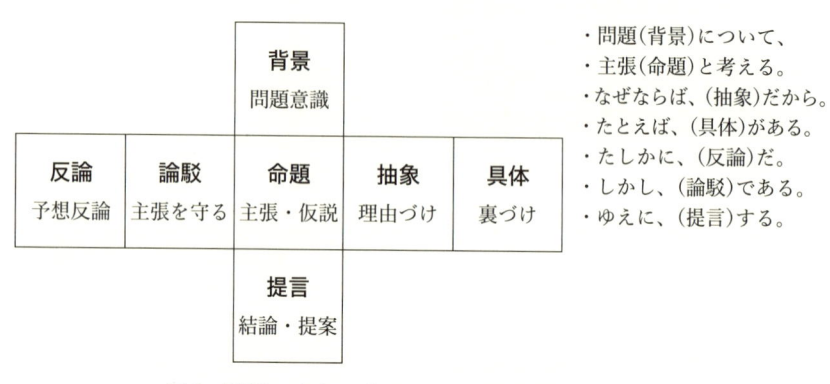

【命題】ジーンズが生きているみたい。**（主張・仮説）**
どうしてそう思った？
【抽象】書いてあることが、ジーンズが行動してるみたい。**（理由づけ）**
どこを見てそう思った？
【具体】「川のほとりに立っていたこともあるし」と書いてあるから。**（裏づけ）**

牧野　愛さんのツッコミ[2]は直美さんの意見に対する反論ですが、愛さんの意見そのものにも**【命題・抽象・具体】**が含まれています。

【命題】「立っていた」というのは（作者の）高橋さんが立っているんやろ。**（主張・仮説）**
【抽象】ジーンズが立ってるわけないやん。人が、足がまたいでるんやで。**（理由づけ）**
【具体】「洗って干した」って書いてあるやろ？**（裏づけ）**

内本　しかし、反論というのは、なかなか生徒からは出ないと思いますが……。
牧野　意見を対立させることが目的ではなく、**みんなでテキストの読みを深めたい**のです。そのために自分の意見が貢献しているという自覚が芽生えれば、参加意欲も高まるはずです。

2006年3月24日（年度末の校内研修）

朝、校門をくぐると、向こうから2人の女子生徒が「おばちゃーん！」と駆け寄ってきた。2年A組の子たちだ。

直美　もう授業ないよー。
牧野　今日は、先生たちの話し合いを見に来たんだよー。

校内研修の終了後、高槻八中の先生たちを対象に実施されたアンケートの結果を見せていただいた。アンケートには「物語レポート」に関する項目も含まれていた。「今年度、内本先生の授業を関西大学の牧野先生が視察されてレポートを配布されましたが、それについてのご意見」という質問に対して、「よく研究されている」「読んでいて子どもの様子がよくわかった」「お疲れさま」など、好意的な批評が掲載されていた。

職員室を出ようとすると、それまで一度も話したことのなかった先生がアンケート用紙を手渡してくださった。

> 写真入りのレポートは、ビデオ研と共通したものであり、よくわかりました。説明によって、その生徒の表情から読み取れる「学びの成立」が、ある程度わかり、おもしろく毎回読ませて頂きました。ありがとうございました。

帰り際、テニスコートの横で女子テニス部の部員が輪になっていた(図7)。横を通りかかると、「さようならー！」と声をかけられた。よく見ると、見慣れた子たちの顔がたくさんあった。「てるてる坊主」の陽子さんもいた。そのかたわらで、アンケートをくださった先生が微笑んでいらした。

牧野　さようなら！　さきほどは、ありがとうございました。

すがすがしい気持ちで、「学びの共同体」づくりの初年度を締めくくることができた。

図7　高槻市立第八中学校

注

1　十字モデルについては、本書末の「研究者の視点」の中で詳しく解説する。さらに、「やわらかい議論」ワークショップ(牧野 2010a)では、十字モデルを用いた仕掛けや道具の活用方法を紹介している。2009年8月に実施した第1回教員免許状更新講習(本書273ページ)では、ワークショップの参加者から次のような批評を得た(牧野 2010a: 23)。

・今まで、国語の授業の中で「論証」や「対話」の訓練を試みてはきたが、やはり文章を書かせることが中心となってしまい、文章を書けない生徒たちに対してはうまくいかないことが多かった。しかし、「十字モデル」ならば読解でも利用できるし、文章を書く時にも使えるし、何より、長年の課題であった「議論」を授業に取り入れられる可能性を強く感じた。また、グループでの取り組みの効果も実感した。初対面の者同士も課題によってすぐにうちとけることができた。「議論」というと堅いイメージがあるが、「議論」がコミュニケーションを活性化するということは大きな発見だった。

・議論が成立しにくいバリアーとして、時間的制約、得手不得手、既存の人間関係があることはある程度認識していたが、紙での発表スタイルの様々な工夫、全員の参加意識を高める手法には「目からウロコ」の思いだ。(中略)授業の中では、論理的思考を養うために「議論の十字モデル」を用いたい。紙に書いての論証や反論は、個人対個人ではなく、グループ間のコミュニケーションになるため、心理的負荷が少なく楽しい。

・私は小学校の教員(しかも低学年)なので、今回学んだ事を子どもたちにそのまま生かせるかというと難しいところがある。しかし、少し工夫して、子どもたちの意見をまとめる時には、教師側が「十字モデル」を頭に置き、はめていくと、結論が自然な形で(子どもの意見を切り捨てることなく)出せるような気がした。特に道徳の授業では、子どもたちが様々な価値観で意見を述べるので、有効だと思う。

2　直美さんのボケに対する愛さんのツッコミは、十字モデルの「横軸」にあてはめると次のようになる。

直美さんのボケ	**愛さんのツッコミ**	**【命題】**	**【抽象】**	**【具体】**
ジーンズが生きているみたい。ジーンズが行動してる。	そんなわけない。人が、足がまたいでるんやで。	作者の高橋さんが立っているんやろ。	ジーンズが立ってるわけないやん。	「洗って干した」って書いてあるやろ？

III　転機

教師たちも育ち合う

第9章　学び合い育ち合う

2006年度、内本先生は生徒指導主事となられた。授業担当が減り、生徒の対応に追われる日々が続いた。一方、私は9月から1年間の在外研究を予定していたが、体調を崩し、しばらく仕事を休んだ。いずれにせよ、内本先生との共同研究は中断せざるを得なかったが、高槻八中では、先生たちの学び合いが丁寧に続けられた。

2007年6月16日（3年目の公開授業研究会）

2007年度、高槻八中の「学びの共同体」づくりが3年目を迎えた。佐藤学先生を招いた公開授業研究会では平野先生が授業者を務められた。平野先生と言えば、2004年度の「模擬授業」では教師役を演じ、佐藤雅彦先生を初めて迎えた校内研修でも研究授業に挑戦された。

あの日、私は「平野先生と清くん」の物語と出会った。この日もまた忘れられない物語と出会う。

教室が大勢の見学者に囲まれている。

生徒　先生、だいじょうぶ？

生徒の気遣いに笑みをこぼす。

授業研究　1年生　数学　4限　(1年A組)
授業者：平野教諭
題材　：文字と式(13時間のうちの2時間目)
内容　：マッチ棒を利用した文字の式の学習
ねらい：数の代表としての文字の持つ意味を理解する。
多様な考え方で表される式の意味を読み取れるようにする。

チャイムが鳴った。

平野　まず、これに注目してもらえますか。どんな形してるかわかりますよね。どんな形ですか？　うん、正方形です。まず最初にね、今日はみんなにマッチ棒を配るので、この大きさの正方形をみんなにつくってもらおうと思います。

平野　条件があってね。まず、この大きさの正方形を、どこか辺が重なるように、6つ、つくっていってほしいんです。いろんな形ができると思うので、班に記録用紙を配ります。3枚ずつ配ろうかな。ここに、班で、みんなでつくった形を記録してください。そのときに、マッチ棒を何本使ったか、というのを書いてください。できた形とそのとき使ったマッチ棒の本数を記録してください。写せたら、また次の形に挑戦して、できるだけたくさん、いろんな形を見つけてください。では、班にしてみましょうか。

班ごとに記録用紙を貼り出す。

平野　今ね、いろんな形、出てきたよね。同じ条件で正方形6個つなげてもらったんだけども、マッチ棒の本数、違うのわかるよね。これ、正方形の重なり具合によって本数変わってくるんだけども、今日は、みんなが出してくれたこの形の中から、どうしようかな、一番シンプルなこの形に注目したいと思います。

横一列に正方形を6個並べたときに必要なマッチ棒の本数っていうのは、数えてくれたように19本ありますね。今は正方形6個で考えたんだけども、正方形の数って、いくらでも変えられますよね。10個でも、100個でも。ね。200個でも、3個でも。ね。いろいろ変えることができるので、式を使って、次にこれを考えてもらおうと思います。正方形がn個のときに必要なマッチ棒の本数。

〈課題〉

正方形がn個のときに必要なマッチ棒の本数を式で表しなさい。

平野　これ、数え方によって、いろんな式がつくれます。ね。たくさん出てきます。いろいろ考えてみてほしいなと思っています。ではね、プリントを配るので、まずはプリントに書き込みながら考えてみてください。

平野　1人で考えるの、しんどいかな。じゃあ、ちょっと、グループにしてみようか。ね。4人グループで、うん、相談してくれて、かまわないので。やってみてください。

（欠席者の机を放置せず、机を動かしグループをつくる。）

ここでは、左手前のグループ（図8）にスポットライトをあてよう。

明子	守				
美穂	元子				

図8　1年A組の座席表

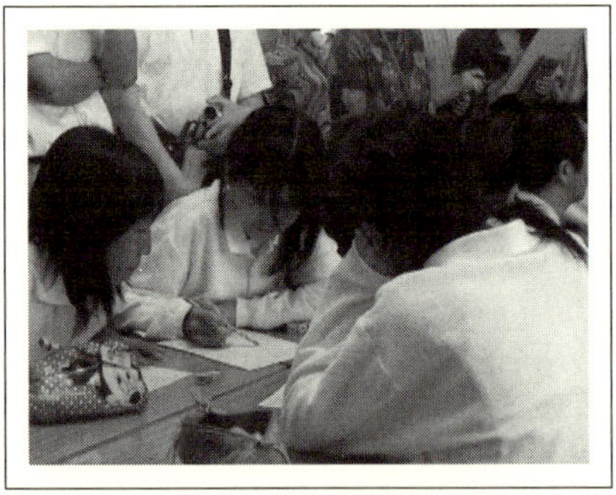

ほとんど聴き取れないほど小さな声だが、明子さんが説明し、美穂さんと元子さんがそれを聴いている。

平野　班で出てきたのをね、これにまとめてみてくれるかな。みんなで。今、（明子さんに）教えてもらった？　うん。それをどういうふうに図を使って説明したらいいか、考えてみて。

（元子さん、守くん、そして、美穂さんをそれぞれ見る）。

このとき、平野先生は一瞬だが確実に美穂さんと目を合わせた。映像では見過ごしてしまうほどのわずかな時間だが、切り取った写真はその瞬間を捉えている。

座席をコの字に戻したあとも、前の2人は後ろの声に耳を傾けている。

元子さんと守くんは、美穂さんが明子さんに説明する声を聴いている。

平野　ちょっと今まだ仕上げ中のところもあるんですが、いろんな式が出てきてるので、全体で交流してみたいと思います。みんなもう、班で交流してるし……。

平野　じゃあ、美穂さん。前に出てきて、説明してくれるかな。

用紙を手に取り、明子さんに何かをたずねる美穂さんと、それを見守る前の2人。

平野　いいよ。確認していいよ。

用紙を見つめながら黒板に向かうが、

説明の途中で、言葉が途切れてしまった。

平野　みんな、聴いてあげてくれるかな。いったん手とめて。

平野　同じ班の子、フォローしてあげたらいいからね。

元子　美穂！

平野　いいかな？　みんな、いい？　うん、そうだね。

美穂さんが輝くような笑顔を見せた。

平野　じゃあ、あれと違う考え方、出てた班、あるかな？

かつての「平野先生と清くん」は「教師対生徒」というかかわり方だったが、この日の平野先生は、まずグループの４人を「つなぎ」、さらにそのグループをクラス全体と「つないだ」。

一方、高槻八中の研究協議にも変化が現れた。

内本　国語科の内本です。おつかれさまでした。ごくろうさまでした。だいぶ緊張しはったんじゃないかな、と思ってたんですけども。

内本　さっきも、おっしゃってた先生がおられましたけど、やっぱり無駄口がないなあ、というのが一番感じましたね。声の調子というんですか、子どもたちも聴きやすいし、あの場におっても、平野先生のしゃべらはる、スピードといい、大きさといい、ほんとに**「しっとり」**してるなあ、という、そんな感じはいたしました。やっぱり、自分ではそれができていないなあ、と。班にしたかて、前にいながら、ぶつぶつ言いながら回ってるなあ、というのが改めて感じられたところです。

それから２点目は、**「どっぷり」**かかわる、というふうによく言われてたんですけど、こないだ神宮司さんの授業もたまたま見せていただいたんですけども、子どもの席へ行ったときに、しゃがんで、子どもの視線に立って話してはる。ああ、ああいう形なんかなあ、というのが、なんとなく、見せてもらって、今日の平野先生もそうでしたんで、やっぱりああいうふうにやるものなのかな、というふうに思いました。

佐藤雅彰先生が最初に語られた「しっとり」「どっぷり」という言葉遣いが、高槻八中の先生たちの間で共有されていることがわかる。

内本　さっき**「つなぎ」**という話があったんですけども、私は美穂さんと元子さんのグループの近くに立っておったんですけども、丹波さんの話では「小さな声でしゃべってた」という話だったんですけど、私のところからはあんまり聞こえなかったので、この子たち、あんまり会話が成立してないんかな、と思ってたんです。

そこに、平野先生が回ってこられまして、さっき言ったように、こう座られて、しゃがまれて、なんか言わはるんかな、と思ったんですよ。ほんなら、なんもおっしゃらないんですね。どうしはったかって言ったら、４人の顔を見はるわけですわ。目でね。こう。（会場に笑い）

谷崎校長　ほう。

内本　そのあと、すっと立ち去らはって、ほんなら、子どもたちがすーっと近寄るんですよね。とくにこの守くんが、男の子なんですね。この子が急にがんばりだしたんでね(笑)。ああ、なるほど、そんなふうに、別に言葉だけじゃなくっても、なんか、先生が自分のことを見てくれはったなあ、という、そういうことって、子どもにとっては大きいんかなあ、というのを感じました。

教師の一挙手一投足は絶大な影響力を持っている。私の位置からは守くんの表情を詳細に見ることはできなかったのだが、平野先生が目を合わせると急にがんばりだした、という内本先生の話を聴いて、うれしくなった。

内本　もう１つは、発表のときに美穂さんが前に出ましたけど、そんときに、ほんとに素早く、初めは前に立ってはりましたけども、後ろまで行かれて、全員に子どもたちがしゃべるような、そういうスタンスを取ってはるっていうのは、あれは素早かったなあ、と。ほんとに、動きが早かったので。

今日も私、子どもを前に出して、１時間目に授業したんですけども、横にこう、おりながら、見てましたね。このへんなんかは学ばせてもらえたなあと、そんなふうに思いました。どうもありがとうございました。

「しっとり」「どっぷり」という感覚や「教師の居方」を言葉で説明するのは難しい。教室の空気を肌で感じ取ったり、見よう見まねでやってみることでしか学べない「わざ」なのだから。

実は、心温まる物語の一方で悲しい物語も同時に進行していた。ある班では裕幸くんが冷たくからかわれ(神宮司)、またある班では慶子さんが終始無視されていた(佐藤学)。「学び合う関係」を築くことは容易ではなく、平野先生のような**「やわらかい」**教師でさえ、１人の努力でどうこうなるものではない。

だからこそ、教師たちが支え合って学校全体で取り組まなければならない。

谷崎校長　研究協議は毎月１回ずつやってるんですけれども、学先生をお招きしたときのバッターを誰にするか？　というのが、先生たちの話題なんです。今回、平野先生にやってもらった理由の１つとしては、実はこの「学びの共同体」を始めたときに、ちょうど平野先生が新任だったんです。ここにいる神宮司先生が指導教員ということで、さかんに平野先生の授業で、この「学びの共同体」というのはどういうんだろう？　ということを２人で、実験的にやっていて。

谷崎校長　新任なりに、そこでかなり鍛えられましたよね？

平野　はい。

谷崎校長　ただ、途中で育休ということで、彼女の中に「学校から遠のいた」ということがあって、「ゼロからのスタート」というところに彼女自身が立ってたんですよ。なので、プレッシャーも与えましたが、原点に帰って「学びの共同体」の授業づくりに、もう1回そこに立ってほしいという願いがありましたので、**いろんな教材を研究していただいたりとか、何人かの先生が寄って模擬授業をしたりとか、いろんな研究をね、ああでもないこうでもないという、そういうものを経て**、ここに来てくれたんです。

ですから、いつも言ってるんですけど、今日だけが本番じゃなくて、**そうやって教科の中で先生たち同士で考え合う時間であったりとか、学年の中で、ビデオ研の中で、今日まで臨むのに考え合う時間とか、そういう時間が一番大事なんじゃないのかな**と、私はこの間見てました。

谷崎校長　実は平野先生は、この1年A組がやりやすいクラスだと思ってたんですよね。ところが、だんだんグループを入れるに従って、おとなしい子たちがグループでつながらないというのがわかって、途中で、「A組を分割しないで1つにしたい」って言い出したんです（笑）。

谷崎校長　いやいや、成功する授業をみんなが見るんじゃなくって、学びが成立しない授業を見ながら、なんで学びが成立しないんだろう？　ってことを考えればいいじゃないの。要は、子どもの考えから授業を進めたらいいんだから、そういうふうに授業をやればいいんじゃない、ってところに落ち着いたんですよね。それで、

A組でこういう授業をしてくれたという流れがあります。

佐藤学先生がうなずきながら聴いている。

谷崎校長　いろんな先生から話を聴きながら、八中の中でね、この取り組みを始めて2年と何か月という状況なんです。ただし、今年は25名の中で3分の1の8名の先生が入れ替わりをしました。なので、まったく「学びの共同体」を一から一緒にやっていただいている先生も、さきほども何人も発言していただいたんですけれども、初めての先生も含めて、具体的な子どもを通して、学ぶ関係というものを見ようとされてるし、つかまれてる、っていうかな。そういうのを聴いたときに、ああ、「ゼロからのスタート」と言いながらも、八中の中でこの取り組みが、土台づくりが、少しずつできてるのかなあ、と、私としてはうれしくなりました。

谷崎校長　なんでこんな研究協議するかと言えば、やはり自分の授業の中では全体に目が行きませんよね。こういう研究授業を通して、いろんな先生の見る目を通して、もう1回自分の授業に返すという、値打ちのある研究協議だと思っています。

高槻八中では、2007年度から校内研修のある日は一斉下校となった。それまでは途中でクラブの生徒が出入りすることもあり、落ち着いて研究協議に専念できなかったからだ。

谷崎校長　先生たちの中には、クラブをやるべきだという声もありましたが、教師全員が集中して授業研究に取り組める環境をつくりました。

「学びの共同体」づくりには、校長の判断による環境づくりが欠かせない。

第10章　「しっとり」「どっぷり」「やわらかい」

2008年度、とうとう神宮司先生が異動となり、高槻八中を去られた。強靭な旗振り役を失うという最大の危機が、しかし、飛躍のチャンスを生み出した。

谷崎校長　初年度(2005年度)から取り組んできた先生を中心に、自分たちががんばらねば、という自立の意識が芽生えたみたい。

次年度(2006年度)に高槻八中に赴任された保科裕香先生は、他校の一斉授業を見学して、子どもたちが下を向いていることに気づかれた。

谷崎校長　「学びの共同体」を始める前は全部子どもたちのせいにしていた。うつむいていることとか。新しい先生と古い先生の違いとして歴然としているのは、声の大きさ。新しい先生は一生懸命大きな声で説明しているという感じ。私たちだって集中してやりたいときは黙っていてほしいものだけど、「こっち見て」とか、声をあげてね。

2008年5月15日(内本先生の授業研究会に招かれる)

5月の校内研修では、内本先生が授業者を務めることになり、私は谷崎校長から講師として招かれた。授業研究の講師を引き受けるのは初めての経験であり、いつもとは違う緊張感で臨んだ。

〈板書〉
和歌の世界
暗唱練習・暗唱への挑戦
歌の大意を考え・交流

最初の活動は内本先生の得意とする暗唱だった。友だちの朗読に耳を傾け、全体の集中力が高まる。教室の空気が澄んでいく感覚が懐かしかった。

グループ学習は短歌のプリントだな、と思った瞬間、ファインダーから内本先生の姿を見失った。あわてて追いかけると、先生は廊下側後方のグループにまっすぐ向かい、1人の生徒の横にしゃがんだ。

迷いがない。

3 年前の内本先生は、グループ学習を入れても、どうしたらいいかわからない、というような自信のなさが常に感じられた。生徒に近づきながら近づけず、スーッとその場を離れてしまう。グループからグループへと巡視はするが、居場所が見つからず、すぐに黒板の前に帰ってきてしまう。その間、繰り返し大きな声で指示を出し続けた。

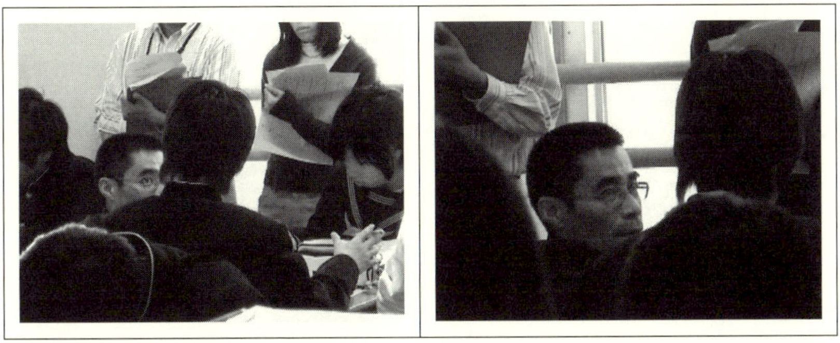

しかし、この日は違った。教師の存在が教室の空気に「しっとり」と溶け込んでいた。むやみに動き回らず、必要な生徒やグループに「どっぷり」とかかわっていた。

ただし、全体活動になると、それまでの「やわらかさ」がうそのように、生徒との一問一答が繰り返された。生徒が発言するたびに数倍の量の言葉を返し、しゃべり続ける様子は3年前を想起させる。

授業の前半は言葉を選びながら自分をコントロールされていたので、後半は時間が気になったのかもしれない。焦りで抑えが効かなくなったような印象を受けた。生徒の問いを受けとめる場面も見られたが、言葉と言葉をつないで深める、という展開には至らなかった。

井上（教務主任）　研究協議会は4月に続いて5月で2回目ですけれども、前回は時間の関係で多くの人の発言がなかったんですけども、今日せっかく授業をしていただきましたので、一言でも二言でも、見られた中で気がつかれたことを自由に発言していただきたいと思っていますので、よろしくお願いします（司会者に研究協議の開始をうながす）。
司会　本日の授業者の内本先生、どうもありがとうございました。
谷崎校長　ありがとうございました。
司会　それでは、よろしくお願いします。
内本　はい。ちょっとやっぱり、緊張しましたけど（笑）。
谷崎校長　そうそう（笑）。
内本　身体が、なんだろ、たぶん動かないんです（笑）。ぎこちないなあ、と思いながら。まあ、久々にね、牧野先生に見ていただくっていうのが、一番気になってたんかなあ、とは思うんですけど。
谷崎校長　（笑）

私が知る限りでは、それまでで一番「やわらかい」内本先生だった。

内本　「短歌の世界」は前回、八中のスタートのときに、ここを題材にしてやらせてもらって。そのときに（佐藤学先生から）いろいろ指摘していただいたことを思い出しながら、あのとき、ああ言われたから、そういうことはやめよう、ということは一応思ってたんです。

初めて佐藤学先生を迎えた公開授業研究会から3年が経過している。

内本　一番心がけたのは、5・7・5・7・7のリズムの定型詩をやってるんだ、という。だから、読みについてはこだわらなあかんな、というのが1点です。前は（生徒たちは）もっとごちゃごちゃと言ってたと思うんですけど、読みについては、唄子さんなんかは、なかなか上手に読んでくれたんと違うかな、と。あんな子もおるんやな、と思っています。

言葉のリズムを刻む活動に一貫したこだわりを持っている。

それから2点目は「歌の大意を考える」ということでやったんですけども、後半の部分はどうしてもやっぱり一方通行になるなあ、という感じは否めないですね。今までの授業では、「大意」はあんまりこだわらずにやってたんですけども、竹内先生と一緒に(2年生の授業を分担して)やっている関係もありますので、みんなから聴きながら、できるだけ子どもらに意見を言わそう、ということを共通に持ちながらやってますので、あんな形であててみました。

C組では同じところを1回やってるんですけども、そのときには一応、手をあげて発言さそう、ということをやってたんですけども。まあ、出ませんわ。10分から15分時間つぶしたんで。これはもう、とんでもないと。

そう言うと、苦笑いをして、こちらをご覧になった。

内本　ということで、軌道修正して順番にあてていくと、そんなふうにさせてもらったんですが。まあ、どっちがよかったのかわからんですけど。やっぱり、ああいうんは子どもらも言いにくいんかなあ、と思ってます。

「聴く」ということに、まだ悩んでいる様子が伝わってくる。

内本　後半、ちょっと、奈津子さんがね。
谷崎校長　そうだね。
内本　「表現技法、どんなんですか？」という形で言うてくれたんですけども。あそこについては、ほんとはもう流すつもりやって、先に大意をざっと言うたあとで、「表現技法」と「句切れ」という形でおさえるつもりしとったんやけど、せっかく言うてくれたから、むげに、あとや、というのもわるいかなと思って、一応説明しましたけども。

いつも短歌とか詩とかやってて思うんですけど、あんまり「表現技法」とか言い出すと、構えるんですね、子どもが。「なんか難しいことやらなあかんのちゃうか」って、なかなか言わなくなるんで、そのあたりは、どちらかというと、さらっと。ただ、試験には出しますから「大事だよ」という言い方はするんですけども。そこは、どうしても、ちょっと、あのへんは違うかったかな、という気がしてますけど。

けれども、

内本　久子さんという子が、今日初めて来た子なんで。
谷崎校長　ああ、そうそう。
内本　ずっと連休明けから休んでましたんで、彼女には説明をしてあげなきゃいけないかなと。一番最初に行かなあかんかな、と思って行った、という。そんなところです。

「しっとり」「どっぷり」「やわらかい」という感覚は自分なりにつかまれている。

牧野　今日は貴重な機会をどうもありがとうございました。本当に久しぶりで、授業を見せていただけるのを楽しみにしていたんですが、この日を迎えるにあたり、3年前の2005年5月21日の授業を復習して参りました。すでに先生たちが話されたことと重複するので、私からは、3年前とどこが違って、どこが同じか、という点に絞ってお話させていただけたらと思います。
　まず、グループ学習のときに、別人のようだった、ということです。迷いがないです。とにかく。3年前の内本先生は、自分がどこにいたらいいかわからないという感じで、生徒に近づくんだけど、さーっと引いて、結局、黒板の前しか、自分の居場所がないという感じでした。だから、回っては戻り、回っては戻り、というのを繰り返してらしたんですけど、今日はもう1回だけです。(黒板の前に)戻ってらしたのは。最初から自分はどこへ行くべきかがわかっていて、指示を出してすぐにそこに向かわれて。以前はそんなに長く1つの所にとどまらなかったんですけど、今日はもう、じーっと必要なだけとどまられて。
　それから、さきほども指摘がありましたけど、目線について。たぶん、3年前は生徒と目線を合わせるってことをされなかったと思うんですけど。
同僚たち　(やわらかい笑いがこぼれる)
牧野　今日はちゃんと目を見て。最大の課題は「生徒との距離感」ということだったんですけど、そこはもう完全にクリアされたんじゃないか、と思うくらい距離が縮まっていたと思いました。
　たしかに、机の間が空いてる班もあるんですけど、あの頃は20センチ、30センチは空いていたので、それに比べれば今日は2センチ、3センチですから。ですから、先生が近づいてグループに入り込めば入り込むほど、子どもたちもそれにつられるように、近づいていくのかな、と思いました。亮輔くんについては、先生方と同じように感じたんですけど、それについては最後に。
谷崎校長　うん。

牧野 ここは変わってらっしゃらない、というところは全体活動のところですね。生徒対先生、生徒対先生という、1つひとつの会話がプツッ、プツッと切れていて、つながりがないので、生徒と生徒の言葉は、ほとんどつながっていない。

谷崎校長 うん。

牧野 それはなぜかというと、グループで話し合ったことが全体でさらに深まるという流れになっていなかったので、なかなか発言が出にくかったんじゃないかな、と思いました。

難しいと思いますが、今こうして子どもたちとの距離が縮まったので、次の課題として今後取り組まれたら。どこの学校の先生たちも、ここは本当に高いハードルとして悩んでいらっしゃるので、内本先生だけではないと思います。

牧野 最後に、亮輔くんを指名されましたよね。あのとき私はほっとしました。ずーっと彼は、ああいう態度を取りながら、でもやっぱり、先生に見てほしいですよね。内本先生は明らかに、意図的に距離を取っていらしたけれど、それでも彼にあてて、最後まで逃げなかった。彼と向き合うことに。だから、ああいう表情していましたが、うれしかったはずです。ちゃんと見ていてくれた、って。3年前の先生なら、きっとあそこで引いちゃってたと思うんですよ。だけど今日は、しっかり彼を受けとめて。たとえおまえがそういう態度を取っても、おれは逃げないぞ、という、最後までそれを貫かれた、という気がいたしました。

第 11 章　ボーリングでもテニスでもなく

2008 年 5 月 15 日（研究協議のつづき）

この日の研究協議では、先生たちの語り合いにそれまでにない変化が見られた。

以前は一人ずつ順番に発言するという手順で進められたが、教務主任の井上先生を皮切りに、初年度から取り組んできた 6 人がランダムに発言した。長井先生、谷崎先生、丹波先生と続いたときは、先生たちの語り合いが鮮明な情景描写となって、生徒たちの学び合いの様子が手に取るように伝わってきた。

長井　プリント見たら「句切れ」って書いてあって、「句切れ」ってなんやろ？と思って、ずーっと授業見てたら、途中で正男くんが、むぅぅっちゃスロースタートで、やり始めてしばらくしてから、「句切れってなに？」って言ったんですよ。聴かれた先生もいると思うんですけど。そしたら、隣の雅子さんが「え、知らんの？」という感じで、「先生が前、授業で言っとったで」という感じのことを言って、でも最後は「私、説明するの下手くそやから、無理やわ」って終わっちゃったんですよ。

ビデオ記録によると、6 人が話し終えた時点で 30 分以上が経過していた。個人差はあるが、平均して 1 人 5 分は話していた計算になる。むろん、短ければいいというほど単純ではないし、長い話が一律に悪いわけでもない。ただ、生徒の言葉を**「つなぐ」**ためには、先生が自分たちの言葉を**「つなぐ」**という意識を持つことが大事ではないかと考えていた。

ボーリングとテニスのたとえをご存知だろうか。ボーリングは一人ずつプレーするのをみんなで見ながら順番を待つ。テニスはラリーを続けながら相手の隙をねらう。ボーリングとテニスは、スピーチとディベートにたとえることもできるし、「日本人の語り」と「欧米人の討論」にたとえられることもある。

高槻八中の初期の研究協議は、まさにボーリングだった。とはいえ、語り合いは

ディベートではないから、テニスのラリーを続ける必要はない。けれども、ボーリングもテニスも得点を競うという点では共通している。

「対話による学び」は、ボーリングでもテニスでもなく、ベースボールだ。いや、ベースボールが大リーグを連想させるなら、野球というべきか。ヒットはもちろん、バントでもいいから、打線をつないで得点に結びつけることをみんなでめざす。場の状況を見極めてサインを送る監督がいれば心強いし、選手の調子を把握しているコーチ陣も要るだろう。

曲がりなりにも講師として参加していた私は、思い切って１つの提案を試みた。

牧野　せっかくですから、今日の協議会で気づいたことをお伝えしたいと思ったんですが。
谷崎校長　うん。はい。
牧野　まず、積極的に自ら発言された先生が多かったというのと、「それにつなげて、私は」という感じに、順番にではなく、ランダムなつながりが、初めのほうにありました。これは、少なくとも私は、初めて気づいたことです。こういうやり方がいいんじゃないか、と思って。前半そうだったんですけど、後半だんだん一人ずつという感じになっていきました。

牧野　あの、他の人は言いにくいでしょうから、あえて言いますが、１人がずーっと長い時間、延々と終わらない話をして、それをじーっと聞かなきゃならないのって苦痛ですよ。楽しくないです。そういう話し合いって。楽しい話し合いというのは、自分の言葉と他の人の言葉がつながっていく話し合いなので、こういうふうにしたらどうかな、という提案なんですが。
谷崎校長　うん。
牧野　とりあえず、1人が発言するときは1つだけ、というふうにしたらどうでしょうか。自分が気づいたことは全部言わなきゃ、と思うから、３つも５つももって長くなるし、次の人はどれを受け取っていいかわからないから、焦点がぼやけてしまう。だから、とりあえず、１回につき１つ言って、別に横の人じゃなくてもいいから、「あ、私はそれにつながることが言える」と思ったら、その人が続いて、という感じで、ランダムにつながっていけば。

１人が何回発言してもいいわけですから。結果的に１人が５つ言ったとしても、そのほうが絶対、楽しいですよ。そしてそれは、授業に活かせる。

今日初めのほうで、少しそういう様子が見られたのは、生徒たちの学び合いがそうなってるんだと思うんです。全国の「学びの共同体」の取り組みを見ていて思うのは、**先生たちの学び合いが子どもたちの学び合いを反映してるんじゃないか**、ということ。とすれば、先生たちの話し合いに変化が現れたということは、子どもたちもそうなってる。だから、先生たちご自身も、楽しい学び合いっていうことを自分たちが実践されたら、それが自然に、生徒たちの学び合いに活かされるんじゃないかな、と思いました。

谷崎校長　ありがとうございました。

研究協議の進め方について提案らしい提案をしたのはこれが最初で最後だ。

司会　では、最後に、校長先生。

谷崎校長　はい。どうも今日はみなさん。このメンバーでの協議会は第 2 回ということで。牧野先生は 4 年前スタートしたときから、かかわっていただいてた先生ですので、目には見えない、私たちは見えない違いみたいなことをね、感じ取っていただいて、すごくうれしかったです。

今言われたように、いつも言われてる「この研究協議、楽しいもんにしようや！」って、去年からよくそういう話は出てたけど、具体的にどないしたら楽しなるのか、っていうことの 1 つのヒントを今もらったのが、次の 6 月につなげられるかな、と思いました。

でも、先生方の子どもを見る目がね、すごく広がったり深まったりしてることが本当に変わってきているなあ、というのが私の実感です。では、日々の授業にまた帰っていただきたいと思います。ありがとうございました。

一同　ありがとうございました。

帰り際、内本先生がつぶやかれた。

内本　たしかにこれまで、「勉強になる」と思うことはあっても、「楽しい」と感じたことはなかったですわ。

2008 年 6 月 28 日（翌月の研究協議）

6 月の校内研修では、矢島先生が研究協議の司会を務められた。

司会（矢島）　まず感じたことを言っていただきたいんですが、何度発言していただいてもけっこうですので、言うときに全部言おうとしないで、あとでまた、その感じてる子の話題が出てきたら、そのときまた発言していただいたらけっこうですし、ちょっとこう、発言の内容がお互い交流できて、こう、つないで、話し合えたらなあ、深められたらなあ、というふうに思っております。では、どなたからでもけっこうですので。

司会（矢島）　（2人の先生の手が上がったのを見て）どっちにしようか。じゃあ。
近藤　はい。英語科の近藤です。

矢島先生と近藤先生は2004年度の「模擬授業」を知る若手の古株で、初期の頃からすでに「やわらかい」先生の代表格だった。

第 12 章　短歌で「つなぐ」走れメロス

5 月の校内研修では、久しぶりに、内本先生と授業について語り合った。

牧野　保科先生もおっしゃっていましたが、多くの短歌を扱うより、1 つの短歌を取り上げて、それを全員で共有するというやり方のほうが、生徒と生徒の言葉がつながりやすいのではないでしょうか。
内本　今日のプリントについて「短歌の量が多い」という指摘もありましたが、テストや進度についても考えなくてはいけない。ただ、たとえばこのプリントでも、最後の俵万智まで来れば、やりやすいかもしれないですね。
牧野　ああ、俵万智はいいですよね。あの歌なんかはきっと、生徒が描くイメージもそれぞれ違って、お互いに共有したら深まるんじゃないでしょうかね。

「寒いね」と話しかければ「寒いね」と答える人のいるあたたかさ　（俵万智）

2008 年 12 月 4 日（放課後の職員室）

半年が過ぎ、再び「走れメロス」の季節がやってきた。しかし、2 年生の国語は 2 人の教師が分担していたため、「走れメロス」の単元は、本文の群読と短歌による表現という活動がすでに計画されていた。この頃、内本先生は生徒指導の仕事でいつも忙しそうだったので、ゆっくり話を聴くことさえ難しい状況だった。

牧野　内本先生ご自身は、中学生のとき、「走れメロス」を読んでどのような感想をもたれましたか？
内本　おめでたい話やな、と思いました。……が、生徒たちには、こういうこともあるということを知ってほしいと思います。

人間の弱さやそれを克服する強さにまで踏み込んだ話し合いができればこの作品の読みも深まるとは思うが、自分がその種の話題に抵抗を覚えるタイプの人間なのだと自己分析されていた。

内本先生はたしかに、他者と向き合う対話よりも、書写や暗唱のように、自己と向き合う対話の活動を得意とされる。反復練習ばかりが続くと形骸化してしまうが、他者と正面から対峙しない活動に救われている生徒もいるだろう。

教師自身の人としてのあり方が授業づくりに反映されるということは、気づいてみれば当たり前のことだが、それまで真剣に考えたことはなかった。自分の得意な分野を極め、苦手な分野は補い合うという姿勢でもいいのではないか。

そんなふうにも考えるようになった。

2008 年 12 月 18 日（放課後の職員室）

「走れメロス」の単元の終わりに生徒たちは短歌づくりに挑戦した。「登場人物の心情を中心に、5・7・5 にあてはめて詠みなさい」という課題から生まれた短歌は力作ぞろいで、クラス全員の作品が短歌集（図 9）に掲載された。

内本　自分たちの創った短歌は、やっぱり、みんな真剣に聴いていました。

牧野　中学 2 年生でこういう作品が詠めるんですね。2 年間の積み重ねがなかったら、こうはならないと思いますよ。

内本　これは私自身も、これくらい書けるんやなあ、と。それは教材の力やと思うんですよ。こちらがあれこれ触っていませんからね。テープ聴かせて、プリントやらせて。私の考えは一切入ってないわけですよ。子どもが、自分が思ったことを表現している。そういうもんなんかな、と。だから、そのまま終えたいなあ、と。

牧野　うんうん。

内本　やっぱり、どっちかの見方になっちゃうんでね。

牧野　あえて教師が触らない、というのは大事なことだと思います。ただ、子どもたち同士で触れ合うのは……。

内本　ああ、そりゃあ、ねえ。そういう活動はね。たしかにそうですね。

牧野　ええ。

内本　ここの部分の組み立てが、なかなかイメージできなかったんで、また考えますわ。

実は、仁美さんが気になっていた。群読の活動ではテキストを丁寧に読み込んで朗読の仕方をあれこれと工夫していた彼女は、きっと文学的なセンスのある子だろうと思っていた。

2年　組「走れメロス」短歌集

◆第一場面（シラクスの町）

・激怒したメロスは王城乗り込んで勇気あるなと私は思う

・ひっそりとやけにさびしいシラクスの町の様子を怪しく思う

・人殺し王は誰でもかまいなくそんな王様メロスは怒る

◆第二場面（王城）

・王よ聞け人は信じぬ王よ聞け我は信じぬ聞け民の声

・水を飲み疲労回復したならば友の所へ走れメロスよ

・友達を人質にして走り出すメロス無事に帰ってくるか

・信じてもどうせ裏切る人の心信じたとしても意味がない

・仲良しの親友残し旅に出る不安の旅路焦りの旅路

・いつまでもここにいたいと思うけど親友のため僕は出発

・待っている君が帰ってくることを信じているぞ私はここで

◆第三場面（メロスの村）

・おめでとうそう言い残し道急ぐ後ろ姿に残る寂しさ

・おめでとうその一言が最期だと気づくはずない花嫁の笑顔

・妹よ晴れ着姿はすごくきれいだこれからずっと仲良く暮らせ

・我が友よ友の間の真実はこの世の全て誇るべきこと

・妹と離ればなれになるメロス王の心を導くために

◆第四場面（王城への道）

・殺される身代わりの友救うため偉大な力正義のために

・友のため荒れ狂う川を泳ぎ切る友を信じて待ってるために

・友のため光のごとく矢のごとく走り続ける正義のために

・メロスさん正義のために山賊を殴り倒して逃走したよ

・殺される分かっていても前へ行く愛する友を守りゆくため

・神々よどうか私を王城へ行くことの邪魔しないで欲しい

・友のため濁流こそも泳ぎ切る愛と誠の偉大な力で

・心臓を出来るものなら断ち割って王ディオニスにお目にかけたい

・言い訳をを考える暇あるならば走り続けろ友救うため

・濁流の山賊なんか敵じゃない私の敵は私の心

・たくさんの試練が待っているけれど愛と誠の力を見せろ

◆第五場面（王城への道）

・友のため私は走る信頼に報いなければただその一事

・走るのだ信頼してる友のため我が身を殺しひたすら走る

・我走る遙か光った塔楼へ信頼という絆を信じ

・友からの信頼受けて走り切れシラクス目ざし頑張れメロス

・信頼に報いるためにひた走るメロスお前は真の勇者だ

・いざ行かん処刑の道日が沈む沈むな夕日沈むな夕日

・友のためひたすら走る最後まで僕の全てを託してみせる

・ただ走る夕日に向かいシラクスへ風態すてて友のもとへと

・親友を助けるために走りきる強い心にあっぱれメロス

◆第六場面（刑場）

・真実を王に見せつけ友救い勇者の証緋のマント着る

・間に合った友と抱き合い喜んだどうか私も仲間に入れて

・人々の歓声前に殴り合うひしと抱き合う二人の友が

・メロスらの絆が王を変えさせた信じる心大切さ知る

・親友の二人が見せた友情は王のけがれた縄をほどいた

図9　「走れメロス」短歌集

信じてもどうせ裏切る人の心信じたとしても意味がない　(仁美)

短歌を通して自己と向き合い、短歌集を通して他者と向き合う。そんな間接的な対話を「つなぐ」授業があってもいい。

牧野　「走れメロス」の短歌集が、職員室で話題になったと聞きました。
内本　2年生の先生がね。どのクラスもこうやって出してますやん。(クラスによって)またちょっと雰囲気が違いますやん。けっこうこれを読んでくれてはって、いいのあるねえって。そういう声をかけてくれてはったんで。それはそれでありがたかったかなあ、と。

保科先生が3年生の教材で、1回教科書読ませたあとに俳句を創らせはったんですよ。それがけっこう、教師が説明してないのに、子どもたちがよく読み取りしてたよ、ってこと言わはったんで、竹内先生と相談して、ほんなら2年生も同じことやってみましょうか、と。ただ、俳句は3年生の単元になるので、2年生は短歌をしたから、短歌にしましょうか、ということで、短歌にしたんですよ。
牧野　なるほど。素敵な連携プレーですね。理想を言ったらきりがないですが、これだけのものを引き出してくれる国語の先生たちに出会えて、子どもたちは幸せだと思います。

Ⅳ　実り

「学びの共同体」が持続する

第 13 章　安定してるね。

佐藤学先生は 2005 年 5 月以来、毎年、高槻八中を訪問し、佐藤雅彰先生と連携しながら指導を重ねてこられた。

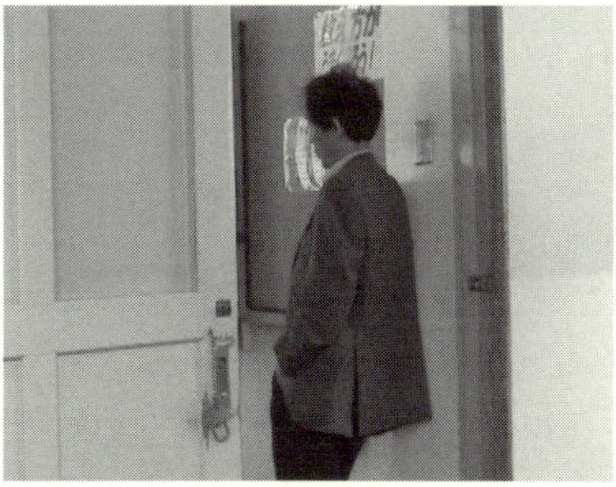

2008 年 10 月 30 日（4 年目の公開授業研究会）

初回の公開授業研究会から 3 年半が経過した。この日、井上吉司先生が公開授業に挑戦された。初年度（2005 年度）に高槻八中に赴任され、その後、教務主任として「学びの共同体」づくりを牽引してこられた。

授業研究　2年生　理科　6限　(2年D組)
授業者：井上教諭
題材　：動物のくらしとなかま
内容　：生命を維持するはたらき(10時間のうちの2時間目)
実験2　唾液がデンプンを何に変えているのか調べる
ねらい：実験を通して唾液の働きを理解し、一般的な酵素反応についての考えをめぐらす
流れ　：①唾液の働きを調べる実験(グループ)
②結果から解ることの交流(全体)
③酵素の働きについて、問題を解く(グループ)
④考えたことの交流(全体)

理科室で行われた授業は、試験管にデンプンを入れて唾液に対する反応を調べるという実験だった。

司会(長谷川)　ただいまより、研究協議会を始めさせていただきます。本日は遠くからたくさんの方々に来ていただき、どうもありがとうございます。まず授業者の井上先生のほうから、よろしくお願いします。

井上　すいません、あの、2分野の実験で、予想もしない、というか、そんなことも起こるかな、と思いながらも、こうなったら次どうしたらええのか、ということを考えながら、やってたわけなんですけども、やっぱり、ああいう違った結果が出てしまいました。ただ、そん中で子どもたちが、なぜそうなったのか、ということを考える手がかりの1つになったんかな、と思っています。

2年生、D組です。40名のクラスです。2分割でやってます。出席番号で分けています。班はくじです。市松模様で、くじを引いて自分で決めました。ですから、中にはすごく、できる子ばっかり集まってる班もあったり、協力がどうかな、というところもあったんですけど、それはそれとして、作為的につくってなくて、機械的に分けた班です。

白衣が似合う井上先生は淡々と細やかに語る口調が特徴だ。

井上　2年生で研究会をするということで、6月にC組がやらせてもらいました。2年生はC組が、グループ等の活動が今すごくいいので、私もそのクラスでやりたかったんですけれども(笑)、続けてというわけには行きませんので、そしたら、隣のD組。「君たちは、順番に年間に残ってもらうので、今日はD組の子に、申し訳ないけども、残ってもらおう」ということで。子どもたち、明日遠足なので(笑)。早く帰りたい中で、1時間分、残ってもらいました。

かつては「荒れた」学校で「力で抑える」指導をしていたというが、八中の井上先生しか知らない私には、どうしてもイメージが結びつかない。

井上　このクラスですが、静かな雰囲気は出てきます。ただ、静かやから、学んでるか、いうたら、決してそうではありません。その中で、見捨てられてしまってる、というか、忘れ去られてしまってる子も、いてるクラスです。それがゆえに、グループの中で、その子たちが、かかわりの中で、学んでいってもらったらいいな、という形で、普段の授業の中で活動をさせていただいてます。静かやけれども、気をつけなかったら、どんどん流れていって、わからない子をどんどん置いてしまっていく、というような感じのクラスです。

佐藤学先生は井上先生の隣でじっと耳を傾けている。

井上　あとでまた班の様子を聴かせてもらったらいいと思うんですけど、いろんな子たちがいてて、かかわりをしっかり持ってくれるところもあれば、横を見て、チラッと見て、そこを写して、ていうような感じで学んでた子とか、あるいは、我関せず、という形で(笑)、そんな子たちもいてました。一応、ありのままの姿で、見ていただけたと思います。

(実験については)失敗は失敗なんですけども、私もパニックになりかけたんですけども(笑)、急きょ「そっちを活かしたろ」と変えて、そんな感じにさしてもらいました。経験されてる先生から見られたら、失敗もたくさんあったので、いろんなご意見をいただきたいと思いますので、よろしくお願いします。

司会(長谷川)　本日はたくさんの方に来ていただきまして、見てもらえる、というのはすごくうれしいことなんですけれども、**この研究協議の目的は、我々がお互いに学び合える関係をつくることです。**何よりも、生徒自身が、意欲的に主体的に学べる授業をつくるためにやっていますので、見ていただくためにやっているわけではありません(笑)。あまり緊張せずに、いつものように、遠慮なく発言していただけたら、と思います。

かたわらで、谷崎校長が笑みをこぼし、井上先生はにっこりとうなずいた。

司会を務める長谷川先生は、高槻八中の「学びの共同体」づくりを誕生のときから

知る若手教師の1人だ。2005年2月、佐藤雅彦先生を初めて迎えた校内研修では、研究協議の場で最初に挙手をした。不登校生徒への思いを涙をこらえて語ってくれたこともある。

司会(長谷川)　いつものように、子どもたちがどこで学んでいたのか、どこでつまずいていたのか、ということを中心に。普段、授業に行かれている方を中心に、まずは始めていただけたら、と思います。よろしくお願いします。どなたからでも。
谷崎校長　マイクどうします？　いらないね？　ざっくばらんに行きましょう。

史郎	静江	三平	沙希	次郎	文子
祥子	慎也	里子	参郎	淳子	太司
桂子	冴子			市郎	市子
清美	吾郎			一美	和弥

図10　2年D組の座席表

6月の校内研修で研究協議の司会を務めた矢島先生が切り出した。

矢島(音楽)　私はいつも40人で授業をしているので、違うクラスのように見えたんですけれども、20人になると、ほんとに違った雰囲気になるんだな、と思いました。
　その中で、**次郎くん**が賢そうだったなぁ、と思いました(会場に笑い)。音楽では、ふにゃあ、とするときもあるので、今日はすごく彼が賢そうに見えました。実験をしてるときでも、自分の意見を言ったり、アイデアを言ったりとか、そういう顔がすごく考えているなぁ、と思ったし、私の授業では見えないような顔が見えた。
　最後、井上先生が、**次郎くん**に言ってほしそうにしてたんですけど、私も「**次郎**、ゆえ、ゆえー」って感じだったんで(笑)。ここで活躍してほしいな、と思いながら見てたんで、意見が言えてよかったな、と思いました。

生徒の名前を介して、司会の長谷川先生がつなぐ。

司会(長谷川)　今、**次郎くん**の名前が出てきましたが、**次郎くん**のグループが、どこで学んでたか、とか、どこでつまずいてたかとか、見ている方、いらっしゃいましたら……。

新任の野中先生が応える。6月の校内研修では長谷川先生の授業をサポートした。

野中(英語)　**次郎**の班(**2 班**)、見てたんですけど、**淳子**って女の子が全部、**次郎**に命令してて。取りに行くのも「**次郎**、行ってきて」、ビーカーも「**次郎**、洗って」って(笑)。文化祭のときも、**淳子**は実行委員やったんですけども、全部こんな感じやって、「ああ、変わらんねんなぁ」と思って見てました。

「なんで、失敗したか、考えてみて」って井上先生がきく前に、この班は言ってたんですよ。「なんで、失敗したんかなぁ？」って。だから、それはすごいな、と思って聴いてました。「初めから、唾液が少なかったんちゃうか？」とか、井上先生が発言する前から話してたから、「ああ、ちゃんと交流できてるなぁ」と思って見てました。

ベテランの井上先生がつなぐ。

井上(理科)　**文子さん**は？　どうでしたか？　この頃、よく抜けている。
野中　**文子**は……英語の授業もほとんどいないので、つかめない子なんですけど。会話にも、あんまり入ってなかったかなぁ。
井上　今日は**文子さん**がいて、グループでやってたんで、周りとどうなのかなって、ちょっと、心配して……。

司会(長谷川)　ほか、このグループ、もしくは、ほかのグループでもかまいません。

ベテランの江口先生(2007 年度赴任)が引き取る。

江口(数学)　私ちょうどその **1 班**と **2 班**の間で見てて。初め、綿棒くわえてるときに、(実験が成功した)**1 班**は、手も隠してなかったからね(手を口にあてて見せる)。「これは成功しそうやな」って予感はしてたんです。**2 班**については、**淳子**は初めから「嫌やな」っていうか、ここは笑いが起こってて。手でこう隠してたからね(両手で口を覆いながら)。「ほんま、唾液つけてんのかな？」って、ちょっと疑わしく見てたんです(笑)。

本人たちも、実験失敗した結果ね、分析できてたんだけど。やっぱり、デンプンの量もドバッと入れて、教材をしっかり読んでないなっていうのが、初めちょっとね。そこらへんも、失敗の原因かな。1 個 1 個、手順を確かめずに、「え、どうなの？」「どうなの？」みたいな。でも、4 人がすごく、こう顔を合わせてはね、できてる状態だったんで。

ただ、やっぱり、**淳子**と**次郎**が主導権持ってて、途中で「おまえら、やってないから」って、ふってました。あの 2 人には。うん。でも、もたついてたから、また自分たちが仕事を取ってしまう、っていうので。ある程度、参加はできてたと思います。

資料渡すときも、ちゃんと人数分で、1冊多かったら返してて。先生の話も聴いてて、違う種類っていうんで、2種類くらい使ってたかな。書いてる段階も、**次郎**なんか、自分が見つけたら、**太司**に対して、「ここや」みたいな感じで、できてたので。

あとね、唾液の量を多くしたって言うけど、実際のところ、ここの班はしてないですよ。デンプンの量を減らしただけで。うん。そこだけの差で。初めから少なくしたらよかったけど、読んでないぶん、デンプン量が多かったから、結果として、ヨウ素液もドバッと入れてたからね。でも、それは学習して、一滴が(スポイトを使うしぐさをしながら)、慎重に入れてた一滴が、効果があったかな、ていうふうに。

で、**文子さん**が、ちょっと参加が。今聴いたら、休んでたということで、わかったんだけど。この子は、やっぱり、ここでは気になりました。

司会(長谷川)　どんどん、遠慮なく(にっこり)。時間も、もったいないですので。

若手の土井先生が別の視点(4班)を加える。初年度から研究協議では常に意欲的だった。

土井(家庭科)　違う班でいいですか？　じゃあ、私は**4班**、**史郎**、**静江**、**慎也**、**祥子**を見てたんですけど。家庭科で、週1回2時間、後期から始めたところなんで、よく見きれてないところはあるんですけども。

史郎くんにしても、**静江さん**、**祥子さん**、すごくまじめな子たちで、**慎也くん**も、日頃ちょっと、いらんことをするときもあるんですけど、でも授業のときは、まじめに最近は取り組んでくれてるなぁ、という印象を受けています。

見てたら、まず、ここは女の子が主導権握ってるなぁ、というのがあって。誰が何を持って来て準備するか、って見てたら、**祥子**が指示を出して、**慎也**がヨウ素液とガスバーナーを持ってきて、**静江**がまた戻して。こう、**祥子**が中心でやってたんかなぁ、ていう感じがありました。

ここは、「資料集を使っていいよ」って井上先生が言ったときに、なぜか2つだけ持って来てて。横の**沙希**の班なんかは4つ。それぞれ1人1冊、別々で。**沙希**と**参郎**なんて両方違う方向向いて見てたんですけど。ここは、**史郎**と**祥子**、**静江**と**慎也**かな。横同士で、ちゃんと見える距離で、真ん中に置いて、それぞれが見てて。

最初、女の子だけが見てるんかな、って思ったら、**史郎**のほうにも、「こうやなぁ」って指さして、ちゃんと協力して。お互い見合って1つの教材を共有してたのが、印象的だったかな、と思いました。

ここも、失敗した理由をね、考えてたときに、**2班**にも出てたような、同じ答えを言われる前に、「ヨウ素液、入れすぎたんちゃうか？」とか、「唾液の量、少なかったんちゃうか？」とか、っていうのは、けっこう女の子主導で。**静江**が言ってたんかな？　で、**2 班**の子が発言したときに、「あ、やっぱりな」とか、「うちと一緒やな」という感じで、にこっと笑って。

谷崎校長のあいづちが心地よく響いている。

土井　ちょっと飛ぶんですけど。**3 班**の**沙希**と**参郎**が。井上先生が「理由を突き止めて、もう 1 回、実験やってみよう」 って声かけて回りましたよね。その前に、**沙希**と**参郎**が、すごい険悪な雰囲気だったんですよ。「実験やる？」って**沙希**が言ったときに、「やらんし」「知らんし」って言って、**参郎**がプーンってしたんですよ。なんでやったんか、ちょっとわからんかったんですけど。
佐藤学　うん。
土井　どうなるんかなって。周りの**三平**とか**里子**も、シラーっていうか。一瞬、4 人グループがこのまま行くんかなと思ったら、井上先生が来てくれたんですよね。井上先生が来て、「実験やれ」って言ってくれたんで。そこからは「やらな」って雰囲気になって、**参郎**が笑顔で入って、**沙希**も入って、実験がそのへんから、ちゃんと動き始めたんです。それまでは、ほんまに何分間かは固まってた。井上先生、来てくれへんかなぁ、って思いながら見てたんですけど。
　やっぱり、子どもがそうなったときには、こっちが介入してあげると、そこが解けるっていうのが。今回見てて、なるほど、って。子どもだけでは無理っていうか。あかん部分っていうか。それを、ちゃんと見とかないと、っていうのは感じました。

ベテランの保科先生（2006 年度赴任）が引き取る。

保科（国語）　選択のときだけ 2 年生の一部を教えてて。とっても静かなんですよね。私が見てた **3 班**もほとんど会話がなくって、なんか言ってほしいな、と思って見てたんですけど。やっぱり、何かきっかけが必要な班だな、と思って。ここに、井上先生がついておられたらいい。班としては、ここなのかなぁ、って思いました。動いてないところに入る、っていうのは、よく言われるんだけど。本当にそうだなぁ、っていうふうに思いました。
　ここの班も、たぶん、じっくり考えたらできる賢い子が入ってる。**里子さん**っていう。わかりませんけども、**沙希さん**が「どうなの？」って、いっつも、**里子さん**にきくので、頼られてる子なんだろうな、って思いましたけど。
　里子さんも、資料集が来れば、じっくり見たいんですけど、見始めたら、「ちょっと手を置いて、こっち向いて」っていうのがあるから（井上先生に微笑みかける）。

井上　（笑）

保科　毎回、ゆっくり見ようと思うと、井上先生が「ちょっと、こっち向いて」って言って。私も、見つけるかも？　と思って、**里子さん**たちのグループが何かやってくれるかも？　と期待してるときに、見てるけど、どれ？　っていうのもわからないまま、「こっち向いて」っていう形だったので。**里子さん**たちのグループは、「こっち向いて」がずっと続いてたような感じで。自分たちで、何か、考えるところのきっかけを、一言。

まぁ、むずかしい。人に言うの、簡単なんですけど(笑)。できないんですけど(笑)。あればいいな、って。私は「濃い紫で成功したんや」と思ってたくらいなので(笑)。

谷崎校長　あはは。

保科　「あ、違うんや」みたいな(笑)。ぜんぜん、わからないんですけど。同じくらい、わからない中でいると、考える時間とか、こういう話し合いしたらいい、というの、何かちょっともらったら、違った話し合いもできたんかなぁ、とか。わからない者の立場としては、もうちょっと時間が。なんか、急いでたんかな？(井上先生に笑いかける)

たぶん、何かきっかけがあれば、この4人もうまく回ってたんじゃないかな。最終的に、表情は少ないですけど、安堵感がただよいましたよ。4人に。成功して、「はぁぁ」って。にっこり笑ってくれたらもっとよかったんだけど(笑)。

あとで教頭先生が実験をして、子どもたちに、ほっとさせてたと思いますけど、たぶん、もうちょっと、すっとしたかったな、って4人は思ったと思います。だから次の授業で、よろしくお願いします(井上先生に頭を下げる)。

谷脇敏郎教頭が深める。2006年度の赴任以来、谷崎校長を支えてきた。

谷脇教頭(理科)　私も基本的にこの**3班**見てたんですけど。**2班**は明らかにデンプンが残ってしまって、青紫なんですね。だけど、**3班**、**4班**、**5班**はね、やっぱりヨウ素液の入れすぎの色ですよね。デンプンはほぼなくなってたと思います。透かして見ると赤なんで。

この**3班**が入れるとこ見てたら、ヨウ素液をドバッと入れてる。「え、そんなに入れていいの？」と思ったんですけど。途中、「少量で」「いや、私は2滴しか入れてないよ？」とか言うてたんだけど、2滴の量が違うんですよね。ドバッ、ドバッというような感じで。

だから、実験としては、基本的に失敗はしていないんですね。ただ、あんだけ濃く見えちゃったので、青紫の印象で見えている、っていうかね。だから、「なんで失敗したんかな」というのを、ちょっと混乱したかな、と思います。これ、**2班**も

3 班も **4 班**も、そうかもしれないですけど。

谷脇教頭　それとね、何でつまずいてるかって、次の実験にスッと行けなかったか、というのはね。1つひとつの細かいことに引っかかってるんですよ。
佐藤学　うん。
谷脇教頭　試験管をとっかえていいものかどうか。今やった 2 つ並べてるけれども、試験管をもう 1 回、前に取りに行くのか。今のを捨てて、やり直すのか。これでまごついて、誰も、この 4 人で言ったら、GO サイン出さないんですよね。「どうすんの？」「どうすんの？」「うーん」(誰かやるのかな)「うーん」って。ほんま交流ができないので、誰もスイッチを入れないので、戸惑ってるんですね。
　井上先生が来はったところで、「何かせなあかんかな」「取りに行くしかないかな」みたいなところで、スイッチは入ったかな、と思うんですけど。

司会(長谷川)　どんどん、続いてください。

若手の田中先生が別の視点(5 班)を加える。

田中(英語)　ずっと **5 班**のところにへばりついてました。最初にびっくりしたのは、**吾郎**くんが、自分から行って、全部、実験道具取ってきたりとか。まぁ、**冴子さん**に「やれ」「やれ」言われてるのもあるんですけども。自分からこう、いろいろやったりとかしてるのに、すごいびっくりしました。英語の時間は、ほんとに自信なさそうに、座ってるので。
　吾郎くんが、ガスバーナーをつけるときに、大丈夫かなぁ、と見てたんやけども、なんなくつけていたので、この 3 人は、私もですけども、すごいびっくりしてました。「つけれるんや」って(会場に笑い)。
　吾郎くんは、**桂子さん**や**清美さん**に、直接何かを言うというわけではないんですけども、プリント書くときとか、ちらちら覗き込む、まぁ、覗き込むまでは行かなかったんですけど、プリント見たりはしていました。
　冴子さんも、**桂子さん**に話しかけたりとかしていたんで、あんまり動きとしては見れなかったんですけど、ぜんぜんつながりがない、ってわけではなかったんで。何かあったら、もうちょっと、つながれたかなぁ、と思いました。
　この班、最終的にできなかったんですけども、**冴子さん**が、ぼそっと「やり方、間違えたんかな？」とか言ってました。どなたかが、こう試験管を透かしてやってるときに、「あれ、どういう意味かな？」「入れすぎ？」というような話もしてたんで。
　桂子さんと**清美さん**、本当はわかってたんかもしれないですけど、ちょっと言い出せなかったのかもしれない。そんな感じで、見てました。

ベテランの井上先生がつなぐ。

井上　**吾郎**が、普段４人班にしたときも、なかなか席をつけることができなくて。ちょっと離れて。また**冴子**も、わざと離してるところがあって。まぁ、理科室やから、離れようがないのですけども(笑)。

あの中で、**吾郎**が、普段はすごく自信のない子で、べったりついてやらないと、という感じの子なんですが。**吾郎**から覗くってのができたんは、よかったかな。

中堅の丹波先生が引き取る。2004 年度から研究主任として取り組んできた。

丹波(数学)　ぼくも **5 班**のとこ見てました。さきほども言ってはった通り、**吾郎くん**が、ずーっと１人で、**冴子さん**の指示のもと動いていたなぁと、そんなグループやったかなぁ、と思います。で、結果は失敗したんです、この班。最後の最後まで。

「あんた、デンプン入れた？」

って。最後にね。**冴子さん**が**吾郎くん**に言ってましたよ。

「え？　水道水しか入れてない。」

って。(会場に笑い)

谷崎校長　そうか、そうか(笑)。

最初の公開授業研究会(2005 年度)では、内本先生とともに公開授業に臨んだ。

丹波　ぼく自身は、あの実験、全然意味がわからなくて、オレンジ色とぶどう色と、２つできて両方成功だ、なんて、ぼくなんかは思ってたんですよ。うん。

子どもらは、いつ、自分たちが失敗したと気がついたんかな、というとこらへんで見たら、たぶん、**冴子さん**が **1 班**見て「なんで２つとも黄色なん？」って言うたのを井上先生が聴かはったから。そのとき初めて「あ、私ら、失敗したんかな」というふうに思ったんかな、とぼくは感じて。

佐藤学　デンプンが「ある」「ない」で、「なし」にならなきゃ、この話はできないのに。そこで気がついた。だから、失敗はあったんだけど、そこで気がついたからね。

丹波　あ、そうですか。んと、「両方黄色やん」って**冴子さん**が言ったんを、井上先生が聴いてはって、「もう１回、やってごらん」って。**1 班**だけが成功して、ほかが失敗してる。多数決じゃない、というか。こういうことも起こりうるんだなというのが、理科の実験って、こういうもんなんだな、というのを改めて思いました。ありがとうございました。

司会の長谷川先生が加わる。

長谷川(英語)　司会もしゃべっていいですか？　ぼくも**吾郎**のところ見てたんですけれども。ここのグループ、何度か凍りついた、というか、先に進めなくなって。
佐藤学　うん。
長谷川　実験をしてるときは、**冴子さん**が指示しながら、**吾郎くん**が動いてやってたんですけれども。**冴子**が必死に、何度か、井上先生に助け船を求めてまして。
資料集を取りに行ったあと、**吾郎**が2部持って来て、1部を**清美**と**桂子**が見て、もう1部は、**吾郎**が1人でこう(身体を離すしぐさをして)、独占して見てて。**冴子**がもう、どうしようもなくて。井上先生のほうをちらちら、「助けて」って顔で見てて。
井上先生が「間に置いて、2人で見てや」って声かけたら、**冴子**が、このあとがんばれたんちゃうかな？と思ったのと。
そのあと、門松先生(理科)が入って、「ヨウ素液の色、みんな見て」っていうのを見てたんですけど、その直後、授業が始まって40分後ぐらいに、**冴子**が、ついに伏せちゃって。
佐藤学　うん。
長谷川　表情もすごく悪かったんで。大丈夫かな、どうなるんやろ、と思ったんですけど。そのあと、「もう1回、実験をやってみていいよ」って井上先生が言うたら、**冴子**が真っ先に動いて、「また唾液使うん？」「**吾郎**、全部やれ」とか言いながら(笑)。**吾郎**、12本綿棒くわえて(笑)、やったんですけども(会場に笑い)。そこからは表情もよくなって。積極的にかかわろう、という姿勢が見れたので。まぁ、かなり、ボロクソに言うてましたけど。
佐藤学　うん。
長谷川　自分の授業でもそうなんですけど。「助けて」という顔を、なかなか、見逃したり。行く時間がなかったり、で。ああ、あるなぁ、と思いながら、授業を見てました。
佐藤学　はい、はい。

井上先生はこのとき、長谷川先生の話にじっと耳を傾けながらも、「ん？」という表情で首をかしげていた。

2年生にかかわっている先生たちが一通り語り終えると、しばらく沈黙が続いた。

佐藤学　まぁ、一言ずつは、言っていただこうか。
谷崎校長　うん、せっかく授業してもらったんだから。

平野（数学）　私はこの組は授業に行ってないので、普段の様子わからないんですけど、最初のほうに出てきた**次郎くん**の班の近くで見てました。**文子さん**が、ちょっと遅刻してきたり、というのを聞いてたんで、どんな感じなのかな、と見てたら、なかなか班の中には入れない様子がありました。ただ、全然参加する気がないというわけではなくて、3人の会話を聴いたりとか、やってるのを見て。プリントは自分で考えて書いたりしてたんで、そんな感じで参加してました。**次郎くん**はすごい活躍してて。去年は数学教えてたんで、元気があって、やんちゃなとこもあったんですけど。理科は冷静になってやってるなと思って見てました。今日はありがとうございました。

島本（保健）　私は普段は保健室にいるもので、いつも授業を見て思うのは、大勢の中で、どうやって聴いてはるんかな？　って。聴こうとしてるから、そうやってパッと聞こえるんだと思うんですけど。私なんか（生徒を）見てても、「え、なんて言ったの？」と思うんだけど、井上先生はしっかり。日々の授業が生きてるんだなぁ、と。

で、**1班**だけがああいう結果になったときに、「これ、あってるの？」「違ってるの？」ってなったときに、ほかの班は全部、色が違うし。だから、**市郎くん**が、ふっと不安な顔して、**市子さん**と**和弥くん**と**一美さん**は、思わずこう（顔をしかめて）、見合って。

（井上先生が）「あってるよ」って言ったときに、すごい、ほっとした、安心した表情でした。ごくろうさまでした。

野崎（数学）　**吾郎くん**がすごい動いてるなと感心しました。はっきり言ったら、数学でプリントやらしても、半分書いたらそれで出してくるような子ですから。普段はできてない。それが活躍してるから、すげえや、と思って。実験って面白いんやな、って。

さっきも言われたけど、（**1班**の）**市郎くん**が少数派のほうになったときに、「間違ってるのとちゃうかな？」って。でも、それが逆転して、勝ってると思ったら、ほっとしてたところがあったりして、よかったなと思いました。

やっぱり、小さい声というか、ぼそぼそと言ってる声を拾い上げて、周りに広げていく、という、そういう姿勢がすごく参考になりました。

浦田（社会）　2年自体は授業がないのでわからないんですけど。「資料を使っていいよ」と言ったときに、1人が動き出すまでが、ちょっと時間がかかったかな、と。1人が取ってきたら、あとはパパッと取って、調べていたんですけど、なかなか自分たちで答えが導き出せなかったっていうのが、すごい時間がかかってたかな。

あと、パネルを書いて前に貼るのはすごいいいなと思ったんですけど、そこを班が協力して言えたらいいかなって。うまくいく班っていうのは勝手に交流してできるんですけど、交流できない、意見が言えない、っていう班が意見を書くときに、わかっていても答えが導き出せないときには、どうやってつなぐかというのを自分も勉強しないといけないなと思いながら見てました。

長井(理科)　すいません。井上先生の裏で授業をしてたんで。誰かちょっとくらいは来るかな〜？と言ってたんやけど、ほんまに誰もきいひんかって(笑)。さみしそうにしてたんですけど。

とりあえず、「私たちのクラスは向こうが終わるまで絶対に終わらない」って言ってたんですよ(笑)。そうやってたら、井上先生終わらはって、**沙希**が来たときに、「はあ〜」「疲れた〜」「ストレスたまる〜」「ず〜っと見られてんねんでぇ〜」とか言うてて(笑)。

「もぉ〜〜」とか言いながらも、でも、その言葉と表情が、まんざら嫌でもなさそうな感じで、彼女なりに楽しくできたんかな？　と思いながら、「ようがんばったね」って言ったら、にこーってしてやったのが1つと。

あとね、女の子の何人かは、違うクラスの子と、明日の遠足のお菓子を買いに行く約束をしてるみたいなんですよ。それで「早く終わってほしい」というのが、うちのクラスでもあって。そういったことも関係があったのかな、と思います。

お気づきだろうか。1班から5班まで20人全員の名前があげられている(図10)。生徒一人ひとりの固有名詞をつないでいくと、授業が多角的なイメージとなって立体的に再現される。このように、教師たちの学び合いを通して、子どもたちの学び合いの様子が共有される。

最後に、ビデオ撮影を担当していたベテランの大津先生が語った。

大津(数学)　ビデオをずっと撮ってたので、全体的にしか見れてなかったんですけど、1つは、数学なんかで言えば、ほんとに学力的にしんどい子が、実験の中で一緒に、一生懸命自分がやってたり、見ながら書くときも、一緒に書いてやったりとか、ああいう姿を見て、数学とは違う姿が見られるな、って思ったのと。

もう1つは、「先生」「先生」というのは、数学なんかでもよくあるんですけど、私も、ここ(高槻八中)に来て、子どもたちがわからへんかったときに先生に助けを求める。それに対して、今までは、わりとこう、答えてきた、っていうか。その声を大切にしようって、私なんかは思ってきたほうだったので。

だた、子どもたちの中で学ばせていく、っていう部分では、授業の中で、どこまで子どもたちの、先生に助けを求める声に耳を傾けて、どこまで子どもたちで、みんなで考えようね、と返していったらいいのか、っていうのが難しいなって思ってきたんですけど。

今日の理科の様子を見てて、手順がわからなくて質問をしてやる子に、「あ、そこの紙に書いてあるから」「それをもういっぺん、よく見なさい」とか、「班の子にききなさい」って井上先生が言ってはって。

女の子たちも初めは「え？」って顔を。ちょっと目立ってた女の子たちは、わりとすぐ、「えーっ、先生、むしぃ？」とか(笑)、ばーっと自分の思ってることを言いやる子たちなので、でも、「んん？」って顔はしながらも、先に進んでたし、井上先生は、あの子たちが発見した言葉は、全部、拾ってはって。

そうなると、先生に助けを求める意見にすべて答えるんじゃなくて、「それは自分たちで考えよう」というときは返して、そんときは「えぇ、きいてんのに」って思いやるかもしれへんけど、こっちがグッと我慢したら、子どもたちは動き出してやるし、最後、自分が発見したことを先生が捉えてくれてたら、もうそれで満足、みたいな感じで、いてやったので、ああ、なるほどなぁ、とか思って。

でもまぁ(笑)、何十年も培ってきた自分のその考えを、やっぱり、子どもたちが「えぇ？　先生、きいてんのにぃ！」とか言われたら、「うーん」とか、たじろいでしまう、日々の授業をやってて。なんか、「先生と子どもたち」みたいな授業をやってるなって、今日見て、考えさせられました。どうもありがとうございました。

結局、谷崎校長は一言も発言されなかった。おそらく、その必要はないと感じられたのだろう。「教師の研究の成果は、子どもの事実しかない」(佐藤学)。とすれば、学校改革の成果は、教師たちの学び合いの事実におのずと現れるはずだから。

この日は、**広島市立祇園東中学校**元校長、北川威子先生も遠方から参加してくださった。

「東の佐藤雅彰、西の北川威子」と表現したくなる姉御肌の親分だ。

北川　どうもありがとうございました。広島から参りました北川と申します。実は広島の中学校でも、この授業見たことあるんです。結局できなかったんです。なんでできんかっていうと、唾液を吐く、ってことができない。だから、私ね、今日、「えー、やるの？」と思って、すっごく、びっくりしたんですよ。

でも、すごく考えられて。どうしても実験するとき、誰か1人の唾液でやらそうとするじゃないですか。それを全員でやられたっていうのが、すごいアイデアだな、と思って。ほんと感心したんです。

ただ、唾液が抵抗になる、というのはあると思うんですよ。2 年生で。だから再実験が、やっぱり、できなかったのね。うん。

〈クラスの人間関係〉

北川　私はとくに、あの楽しい **5 班**の真後ろにいて、つぶさに見せてもらったんですけど。**冴子さん**っていうのは本当に……このクラス、女子のほうが多いんですかね？　(5 班だけは女子 3 人、男子 1 人だった。)

ねぇ、そうですね。で、女の子たちは、今の女の子たちの特徴なんですけど、小さく分かれるんですよね。それが表れてて。**桂子**、**清美**が、まったくかかわらないんですよね。

佐藤学　うん。

北川　うん。もうコミュニケーションがない。**冴子**としてはね、何とかしたい。ずいぶんと荒っぽい子なんだけど、すごくハート感じたんです。この子に。

それとね。この**吾郎くん**っていう子はね、すごい勇気がある子だと思ったんです。うん。で、今日聴いたら、なんか、すごいたいへんな子なんだけど。ああ、男らしい子だなぁ、と。実は、そういう見方も、**吾郎くん**に関してはできるんですよね。うん。

冴子のやったことはね、陰謀みたいなんですよ(笑)。2 度目の実験のときですよ。綿棒を、ちゃんとそろってたのに、わざわざ凸凹にして。それを**吾郎**に持たしてね。**吾郎くん**がみんなに渡そうとしたら、「あんたがもう手でベタベタに触ったようなもの、みんなが口に入れられるわけないじゃないの」って(笑)。

それに対してね。**吾郎くん**、ほんとに全部、自分でそれをくわえたんですよね。私ね、すっごい男らしい子だな、と思って。うん。

だから、やっぱり、ちょっとこう、もちろん先生方も、その辺わかっておられると思うんだけども、ちょっとこう、扱い、というか、あるかなぁ、というのと。

それと、この学級の女の子の人間関係。ここをもうちょっと、手を入れることはできるんじゃないんかな、という気が、見せてもらってしました。そこがポイントだったな、ということ。

北川　それから、理科の場合は、やっぱり実験の精度というのが、いつも問題になりますよね。量をどの程度入れたらいいか、というのは、子どもたち、まったくわからなくて。それをどう教えるか、というところが。

佐藤学　あっ、と思ったね。**冴子さん**がね。「ちょっと入れるんだよ」って言わないと。

北川　うんうん。みんな、ボトッ、ボトッ、とね。

でもね、広島の中学校では断念したんです。できなかったですよ。唾を出すなんてね、とんでもない。今の子どもの、あの潔癖感？　清潔主義？　みたいな中ではね(笑)。だから、そういう意味では勉強させてもらいました。井上先生、ありがとうございました。

北川　それから、八中の先生方、5時間目に見せてもらって、ほんとに先生方が一生懸命やっておられる。子どもたちも、ずいぶんとこう、学び合いができるようになってるなぁ、というのを感じました。ぜひ広島でも……今日も広島の先生と一緒に来てるんです。今まで全然来られたことのない先生なんですけど。それから今日、(山口県)宇部市の校長先生も、全市をあげてやるということなので、初めて来られてます。八中の今日の授業がね、たいへん大きな勇気を与えていただけたと思っています。本当にありがとうございました。

〈学校全体について〉

佐藤学　朝から見てたんですけどね。去年と一昨年の間に、八中はすごい前進があったんですね。先生方、気づかないと思うんだけど、どの子もきちんと学べるようになってるね。

今年、来てみましてね。去年と今年の間もすごく進歩があるなぁ、と思って。3年生はもう、いいね。2年、3年は基本的にいいと思うんですね。中でも、3年生はいい。

いい雰囲気になってる1つの大きな要素は、3年生の女の子たちが非常にいいんですね。関係もいいし、明るいし、それから、配慮も効いているからね。男の子たちが細やかになれてるよね。3年生見てるとね、「ああなるといい」という典型を見ているような気がしてね。「育ち方」というのかな。

佐藤学　そういう中で、あとは、1年生の「おさるちゃん」なんだけど。

谷崎校長　(大笑い)

佐藤学　学級崩壊、経験してるから、ああいう状態だっていうのはわかるんですけどね。

谷崎校長　(うなずく)

佐藤学　2年生の状況は、一言でいうと、おとなしく学んでるんですよね。去年に比べれば、はるかに前進なんですけど。去年もやや、おさるさん的な状況があったから。騒々しい、落ち着かない、みたいな状況がね。でもね、その落ち着き方が気になるんですよね。

どういうことかというと、学び合いをやってない。黙々とやっちゃうんですよ。この子たちは一体なんなんだ？　みたいな感じで。悪くいうとね、塾みたいな授業でも平気でやるだろうね。まぁ、「おさるちゃん」よりはいいか、と思うんだけどね。

それは何なのか、と考えたときにね。やっぱり、わからない子が、ちゃんと、わからないときに、友だちにきけてないんだな。一番基本は。

そこそこにできる子はいっぱいいるんだけど、その子たちが極めて個人主義になっちゃってるね。ほかの子なんかかまってない、というかな。冷たいんですよ。わかりやすくいうと。人の関係がクールっていうような感じがしてて。これはやっぱり、突破しなければいけないな。

突破の仕方はいくつかあるんだけど、2年生をよくよく見てると、まだまだグループの活かし方が……。とくに、10分以内に入れたほうがいいね。あとのほうで入れても、もう冷たくなってるからね。くどくど先生が説明して、わからせて、そのあと考えさせようとしている。その、くどくど説明することを、子どもたちにやらせればいいんですよ。そうすると、もっと子どもたちが、かかわり合って……。

グループにしても、黙々とやってるんだよね。だから、そのときには、「わからなかったら、きくんだよ」とかね。「どんどん、友だちの見て、きいていいよ」って、ちょっと声かける。これが1つ。

佐藤学　2年生全体を見たときに、学び合いが起こらないもう1つの理由はね、先生の教えてることが易しすぎるわ。教科書見りゃわかるようなことやってんだもん。学び合いにならない。だから、子どもが力を発揮しないです。3年生見たらわかるけど、3年生はけっこう挑戦的なことやってるんだよね。だから、伸び伸びやってんだよね。まぁ、1年のときの、あの落ち着かない状況から考えるとね。ここまで持ってくるのはたいへんだったというのは、一応はわかるんだけどね。

でも、ここまで来ると、(授業の)前半部分で、子どもたちが自分たちで、プリントの中で、先生が1時間かけて説明してることを、終えちゃって。不十分でもいいから、そこでみんなでグループでやって。後半はもっと難しいことに挑戦させたほうがいいです。そうしないと、学び合う必要性がないんだよね。今の場合。

だから、**「ジャンプのある学び」**をちゃんと入れる。そのためには、逆説的なんだけど、前半にみんなでわかり合うグループ(**個人作業の協同化**)を入れる。それを入れとかないと、「ジャンプのある学び」ができないんだよね。

そのへんを考えて、2年生やると、グッと変わると思うんだよね。どうも見ていると、2年生はある程度育ってきてるんだけど、3年生のようになりきれない。なんか、足踏みしてる感じがするんだよね。

〈傷を抱える子どもたち〉

佐藤学　1年生の問題は、簡単にいうと、3つあります。

1つはね、子どもたちが、傷が深い。気持ちが荒れてます。だから、授業の中で「死ね」とか平気で出てくるしね。「ブス」とか、やってんですね。傷つける言葉を、まだ平気で、ばばーっと出してくる。これは、**学級崩壊を経験したクラスの特徴**なんですね。

これは、激しく怒って、やめさせないとダメです。「言っちゃダメ！」って。有無を言わさずね。本気で怒る。ゆるしちゃってるんですね。その辺をきちっとやる。その代わり、こまごまと注意しないこと。わかります？

小学校低学年と同じだと思えばいいんですね。まだ、かかわりができないからね。そのときのポイントはね。こまごまと注意しないことなんですよ。子どもってね、こまごまと注意されるとね、くさっちゃうんですよね。そうでしょ？

ぼくらだって、そうじゃない。1日2、3回、周りからさ、批判めいたこと聞くと、くさっちゃうよね。4つ、5つもやられたら、くさるに決まってるんだよね。だから、できるだけ避けたいわけだよね。

そういう場合は、どうするかというと、線を引く、ラインを引く、ということね。「ここから先は絶対ゆるさないよ」って。逆に「ここまで」は言わない。「これとこれとこれは、絶対にダメよ」っていうのをね、はっきりさせちゃうんです。そうすると、小学校低学年の場合は、間違いなく、落ち着きます。

同じ行動をしても、あるときは叱られ、あるときは叱られない、というのが一番ダメですよ。非常に不安定にしてしまうんだよね。だから、子どもたちが落ち着くかどうか、というのは、ひとえに、先生が落ち着いているかどうかに、かかってるんです。

さっき言ったように、「死ねって言うの、ダメ！」「ブスも、絶対ダメ！」ってね。「人が嫌になることは言わない！」ってね。だから、先生ごとで、自分で2つか3つ、ルール決めてください。それ以外は、逆にいうと、認める。何があっても、見ておく。

今の1年生、変わります。今からぼくの言うことを1年生の先生方、全員でやってもらえばね、3か月もあれば変わります。たぶん、2か月で変わると思う。

こまごま注意しない。怒るときは本気で怒る。ゆるさない。

そうすると、子どもは安定して来ますからね。安心して学べる状況をつくりたいですよね。荒んでいる感情がまだ、みんなの中にあるから、暴言が出てくる。中学校入ったから、希望を持ったんだよ、みんな。それで、いろいろやったんだけど、結局同じだったって、今傷ついているわけ。この子たちは小学校から何度も挫折しています。だから、「傷が深い」と言ったのは、そういう意味ね。

佐藤学　もう1つ、厄介な問題があって。女の子同士の関係が、めちゃくちゃ悪い。これ、表に出てないと思うんだ。でもね、これ、手をつけるの、すごく難しいと思うんですよ。だけど、今のままで行くと、関係の悪いまま、ずーっと、2年生、3

年生、引っ張ると、こわいよね。

中学校って、意外にね、男の子がガチャガチャしてるから、そっちばっかりに対応してるけど。はっきり言って、そういうときはね、それよりも、女の子を見なきゃいけない。男の子はね、うるさくしようが、何しようがね。ときには、泣こうが、ぶん殴ろうがね。ほっときゃいいの。そっちに振り回されたらダメ。

一番こわいのは女の子なんです。女の子がしっかりしてくると、男の子がついてきます。男の子は簡単。褒めれば、みんな元気になる。（会場に笑い）

女の子は褒めたら、疑う。「うそぉ？　絶対信じない！」って。こっちのほうが厄介なんです。だから、その点から言うとね。もう少しね、女の子を丁寧に見てあげてください。男の子の問題は、やがて解決すると思えばいいです。女の子の関係さえよければ、かなりスムーズに行くんだけど。その、頼りになる女の子の関係がよくない。だから、そこを丁寧に見ることね。

佐藤学　それから、3つ目が、やっぱり、学力低い子、多いんだわ。ほかの学年よりも、はるかに多いです。男の子だけに多いんじゃなくて、女の子にも多いね。勉強が「もうイヤ！」になってる子がいます。女の子の中に。この子たちを「好き」にさせるにはどうするか。

この3つの問題ね（谷崎校長に語りかける）。

谷崎校長　（大きくうなずく）

〈教師のかかわり〉

佐藤学　ポイントはね、先生のテンションが高すぎるんだよね。「楽しい授業」しちゃあ、絶対ダメですよ。興味を引くように、とかね、あれこれしないこと。安心して学べる、地味ぃな授業のほうがいいです。もっと言えばね、丁寧な授業。こっちに持って行ったほうがいいです。

なぜならね、テンションが上がれば上がるほど、子どもたちはうまくいかないんですよ。関係もとれないし。男の子たちはさ、ここぞとばかり、テンション上げてくるでしょ？　そうすると、先生がそれに対応するでしょ？　で、ますますうるさくなってくるの。だから、一番子どもたちが求めているものは、**「安心して学べる教室」**だと思ってください。

佐藤学　第1に、先生がしゃべりすぎてます。一番よくないのは、「先生」「先生」（という子どもの声）に皆からんでるんだよ。（そういうときは）無視する。

「先生」「先生」って言うでしょう？　それにからむから、うるさくなるわけ。先生が無駄なこと1つ言ったら、向こうは3倍くらい無駄なことで対応してきます。だって、学ぶのつらいもん。逃げたいんだもん。そのきっかけを、いっぱい、つかむわけだ。対応するから、よけい、また対応してくる。こういうことになってますね。構造的にね。だから、落ち着いた状況が生まれないわけ。

先生が、要らないこと言わない。ただ1つ、「わからなかったら、友だちにきいていいよ」って。これだけは繰り返し言う。「隣の人にきくんだよ」「写してもいいよ」って。そうやって、支えていく。

佐藤学　「先生」「先生」って来るよね。来たときにどうするか、ということなんだけど、黙って行って、**「つないで」**あげる。（何も言わずに井上先生の袖をつかんでスッと動かす。）

井上　（うなずく）

佐藤学　そうすれば、ぜんぜんテンション上がらないからね。1年生の先生たちは、お互いの教室、見てください。子どもたちが落ち着いてやってる場面があってね。

ぼく今日、技術の授業を見て、感動したの。技術の先生、いる？

谷崎校長　ちょっと、今日は……。

佐藤学　今日は用事でいらっしゃらないんだけど。すーごい地味ぃな授業を、じっくりとやられている。すーっと落ち着いています。なぜね、あんなに違う姿を子どもたちが見せるのか、学んだほうがいい。ぼくが学んだのは、地味ぃな授業をされてる。子どもの興味を引くようなこと、やってない。**「やわらかい」**よね。それから、要らないこと一言も言ってないよね。丁寧。やっぱり、作業が入るからね。

谷崎校長　うん。

佐藤学　それから、いらっしゃらないけど、美術の先生も素敵だなぁ、って思ったよね。丁寧さを教えてあげるのがいいです。作業が入るのって、そういうのが直接できるから、技術、美術は、とてもいい教科なんですよね。ここで、丁寧に作業ができるようになった途端に、子どもは変わるから。

佐藤学　逆にいうと、落ち着いて授業に参加できない子は、男の子も女の子も、その丁寧な作業ができないんですよ。だから、挫折してるのね。

それは、（大津先生のほうを向いて）おっしゃったように、「先生」「先生」というのは、あれメッセージなんだよね。「助けて」「助けて」「助けて」なんだよ。それを見過ごさないように、というのは、わかるんだけど。そこでからんじゃうからダメなんだよね。わかる？　言ってること。そのときに**子どもと子どもを「つなぐ」。**先生が支えるよりも、子どもと子どもをつなぐほうが、はるかに強力なわけ。そこが信頼できたら、すーっと落ち着くんです。

（生徒が机を）離すのはメッセージなんですよ。「あんたとは絶対口きかない」という。そういうのは注意してもしょうがない。つないでもしょうがないんで、黙ーって机と机をくっつける（実演しながら）。そうすると、また離します。そしたらまた、黙ーってやる(机と机をくっつける)。これだけを繰り返して。根気よくやって。

だから、うろちょろしない。「先生」「先生」と言っても声かけない。その代わり、離れてるとき、それから、つながってないとき、伏せてるときは、つないでやる。

これを丁寧にやると、1 年生変わってくると思うよ。結局ね、子どもたちが落ち着く、というのは、学び合いができるようになる、っていうことなんです。別の言葉で言うと。だから、4 人グループで学び合いができたら、しめたもの。もう、大丈夫。

佐藤学　中学校の先生の非常に、非常に！(強調して)、よくない点は、問題が起こると、問題対策になるの。そうすると、その子のことばっかり見る。ぼくから言わせると、その子の周りを見てほしいんだよね。周りをつくるほうが重要。その子を受け入れたり、その子を支えて成長するね。

極論いうと、問題が起きる子たちとは、できるだけかかわらない。黙ってる子たちに、どんどんかかわっていく。そういう落ち着いた対応が必要なんです。

今見てると、どうも 1 年生が落ち着かない。先生がかかわる。かかわると、よけいうるさくなる。一方では、当然、それに不満を持つ子どもたちが出てくるから。クソまじめにやる子がいるんですよ。クソまじめ派と、くずれ派といて、二分してるんですよ。お互い、軽蔑し合ってる。で、関係がうまくとれない。こうなっているからね。

だから、まずは安心して学べる状況をつくるということね。極力テンションを抑えて。女の子たちが仲良く学べるような状況をね、少しずつ少しずつ育てることね。一番大切なのは「わからない」とちゃんと言えるということね。だから、(1 年生については)グループ活動は、ジャンプも大事なんだけど、前半に入れる学び合いを大切にしてやったほうがいい。

2 年生は逆だよ。ジャンプのほうが重要だよ。1 年の場合は、授業の 20 分ぐらいまでを丁寧にするね。参加できるようになると、落ち着いてきますよ。

学級崩壊を経験して傷ついた子どもたちは、かかわり合いを学ぶことから始めなければならない。それゆえ、1 年生は「ジャンプのある学び」より、まず「個人作業の協同化」を大切にする必要があった。

佐藤学　1 年生に関して、何か質問ある？

通常ならば、佐藤学先生はまず授業の話から始められる。しかし、この日は学校全体の話題がかなり長時間に及んだ。

井上先生がちらっと壁の時計を見る。すると、見る見るうちに表情が曇り、いつものニコニコ顔が消えていった。

佐藤学　いいですか？　時間、延ばしちゃってるけどね。時間が過ぎて、もう帰らなきゃ、って人は、どうぞ帰ってください。5時に終わる予定が、もう5時半だから。
まだこれから、彼の授業もやるからね(井上先生の肩に触れる)。終わってない。(会場に笑い)

井上先生に一瞬笑顔が戻った。佐藤学先生はさらに全体の話を続ける。

〈男女のかかわり〉
佐藤学　3年生がいいなと思うのは、女の子たちの動き見てるとね、品がすごくいいのよ。すごく品がよくなってるから、男の子たちが細やかになれてるの。乱暴な子たちが、実に繊細な部分をね。絵なんか見たり、歌唄ったりすると、すぐわかるよ。話し合い見てるとね、非常に繊細にかかわるんですよね。
今の1年生の「おさるちゃん」たちもね。実は、そういう繊細な部分を男の子が持ち出すと、すごい変わるの。男ってね、やさしくなると変わるんですよ。(会場が「なるほど」という空気に包まれる。)
わかる気するでしょう？　つっぱっててもね、やさしくて繊細になってくでしょう？　だから、繊細さを育ててあげるといいの。女の子も、そういう子は好きになるしね。安心できるし。そうすると、モテるしね。
ところが、中にはさ。かわいそうなのは、そのまま、雑なまま育った男の子がいるの。この子はね、誰からも嫌われるからね。かわいそうなの。
だから、今の3年生見て、いいな、と思うのは、女の子たちがすごく明るいんで、男の子たちが安心して、その繊細さ、弱々しさを出せるんだよね。だから、すごい解放感がある。今の1年生も、あの男の子たちも、そういう繊細さを出せるようにしてあげるといい。うん。そういうイメージ持つといい。
だから、「丁寧に」っていうのは、そういうこと。女の子たちがもうちょっと明るく学べるような状況をつくって。先生が静かにしていけば、だんだん、落ち着きますから。そういう、落とし所？　彼らが育っていく落とし所を見とくといいなと思ってね。男の子って、そういうもんだと思うんだよね。
ぼくなんか、中学校のとき、何度も補導されてますしね。ケンカ強かったんだ、これで。抵抗ばっかりしてたから。「ターッ！」って(ぶん殴るしぐさをして)。今でも、そうですよ。「カーッ！」って、研究所で怒るとね。(会場に笑い)
だけど、それがなんで、こうやって落ち着いたかって、自分をふりかえってみると、やっぱり、細やかさ、ですよね。繊細さね。

これを、みんなが共有していく。それは、男の子がもう１つ大人になるステップのような気がするな。一言でいうと、「やさしい男になる」っていうことだよね。そういう成長の筋道をね、準備してあげるといいですよね。

必ず、なるから！　心配いらない。心配いらない。

そのためには、先生がグラグラしないこと。「ちゃんと受けとめてあげるよ」「支えているよ」「君たち、もうちょっと、ここまではやってみようね」というメッセージを送り続ける。それから、小さな変化を褒めてあげる。

〈井上先生の授業について〉

佐藤学　それで！（井上先生のほうに向きなおして）

待ちくたびれて脱力状態だった井上先生が驚いてスッと背筋を伸ばす。

佐藤学　あと5、6分かな。ごめんね。ちょっと１年生に時間かけちゃった。まぁ、しょうがないとは思ったんだけど。今日の授業の感想を、ちょっと最後に……（眼鏡をかけて、資料とメモを読み返す）。

緊張感からだろうか。井上先生の顔からはすでに表情がなくなっていた。

佐藤学　井上さんの授業って、素晴らしい、といつも思うんですね。今日も思いましたね。今日の授業は、ほとんどもう、パーフェクトですよ。授業の進め方や判断はね。

井上先生はうつむいたまま表情を変えない。わずかに瞬きを繰り返した。

佐藤学　ぼくらはそれから学ぶ必要がある。

突き放したように見えて、見放しているのではない。見捨てているのではない。

佐藤学　何がすごいかというと、丁寧なんですよ。無駄なこと１つも言ってないでしょ？　だから、子どもたちは一番いい姿出してくれるよね。これを学ばなきゃいけない。いつもそう思う。こんなに誠実で丁寧な人はね、いない。

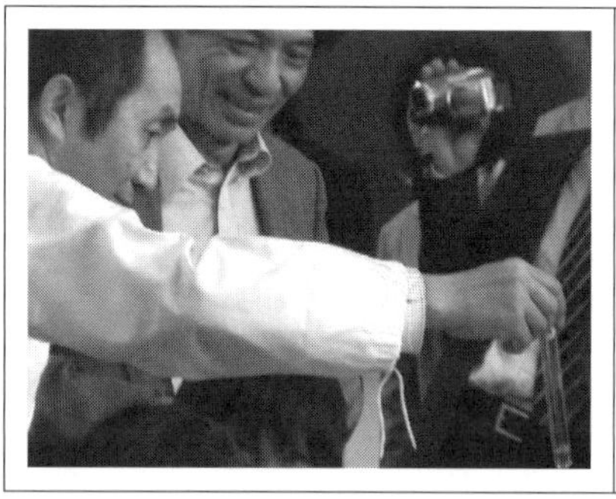

佐藤学先生が、眼鏡をはずして、会場に語りかける。

佐藤学　子どもっていうのは、面白いもので、教師の誠実さだけは、誠実さと丁寧さは、きれーに伝わるんだよ。教えてる内容は伝わらなくてもね。（会場に笑い）

そう思わない？　小学生見てても、中学生見てても、高校生もそうだけど、教師が誠実であることとね、丁寧であることはね、子どもっていうのは、きれいに伝わるんだよね。

　だから、先生が誠実で丁寧であれば、子どもは丁寧に学ぶしね。先生が雑なら、子どもは雑のままになる。

　とくに、荒れた子どもたちというのは、そういう対応を求めていますから。困難な子、というか、中学生に対して一番大切なのは、なんていうかなぁ、紳士的な振る舞い、なんですよね。教師のね。

　「おい、おまえらぁっ！」なんて、やらないですね。「あなたは、どう考えたの？」ってやると、向こうは「うっ」って、くるわけですよ。「え、ぼくは」って、こうなる。これが大切なことなんです。そういう**「対話の関係」**、とれる人なんですね。

お互いが相手を1人の人間として尊重し合う関係が「対話」を育てる。

佐藤学　ただ、ちょっと注意深くなかったのが、1つは、ヨウ素液の問題ね。

井上　うんうん。

佐藤学　あれ言わないとね、ドボドボッてやっちゃう。という部分とかね。いくつか、ないわけじゃ、ないんだけどさ。まぁ、それにしても、もうほとんどパーフェクト。実験が思い通りに行かなかったときの判断も、的確だよね。あの場で、そのまま行くのか、実験に失敗したところに戻るのか。迷ったと思うんだ。

井上　（うなずく）

佐藤学　ずっと迷い続けたけど、あ！　と戻したよね。**「もどす」**ときは、徹底的に戻したよね。各班に回ってやらせる、というね。あの辺の判断もね、よかったと思うんですね。

ここで、先生たちの学び合いにもどす。

佐藤学　あ、それから、**冴子さん**を、途中で引っ張ったでしょ？

ようやく、井上先生がほっとした表情を見せた。隣の長谷川先生をそっと見て、やさしい笑顔を向けた。長谷川先生が素直な表情でうんうんとうなずく。

1人の視界からすべてを見通すことは難しい。だからこそ、複数の目を「つなぐ」ことで全容に近づこうとするのだ。

　佐藤雅彦先生も最初におっしゃった。

「誤解もありますし、間違いもあるわけですから、途中で修正していけばいいわ

けですね。」　　　　　　　　　　　　（2005年2月10日、校内研修の談話より）

佐藤学　教室をパッと見たときに、ぼくは、だいたい2分で、最初に、ばーっと見るんですよ。どの子もどの子もね。そのクラスで一番たいへんな子は誰かな、って。

あのクラスは、**冴子さん**だよね。なぜかというと、ニヒルになっちゃってるんだよね、半分。中学生で、女の子で、ニヒルになってくると、たいへんなんだよね。だから、すーっと離れていく。こういうふうに(椅子を後ろにずらしながら)。

さっき北川先生が話をしてて、ぼくはハッと思ったんだけど、**冴子さん**よりもひどいのはさ、前の女の子2人だよな。そっちのほうが、ほんとはたいへんなんだよ。この子たち、おとなしいけどね。

だって、あんなに困ってるのに、無視だもん。我関せず、なんだよね。で、ノート見ると、きちんと書いてあってね。そん中で、**冴子**が1人でがんばってる、みたいなね。一番しんどい子が、一番よくがんばってる。なんか、涙が出てくるような授業だったんだよね。それに支えられて、**吾郎**ががんばった、みたいな(笑)。こういう構図なんだよね。

長谷川先生を見て視線を合わせる。長谷川先生が真剣な表情でうなずく。

佐藤学　**5班**は、**吾郎**のアホが(笑)、デンプン入れずに水だけで実験しているっていう、とんでもない失敗してるんだけど、後半、笑い話になってるでしょう？　笑ってたよね。その失敗を。「あんた、デンプン入れた？」って(笑)。楽しく学んでるわけだから、1つ、壁を越えてるんですよね。こういうことを丁寧にやるべきだろうね。これから、この子たちはね。

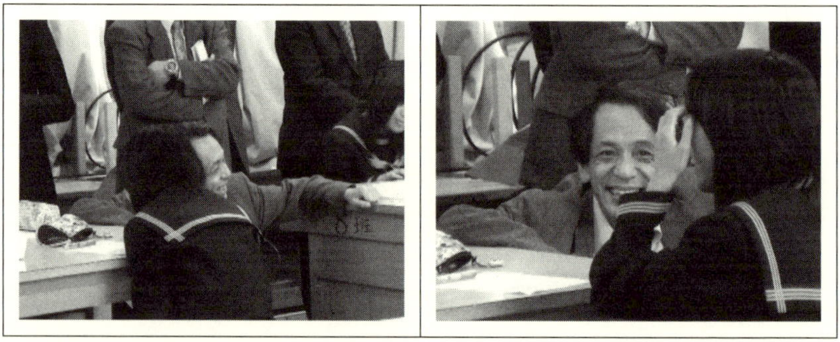

研究協議は大幅な延長となったが、高槻八中の先生たちも会場の参加者も最後まで熱心に耳を傾けた。

谷崎校長　このように、年に 1 度、佐藤学先生にお来しいただきまして、学校の様子を見ていただき、その変化とか、いい形で変わってきた部分を、こうやって教えていただきます。いつも。最終的には、こういう課題を次やってみたらどう？って教えていただいて、1 年 1 年、こうやって、4 年目に参りました。

毎年「一からやろう」ということで、4 月にスタートしておりますので、今日遠くからお見えの学校も、おそらく、こういう学びを始めるという学校もおありだと思いますので、一緒に、こういう中身をつくっていけたらいいな、と思います。

この日は全国各地から多くの参加者が訪れた。谷崎校長のあいさつには同志たちに向けたメッセージが込められていた。

谷崎校長　今日は、うちの学校のいろんな整理を佐藤先生にしていただきまして、本当にありがとうございました。それから、井上先生、6 か月間、今日まで悩んで授業を考えてこられました。もう一度、井上先生に拍手をいただけたらと思います。（会場から拍手）
司会（長谷川）　以上をもちまして、研究協議を終わらせていただきます。どうも長い時間、ありがとうございました。

閉会後の校長室では、井上先生と佐藤学先生を囲む語らいの場がしっとりと心地よかった。

ゆったりとソファーでくつろぐ佐藤学先生の姿がくっきりと記憶に焼きついた。

佐藤学　安定してるね。

内本先生は生徒指導で研究協議には参加されなかったが、午前中の授業をご覧になった佐藤学先生がつぶやかれた。

佐藤学　すごく伸び伸びとやってたよ。以前はどこか、おびえたようなところがあったけれど。

谷崎校長がうんうんとうなずき、谷脇教頭と井上先生が「やわらかくなった」と口をそろえた。

第 14 章　高槻八中のやり方で

2009 年 1 月 11 日（第 1 回「学びの共同体」冬季研究会）

2009 年の年明けに第 1 回「学びの共同体」冬季研究会が熱海で開催された。高槻八中からは谷崎校長と谷脇教頭がそろって参加された。会場に到着して、まず驚いた。ホテルの大ホールに 4 人グループの座席が設営されていたのだ。「講演を黙って聴くだけの一斉授業のようなプログラムではないですよ」という主催者のメッセージが瞬時に読み取れた。

このアイデア、きっと深沢幹彦先生だろうな。

正面の大画面に上映された授業ビデオを視聴し、グループごとに学び合うという方法は、講演者と会場の一問一答という一般的な方法とは明らかに違う効果を体感できた。

熱海市立多賀中学校の校長時代も深沢先生は教師たちの学び合いにグループを取り入れていた。

深沢　教室の空気を感じてもらいたい。それができる人が少なくなった。研究協議もグループを取り入れたほうがいい。できれば、授業をした教室でそのまま感じたい。4 人班になって話し合うということを体験せずにグループについては語れない。

2009 年 1 月 21 日（翌週の研究協議）

高槻八中では、翌週の研究協議がいつものコの字型の座席ではなく、4 人グループで行われた。

谷崎校長　どうやったら、この研究協議が、楽しく、自分の言葉で語り合えるかなと、関係者でいろいろ知恵を絞りながら。自分の言葉で語り合うというのは、普段から大事だと思うんだけど、研究協議もこういう形でやればいいな、という１つの実績になったから、八中なりのやり方を見つけながら、やったらいいな、と思いました。

井上　コの字型の、今までのは「こう言わなあかん」という枠があって、「これ言うたら」というのがあって、なかなか笑いが出ないので、これも１つの形かな、と。

そういえば、井上先生の授業のオチは冴子さんと吾郎くんの掛け合いだった。

冴子　あんた、デンプン入れた？
吾郎　え？　水道水しか入れてない。

芸人としての教師が笑いを起こすのではなく、子どもたちの学び合いに笑いが溶け込む。それが大阪という土地柄と「学びの共同体」の接点なのかもしれない。けれども、その土地の風土にかかわらず、生徒が楽しく学び合う姿は、教師に楽しく学び合う関係をもたらす。

グループ協議のあとの全体共有で、大津先生が興味深い発言をされた。

大津　2年生の中には、性格とかじゃなくて、特性的に、その子の持ってるもんとして、相手とコミュニケーションをとるスキルが身につかない、という特性を持ってる子たちも何人かいてて。その子らにとったら、ある意味、こういう授業は苦痛なんやろなというのがある中で、でも、この取り組み(学びの共同体)は、そういう子らも含めて、相手を受けとめてコミュニケーションができる、ということを授業の中で取り入れていく、っていうのは、ほんとに、教師がやらなあかんことが……。コミュニケーションをとるのがすごく苦手な子たちを、こういう授業の中で、どう、その子の居場所をつくっていくのか……。

大津先生は1年間の講師として高槻八中に赴任された数学教師(50代前半・女性)だ。社会福祉士としての知識をお持ちで、「学びの共同体」を見つめる視点が一般的な教師とは少し違った。

最初の校内研修では、先生たちが授業を観察中に細かくメモを取っている様子を見て、「みんな、すごく熱心にメモをとってたけど、どこを見たらいいのかわからない！」と戸惑いを打ち明けた。

2008年6月、たまたま佐藤雅彦先生の講演を聴く機会があった。もちろん、高槻八中は「学びの共同体」に取り組んでいるのだから、という意識はあったけれど、この時点では、積極的に学びたいというわけでは必ずしもなかった。講演では2つの授業ビデオが紹介された。最初のビデオは、机に伏せて寝ている子や友だちとおしゃべりする子たちのシーンだったが、4人グループにしたとたん、伏せていた子が起き上がり、雑談していた子たちも授業の内容について話し始めた。

「たしかに、じっと黙って話を聞いてるだけでなく、子どもたちが発言する機会をつくってあげる、というのは大事なことだな」

それまでは、授業研究とは教師の「教え方」について話し合うものだという固定観念があったが、高槻八中の研究協議では、子どもたちの様子について気づいたことを話し合っているということがわかるようになった。やがて、ビデオの撮影当番のときも「見る視点」が変わった。

とはいえ、まだ完全に納得できたわけではなく、半ば懐疑的なところもあった。変化のきっかけは、2008年10月、社会福祉士会が主催する研修会に参加したときの出来事だ。講師がコミュニケーションの重要性について解説する中で、佐藤学氏の「学びの共同体」を事例として取り上げた。

このとき、高槻八中の4人グループと自分がもともとめざしていたものに共通点がある、ということに気づいた。以後、「学びの共同体」という土壌の中で、自分なりのグループワークの取り入れ方を開拓してみよう、という意識が生まれた。

2009年3月、大津先生は1年間の学びをこうふりかえられた。

「これで正しいのかどうかはわからないけれど、自分なりに解釈して、自分なりのやり方をつかめるようになった気がする」

50代前半のベテラン教師がたった1年で自分のやり方をつかむというケースは例外的だろう。自分がめざしていたものと「学びの共同体」の接点を見つけるという発見がジャンプの契機となったに違いない。

2009年2月24日（年度末の校内研修）

年度末の校内研修には佐藤雅彦先生が招かれた。

校長室でお茶を入れながら、谷崎先生が「そういえばね」とうれしそうに切り出した。実石先生が異動先の学校で課題に直面し、「学びの共同体の本を貸してほしい」と電話してきたという。

実石先生は 2005 年度、2 年 B 組の担任として内本先生と牧野の共同研究に協力してくださった先生だ。2005 年 2 月の「佐藤雅彰先生を囲む会」では一番不安そうにしていた様子が印象に残っている。「グループを入れて数学の年間カリキュラムを消化できるのでしょうか？」と質問していたが、その後、自分なりに試行錯誤する中で、「授業の進め方によっては一斉授業よりもグループを入れたほうがむしろ速く進むことがある」と驚いていた。

研究授業では、長井先生が授業者を務められた。「地震のゆれの伝わり方を考える」(1 年生・理科) という授業では、地図上の数値から震央の位置を推測する活動が展開された。

研究協議が始まると、司会の井上先生が提案された。

司会（井上） いつもの通り、自分たちが見ていたところを中心に進めていただきたいんですけども、近くでいろいろ見られた先生が、**プツッ、プツッと切るんではなくて、話が関連していくように、同じ辺りを見られた先生方おられたら、続けて、関連する意見を**、よろしくお願いします。

4 年前（2005 年 2 月）と同じ小規模な集まりだったが、研究協議の進め方が 4 年前とは明らかに異なる。

長谷川先生のあとに保科先生が続いたところで、突然、見学者（小学校教諭）が発言をした。

見学者 非常に疑問だなと思ったことを真正面に言わせていただきますと、今日の授業というのは結局、何をねらっているのか、私はあまりよくわからなかったんです。

大沢先生（当時、高槻市教育センター指導主事）が同様の質問を投げかけたことを思い出す。誰もが経験する戸惑いであり、「学びの共同体」づくりのプロセスの一部でもある。ただし、この日の高槻八中は 4 年前とは違った。

司会（井上） 本校でやってる形としましては、いろんなことを、子どもなりに考えたことを交流する。相手がどんなことを思っているのか、というのをお互いに交流する中で、自分の考えを確認していく。また、「こんな考え方もあるんやな」ということを、全体の前で発表する中でやっていく、というような手法をとってますので。
見学者 あ、そうですか。
司会（井上） （黒板を指すしぐさで）「これやから覚えとけ！」という形で即答えるんではなくて、「ああ、こういう考え方もあるんやね」ということを子ども自身の口から言わせる。そして、子ども自身が交流する中で気づかせていこう、ということを考えてやらせてもらってますので。
見学者 すいません。あの、わからずに。
司会（井上） いやいや（笑）。授業者としては、そういうところにこだわって、やってますので……。
見学者 すいません。
司会（井上） 続けて、先生方お願いします。

何事もなかったかのように、近藤先生が続ける。

グループになれない班に行っては黙々と離れた机をくっつける近藤先生の姿を思

い出す。

山川（体育）　ぼくが見てた春夫、夏実、秋良、冬香は全部、楕円でしたね。（会場に笑い）

谷崎校長　楕円！　あはは。

山川　これは、なんやねん？　と思いながら（笑）。日本地図に向かって、こう描いてる（ノートに楕円を描くしぐさをする）。

谷脇教頭　それは、意図なく描いてるの？

山川　意図なく。

中里　最初に……誰やったかな？　誰か 1 人が、最初にやった。それを……。

谷崎校長　みんなが見て（笑）。

中里　最初にほら、長井さんが来たときに、「ああ、見事やなぁ」と思ったけど、いっぺん流れ、つないだでしょう？

長井　あぁ。

中里　あのつないだやつで、4 人がお互いのを見合うようになったんで、それで、1 人がこうやったら、みんなが同じように、こうやって（楕円を描く）やってましたわ（笑）。

4 年間、定期的に高槻八中に足を運ばれた中里先生（当時、高槻市教育センター指導主事）は、この日も話し合いに加わった。

谷崎校長　やっぱり、大地くんなんかを見てて思うのは、グループがあるから、大地くんは授業に参加できたんだな、というのが、今日は、非常によくわかりました。大地くんは、学力的にしんどいですよね（長井先生に問いかける）。

長井　（うなずく）

谷崎校長　この授業で何を問われているのかというのは、流れはまったくわかんないけど、1 個 1 個には反応していくんですよ。「次、終わったら何するの？」って、泉美さんと葉子さんに、一生懸命ききながらやってるんです。（泉美さんと葉子さんは）あの子がわかるように、丁寧に説明してました。

途中で、大地くんの集中力が切れたんです。色鉛筆でぬったあと、「ああ、これはもう、限界かなぁ」というときに、やっぱり、さすが、長井先生。

「この問題がわからなかったら、葉子さんに、教えてください、と頼みなさい。」

「葉子さんは、丁寧に教えなさい。」

そういう指示をしましたよね。あれから、もう 1 回、復活しましたよ。

長井　（小さくうなずく）

谷崎校長　それを（大地くんが）きちんと葉子さんに言って、葉子さんが応える。そこからまた、あの子の集中力が持続したので、グループの中でつなぐタイミングであったり、授業に参加したいっていうのは持ってるなと、すごく感じました。

谷崎校長　加奈さんが気になってたんですけど。山岸先生、何か？　ずっと見てましたでしょう？　そこの４人の関係……。
山岸（美術）　「加奈のことを見といて」って頼まれてたんで（笑）。特別支援で、お母さんが相談に行かれて、明後日来られるということなんですけど……。
　何をしてるのかなって見てたら、震源地から距離をとって、すごく丁寧に、的確にやるんですよ。やたらと（隣の）武志にきいてるんですが、武志がちゃんと教えたってるんですよ。あのつながりは、いいな、と思って見てました。

４か月前、「おさるちゃん」と称された１年生に少しずつかかわり合いが育っていることがわかる。

佐藤雅彰　こんにちは。本年度、最後の授業で、長井先生がおやりになって。このクラスで、かなり苦労をされてるな、というのが、よくわかりますね。
　先生はね（冒頭で発言した小学校教諭に語りかけて）、小学校ということで、まだまだ、おとなしいわけですよね。そうすると、どうしても「どうやって教えるか」というほうに行きますけど、この学校は、その前のことで、すごい苦労してるんですね。まず、学んでくれないわけですよね。その子たちをどうするか、ということ。これだけ子どもたちのことを真剣に考えている学校って、そんなにないと思うんです。

〈他者に無関心な子ども〉
佐藤雅彰　長井先生が、淡児くんのところに行ったり、澪子さんのところに行ったり、ごく自然に行ってるんですよね。そういうことがあるから、あの子たちは、切れそうになりながら、またつながっていく。こういうことを私たちが、普段やってるかどうか、ということ。
　たとえば、澪子さんは最初の段階で、人の話、聞いていません。（震災の）体験談を語ったときに、こちらの女の子で、泣いてる、というか、うるうるという目をしながら聴いている子もいるんです。でも、彼女は全然、関係ない。
長井　（うんうん）
佐藤雅彰　そのとき、淡児くんもそうなんですね。ほとんど聞いてない。澪子さんには、「他人の営みなんて、どうだっていい」という考え方、ものの見方があるんじゃないか。「体験談なんて、私は関係ないよ」って。
　他人の営みがわからない、というのは、たとえば、自閉の子によくあることは、自分の目の前に湯呑み茶碗がある。隣の人の前に湯呑み茶碗がある。自分の湯呑み茶碗を飲み干してしまって、なにもなくなった。隣を見たら、あるんですね。普通の人は、これは他人のものだ、ということがわかるわけです。だから、それを触らない。でも、自分が飲みたくなったら、飲んでしまう。

そうすると、嫌がりますよね。「そんなことやめて」というわけですよ。でも、「なんで怒るの？」という、その違いがあるわけですよね。そういうことを丁寧に、彼女にも教えていかなければいけないと思うんです。できないからダメ、じゃなくてね。

教えていくときに、個別指導じゃダメなんですよ。ああやって仲間の中で、他人を意識しながら、「今やったことはどうなのかな？」ということをやっていかないと。結果的に、1人で一対一になって説明しても、「わかったわかった」「次はやるよ」と言うけれども、周りを意識してないわけですから。

〈人間関係をつくる〉

佐藤雅彰　たとえば、子どもが途中で伏せたときに、どなるんじゃなくて、ポンポンとたたいて。まぁ、淡児くんのときは(襟の後ろをつかむしぐさをして)グンって上げてましたけどね。(会場に笑い)

でもそれを(淡児くんは)嫌ってない。グッて上げてから、ずっと起きてるんですよ。この人間関係ですよね。

やっぱり、学習をするっていうのは、教師と子どもの人間関係が成り立ってなければ、どんなことをしてもいい、というわけじゃない。普段、淡児くんは長井さんからいろんなことを注意されてると思うんですよ。

長井　(うんうん)

佐藤雅彰　でも、真剣に注意されてると思うんですよね。そのことがわかっているから、グッとやられても、こらえられる関係性ができてる。普段私たちが、自分のクラスでない学級に行きますよね。違うクラス行ったときに、子どもとそういう関係つくれますか？　ということ。

こういうグループ活動やってるときには、関係をつくるいい機会なんですよね。でも、それはなかなかやってない。どうしても、「できるか」「できないか」だけで、「前に進むか」「進まないか」だけで。子ども同士の人間関係をつくるということに、こだわってやっていかなきゃいけないんじゃないか。決してあきらめてはいけない、と思います。

〈グループが活かされる〉

佐藤雅彰　1年生は、2年生よりも苦労している、ということがわかるんですけど、ここまで保てるというのは、さっきも校長先生がおっしゃってましたけど、やっぱり、グループになれる、ということ。仲間でやるから、仲間のときは起きてるんですね。

今日、澪子さんや淡児くんはグループになると起きてるんです。交流してるんですよ。そして、またコの字になると、もう関係ないと、こうなる。でも、グループになると、またやり始める。これは、グループがあの子たちの中に活かされてる、ということですよね。

私たちが、自分の授業の中で、どこでグループを入れるか、ということ。やたら入れたってダメなんですよ。入れ方の問題がある。それから、いつやめるかという問題がある。

佐藤雅彰　教頭先生もおっしゃってましたけど、最初のグループ活動は問題が易しすぎたと思うんですね。全体でやってもよかったのかな。その次のグループが、作業が多かっただけに、前のグループをどうするのか。

2回目のグループが終わったあと、全体でやったときに、おおざっぱでも、おさえるべきことはおさえておく。(見学者の小学校教諭に向かって)先生もおっしゃいましたよね。

ここで、これだけのことは子どもたちにわからせたい、というね。「ゆれの問題」と「伝わり方の問題」の中でも、「ゆれ」とはこういうことがあるよ、というのをきちっとおさえるのが大事かな。

で、その上でね。もう1つ、その先の問題。それから、もうちょっと行きたい。でも、この子たちにとっては、今日はここまでかな。本来は、もっと先に行けたと思うんです。でも、こういうクラスがこれだけ学べるということは、やり方次第ということですね。

さらに、佐藤雅彰先生はグループ学習の効果について科学的な調査結果を示して説明された。

グループ学習の効果として指摘されるのは「低学力層」の底上げだ。これはPISA(国際的学習到達度調査)において世界一の成績が注目されたフィンランドの教育でも知られる。ただし、そのフィンランドでも争点になったことだが、「できる子はどうなるのか？」という疑問が残る。いつも「できない子」に教えてばかりでは「できる子」が損をするのではないかという懸念を抱く保護者がいるのは当然のことだろう。しかし、教えることを通して「できる子」の理解がいっそう深まるのである。

谷崎校長　今日は、本年度の最後に、長井先生が「研究授業をやります」ということで、引き受けてくれてね。参加させていただいた先生方が、子どもたちの具体的な授業の中での様子、それから関係性も含めて、しっかりこうやって見れるようになっているっていうか。それをこう、**今までのように自分が言ったら終わり、じゃなくって、それを先生方がつなげながら深めていくという研究協議になった**というのは、私もすごくうれしいな、というふうに思ってました。

この日、長井先生は中里先生から最高の褒め言葉をいただいた。

中里　初任者の頃から年に何回かずっと見させてもらっているんで、もう私なんか手も足も出ないくらい成長したんで、びっくりしてます。子どものところに行くタイミングとか、声のかけ方とか、つなぎ方にしてもね。実に見事で、驚きましたね。

長井先生のクラスのエピソードがある。特別活動の時間、教室の座席をテーマにして「コの字」と「前向き」の長短を考えた。話し合いの結果は学級通信に詳しく報告された。40 人中、「コの字」派 23 人、「前向き」派 12 人、「どちらでもいい」派 5 人という結果だった。

ただし、それぞれの「良い所」「困る所」をあげてみると、全員が同じように考えていることがわかった。**「コの字」は周りの人に相談しやすく、楽しいけれど、つい私語をしてしまう。「前向き」は私語が少なく集中できるけれど、必要なことも相談できず、つまらない。**そこで、長井先生は「みんなが同じことを考えているのなら、コの字の良い所を活かして、困る所はなくして行こう」とクラスをまとめた。

2009 年 2 月 24 日（内本義宜先生のことば）

谷崎校長　そういえば、内本先生が「コの字がわかるようになった」とか言ってたわよ。

早速、真意をたずねる。

内本　コの字型は「聴かすための形」なんだということがようやくわかった、ということですわ。今までは自分で授業してても、当然こう、「前向き」にしてましたよね。それは、「自分の話を聴かすための席」やったんですわ。
牧野　ああ。
内本　うん。でも、コの字型になってるのは、私の話を聴かすだけじゃないんですよね。友だちなり、一緒にこう、そうしよる子の話をちゃんと聴かさないといけない。そういう席なんですよね。

内本　そのことが、たぶん、当たり前のことなんだろうけども、やっぱり、理解できてなくて。「授業をしてるのは私だから、私の話を聴け」と言い続けてた。コの字型にしても、そのことを要求してた。

内本　でも、いつ頃からやったか。最近やと思うんですけども。ああ、そうじゃないんだ、と。子どもに発言させても、その話をちゃんと聴かさないけないんだ、と。というふうにすると、ああ、なんか、この形の意味がわかってきた、という。そういう意味ですわ。

牧野　なるほど。すごくシンプルなことなんですが、それだけ時間がかかる、ということなんですねえ。

内本　だからやっぱり、この形にしたら、そこにはこだわらないとだめなんですね。「話は聴きなさい」と。それは「友だちが話してもそうや」と。「自分の話も聴いてほしいやろ？」と返してあげたら、大半の子は黙りますわ。というのが、やっと、やり方としてね。今までは、それができなくって、自分の話だけ聴いてほしい(苦笑)。

だから、先生が言ってはりましたやん。発言した子が声が小さかったからっていって、大きな声出させてもう１回言わすとか、そんなんじゃなくって。

「その話が聴きたい」ってふうにして、先生がそっちのほうに寄っていってやる。その姿を見たら、ほかの子はその話を聴くようになるんや、と。

ああ、なるほど、ということが。まあ、ずいぶん時間が経って、ですけどね。ああ、そういうことも言ってはったんだなぁ、ということが。

内本　まだ導入というか、最初の部分ですけどね。まだ、「つなぐ」とか、「もどす」が残ってるんですけど。

「聴く」ということの大事さいうのは、なんか、わかりましたね。

（2009 年 2 月 24 日の談話より）

こうして、2008 年度の終わりには、「学びの共同体」づくりの成果があちこちで実を結び始めた。

2009 年 3 月 13 日（卒業生のことば）

「学びの共同体」の実りは子どもたちの言葉にも現れた。2008 年度の卒業生代表 8 名による答辞「決意のことば」から一節を紹介しよう。

八中では授業を受けるとき、小学校のときのような縦並びの受け方ではなく、机をコの字に並べた受け方をしています。縦の形だと、誰かが発言するとき後ろを向いて聞かないといけなかったり、後ろの人は前の人の顔が見えなかったりします。けれど、コの字型は普通の形にくらべて先生やみんなの顔がよく見られ、意見が聞きやすいという利点があります。また、自分が発言するときはクラスのみんなの顔が良く見えるので、きちんと伝えようという気持ちになります。そういう点がコの字型のいい所だと思います。

しかし、入学したての私は、小学校とは違う授業の受け方にとまどいがありました。たとえばノートを書くとき黒板を見るのに首を横に向けて見ないといけないことなど、慣れないことがいくつかありました。そして、コの字型に慣れてきたころ私はよくおしゃべりをして、注意されることが多くなりました。たぶんクラスの皆にも、そんな私の姿がよく見えていたと思います。今では、そのときの自分のことを客観的に思い返すことがあります。

また、私が過去の自分を反省することができるようになったのは、コの字型の学習だけではなく、4 人班での学習方法があったからだと思います。4 人班での学習ではお互いの意見を聴き合い、教え合うことが出来ました。そのため発言にも勇気が出せるようになりました。さらに発言をするようになると、授業も楽しく感じられるようになり、誰かが発言すると、またほかの誰かが発言する勇気を持つことにつながると実感しました。

このようにコの字型や 4 人班という学習方法があったおかげで自分が変わっていけ

たのだと思います。だから私はこの八中のコの字型や4人班で受ける**一体感ある授業**をこれからも大切にしていってほしいと思います。

3年生代表

「一体感ある授業」という卒業生のことばが、高槻八中の「学びの共同体」づくりの実りを象徴している。

第15章　どんでん返し

2009年6月26日（5年目の公開授業研究会）

高槻八中の「学びの共同体」づくりも5年目を迎え、公開授業研究会は恒例の行事となった。いつものように少し早めに学校に到着すると、校門の前で1人考え込んでいる佐藤学先生を見かけた。

深い思考に沈む姿は、遠目から見ても、いつもとは違う重々しさが感じられた。

あいさつは遠慮して、そそくさと受付に向かう。まだ誰もいなかったが、テーブルの上に用意された参加者リストは3ページに及び、全国各地の学校名、大学名が並んでいた。私が誘った大学院生6人の名前も含まれていた。

大学院の「教職開発研究」という授業科目の中で「学びの共同体」を取り上げた直後のハイライトだった。

スリッパに履き替え、2階の奥にある校長室に向かうと、廊下の反対側から深刻な表情をした佐藤学先生がこちらに向かって歩いてくる。その半歩後ろを深刻な表情の谷崎校長と見慣れない先生が歩いてくる。さらに一歩後ろを神宮司先生が歩いてくる。

一行が中央階段を降りかけたところで、神宮司先生に追いついた。

牧野　どうしたんですか？
神宮司　学先生が帰りはる。
牧野　え？
神宮司　別の学校でも同じことがあった。

受付には続々と参加者が到着していた。谷崎校長が必死に佐藤学先生に話をしている。話の内容はわからないが、神宮司先生と私は5メートルくらい離れたところからその姿を見守っていた。

牧野　何があったんですか？
神宮司　この4月、5月は校内研修だけで、学年別のビデオ研をしてなかったから。そこで突然、学先生の様子が変わった。学年別のビデオ研が、それだけ大事ということなんやな。

井上先生が受付に現れた。

牧野　公開授業研究会は予定通り行われるんですか？
井上　ん？(きょとんとして)

え、まだ井上先生も知らないのか。たった今、校長室で起きたばかりの出来事なんだ！

ふと気づくと、正装した大学院生たちが受付のかたわらに立っていた。予定より早めに到着した彼ら彼女らに戸惑いつつも、自分に言い聞かせるように説明した。

牧野　実は、私もまだ状況を把握できていないんだけど、学先生が帰ることになったみたい。ほら、あれが佐藤学先生だよ。今朝わざわざ東京からこうして八中まで来たんだよ。このあと大勢の参加者が遠くから来るんだよ。それを承知のうえで、帰るという決断をされるところだよ。今はとにかく、その瞬間を見届けて。

校門の向こう側でタクシーに乗り込む佐藤学先生が見えた。谷崎校長と井上教務主任、そして、4月に赴任されたばかりの中村義彦教頭は、走り去るタクシーを見送るしかなかった。

大学院生の前では冷静を装っていたものの、内心はひどく動揺していた。

授業参観の教室一覧に目を通すと、授業者のほとんどが知らない名前だった。

牧野　そうか。内本先生は授業をされないみたいだね。5限は、各教室の授業を自由に参観するといいけれど、どこに行けばいいかわからなかったら、井上先生の授業を見せていただくといいよ。私は保科先生の授業を見せていただきたいから、そちらに行くね。

5 限が終わると、参加者は中心授業[1]の教室(技術室)に集合した。2008 年 10 月に田村先生の授業をご覧になった佐藤学先生は「技術の授業を見て感動した」と語られた。しかし、その佐藤学先生は不在のまま授業は行われた。

そこにいた誰もがその不自然さに気づいていたはずだ。

それでも、田村先生は普段と同じ丁寧な授業を続けた。授業が終わり、研究協議の会場に移動する前に、私はもう一度大学院生を集めた。

牧野　今は八中の先生たちをサポートすることに専念したいので、私はまず校長室に行きます。皆さんは、この非常事態に先生方がどう向き合われるのか、それを学びとってください。来週の授業でまたお会いしましょう。

誰も口には出さなかったが、参加者はもちろん、八中の先生たちは皆ショックを受けていた。最も打撃を受けたのは、間違いなく、谷崎校長だ。

校長室には、谷崎校長、中村教頭、井上教務主任がいらしたが、学校の当事者よりも、外部の人間のほうが冷静な判断ができるのではないか、ととっさに思った。自分は場違いだろうか？　などと遠慮している暇はなかった。

牧野　谷崎先生、先生はこれまでもずっと、弱さを隠さず、ありのままの事実をありのままに公開してきました。それが、谷崎先生の強さです。それが、八中らしさです。

うつむいていた谷崎校長が顔を上げる。毅然として、中村教頭に語りかけた。

谷崎校長　佐藤先生の体調が悪くて……とか言わずに、事実を事実として伝えましょう。

研究協議の会場(音楽室)に入ると、コの字に座る高槻八中の先生たちを大勢の見学者が取り囲むように待っていた。大学院生 6 人もその中にいる。井上先生の授業を見学して「あの状態であの授業ができるなんてさすがはプロ！」と感動していたが。

さすがの井上先生も、このときばかりはいつもより声が重かった。

司会(井上)　今日はたくさんの方に来ていただいて、ありがとうございました。ま

ず冒頭にお話ししなければならないことがありますので……校長先生。(谷崎先生のほうを見て、うなだれる)

谷崎校長　(立ち上がって)今日は遠くから、お忙しい中を本校の研究授業に駆けつけていただきまして、ありがとうございました。ここにお来しの皆さんは、佐藤学先生が来られるということを目的にお来しいただいているはずです。

本当に申し訳ない……と言いますのは、実は、佐藤学先生、お昼前に来ていただいて、授業を一通り見ていただいたんですけれども、そのあといろいろとお話をする中で、八中はこの取り組みを始めて5年目になるわけですが、去年10月にお来しいただいて、「まあまあ子どもたちも落ち着いて、少し安定してきたね」というお話をいただいていたんですけれども、子どもがどうのこうの、ということではなくて、やっぱり4年目まで取り組み、5年目に入る中で、やっぱりこの4月から、この2か月半で、それを学校として具体的に、先生たちが、教師たちが、どう切磋琢磨しながら、授業について向き合ってきたんだろうか、という話を校長室でしておりました。

5限目の(各教室の)授業を見ていただいたと思うんですけれども、一人ひとりの先生の授業の良し悪しということではなくて、学校全体の研究協議は4月、5月と重ねてきたんですけれども、どちらかといえば、それで終わっていた。やっぱり具体的に、学年の中で、自分たちの授業を開いて研究協議しながら、「自分がつくっている今の授業に対して、どういうふうに一人ひとりが責任を持とうとしているかというところが、なかなか見えない」というか、そういうところが「少し停滞している」ということで、「このまま授業を見ても、馴れ合いというか、そこに自分が乗ってしまってもよろしくないので、今日については、自分としては、今回はパスをしたい」ということで。

そういうことで、佐藤先生のお話等を求めていらっしゃった方には、「お詫びも含めて、よろしく言っておいてほしい」ということで、今回については、八中の取り組みに返された、という部分があります。

それで、ここからは、本当に申し訳ないんですけれども、メインは中心授業の研究協議になりますが、うちの先生たちで研究協議をしますけれども、同じ「学びの共同体」に取り組んでいる皆さんが、今日は一緒に研究協議の中に入っていただいて、忌憚のない意見を出し合う中で、何か気づいたものを持ち帰っていただければありがたいと思います。

谷崎校長はご自身を奮い立たせるように一言一句に気持ちを込めて丁寧に説明をされた。この間、井上先生は肩を落としたまま、終始うなだれていた。

谷崎校長　それでは今から、技術の田村先生の授業を中心に、まずは研究協議を進めさせていただきたいと思いますので、うちの先生以外の先生も、一緒に研究協議に参加して、お話をいただければ、ありがたいと思います。

ちょっと、あの、まとまってませんので、今のような言葉しか、言えませんけれども、よろしくお願いしたいと思います。(井上先生に目で合図を送る)

司会(井上)　(ぐっと背筋を伸ばし、会場に向かって)すいません。あの、非常に申し訳ないんですけども、こういう状況の中で、話を開いていきたいと思いますので、よろしくお願いします。

授業者を務めた田村先生が語り、江口先生、近藤先生、内本先生が続いた。いつも積極的に発言する長谷川先生はビデオの撮影当番だった。さらに3人の先生が発言されたが、初めて見る方々だった。話が途切れたところで、谷崎校長、保科先生が続き、その後は司会者が指名を始めた。

指名を受けて発言した13人のうち、なんと9人が知らない先生だった。まるで浦島太郎になったような気持ちで呆然とした。

見学者から質問があり、田村先生と井上先生が丁寧に応えた。

神宮司先生が挙手をして、立ち上がる。

神宮司　茨木市立養精中学校の神宮司と言います。

佐藤学先生が去られた直後は「自分に学先生の代わりが務まるはずがない」と困惑していた神宮司先生だが、何とかして八中を支えたいという一心だったはずだ。

神宮司　まず最初に、皆さま方に単純に考えていただきたいと思うのは、この4人グループとか、コの字をなぜやってるのか？　といったら、簡単なことなんです。1つだけなんです。子どもたちに学ぶ権利を保障する。つまり、学びが成立してたら、いい、ということだけなんです。そしたら、今日の授業でね、学びが成立していたところはどこなのか。学びが成立していなかったところはどこなのか。というふうに見ることが最も大事なことだと思うんですね。

2005年2月10日、佐藤雅彦先生を初めて迎えた日の研究協議を思い出す。

神宮司　実は、もう最初からすごいなと思ったんです。子どもたちは、目で聴いている。身体ごと田村先生のほうを見て聴いている。ていうふうなところから始まったんですね。

ところが、途中から、25分ぐらい経過したところから、大樹くんもずっと顔を伏せてるし、健太くんは完全に、もう腰ごと折って床を見つめていました。おしゃべりしてるのは、この友哉くんと和人くん、それから、広子さん。で、この4班だけが男3名でね。女の子1人。一番しゃべってしまい易いような環境と、この子らのね、気質そのものなのかもしれませんけれども。そのようにならないために、どうすべきだったのか。

さきほど田村先生が、グループの中に回られて、子どもたちを「つなぐ」ということをされてましたよね。子どもに疑問を与えてつないでいる場面と、子どもたちだけで話し合って学びが成立してるのに、田村先生が行って学びを切ってる、ということも半分ぐらいあったんです。半分は行かなくてもいいところに行っていて、半分はつないでいるというね。そういうことが行われていたんじゃないのかな。だから、必要なところだけつなぐ。学びが成立していないところだけ行けばいいのに、むしろ邪魔しに行ってるというところが見られたと思うのね。

それから、健太くんや大樹くんが下を向き出したというのは、どういうところかというと、田村先生の説明が長くなっているときなんです。田村先生は非常にトーンも低くって、無駄なこと言わずに、説明としては、本当に上手な方だなと思いました。その田村さんでさえも、途中で引きつけることができないんですよね。教師だけの説明であるならば、子どもたちの学びをずっと持続させることができない、ということがね、今日あったと思うのね。そしたら、どうすればいいのか。先生が説明すべきところを、生徒が前に出たり、説明する場面があってもいいと思うんだよね。

なぜそういうふうに思ったのかというと、たとえば、ルーペを先生が持ち出す前に、晴枝さん、敦子さんは「この角度から見たら面白い」って、もうすでに言ってるんですよ。そういう学びが起きてるわけやから、わざわざそのルーペを持っていかなくてもね。もっと、どっかを短縮して、子どもたちが思ってるところを引き出すことができたら、学びが成立していたと思うのね。だから、教師の説明をできる限り少なくするためにはどうしたらいいのか。

一斉授業としての先生のプランは本当に隙がなくてね。ものすごく練られていてね。素晴らしいものだと思うんですけどね。ところが、子どもたちの学びの時間を十分保障する、というふうに考えた場合、また、（質問した見学者を見ながら）あの先生が言ったように、最後のほうこそ、まさに学びが成立していた。

それが、たとえば最初のほうに持ってきたりしてたら、どうであったのか。そんなら、このプリントは（記述欄が）6つの箱ではなくて、3つの箱になったんではないか。そういうふうに整理をすることによって、無駄な時間を省いてね。子どもたちの学びの時間を保障する、ということができたんじゃないかなと思いました。

数え切れないほど佐藤学先生の話を聴いた神宮司先生でなければできない語りだった。

田村先生は時折うなずきながら、じっと耳を傾けていた。神宮司先生はさらに、5限に見学した各教室の授業に触れながら、高槻八中の先生たち一人ひとりに語りかけた。

神宮司　研究協議ですが、すべての子ども41人の名前が出てないですよね。一番理想的な研究協議は41人の子の名前が出るということなんです。一番目立っていない子がどうしていたのか、ということをね。今日の先生たちの配置もどうであったのか。柵よりも後ろにいてて見えるわけないですし、聞こえるわけないですから。やっぱり、この研究協議は、お互いに学び合うということを大切にしている研究協議ですから、子どもたちの声の聞こえるところ、しぐさ、表現が見えるところにいなければ、このような研究協議は成立しないですし。まして全員がね、全員がどうであったのか。すべての子どもの学ぶ権利を保障するというからには、すべての子どもの表情やしぐさが見えるところに我々が行ってなくてはならないと思う。そういう意味では、全員の名前が出てないし、十数名の子に限られているというのは、我々の普段の授業がどうなのか、一人ひとり、本当に見ているのか、ということだと思いますね。

神宮司先生の近くに大学院生が座っている。授業で「学びの共同体」を取り上げて説明していたので、神宮司先生の話に熱心に耳を傾けていた。しかし、4月に赴任されたばかりの先生はそれまでの経緯を知らない。

谷崎校長　牧野先生に。(井上先生に合図を送る)

腹をくくって、立ち上がる。

牧野　こんにちは、関西大学の牧野と申します。さきほど谷崎先生から「いつもより少し多めに話して」というようなことをうかがって。当然、私はあの、学先生の代わりなんか、務めることができない、米粒のような存在ですけれど……。

「なんだ、こいつ？」と言いたげな視線が一斉に向けられた。無理もない。

牧野　1つ言えることは、八中がこの取り組みを始められた2005年からずっと継続して、現場の先生とは違う立ち居地で、とにかく継続して、一緒にかかわらせていただいてきた、ということ。それは、自信を持って言えます。ですから、その視点で今日起きたことを。まずは、皆さんと同じように、私もショックを受けました。

どうして？　学先生、どうしてですか？

目の前の参加者が、うんうん、と力を込めて何度もうなずいた。

牧野　そこから、この短時間の中で自分なりに消化して、今の時点で、「ああ、こういうことだったのかな？」と思っていることをお伝えして、共有できたら、谷崎先生の友情に、お応えできるのかな、と思っています。

谷崎先生を見て、そう語りかけると、「はい」と小さく笑った。

牧野　これは偶然なんですけど、この数週間をかけて、2005年5月に初めて佐藤学先生がこの学校にいらしたときの記録を読み返す、という仕事をしていたんです。もう4年前になるんですけど、あのとき、学先生が目の前で話されるのを聴いていたとき、私はわかったようなつもりで聴いていました。

一言一句、聴き逃さないように真剣に耳を傾けて、なるほど、なるほど、とうなずきながら、わかったように聴いていたけれど、今になってそれを読み返すと、ほとんど消化できていなかった、ということに気づきます。

けれども、そのあと時間をかけて、八中の先生方が長い時間をかけて学んで来られたのと同じペースで、自分も学んできた結果として、今、「あのとき、こういうことをおっしゃりたかったんだなあ」って、ようやくわかるようになりました。

会場の空気が、ほんの少しだけ、変わったような気がした。

牧野　だいたいのことは、もう学先生が本に書かれていることなんですね。コの字とか、グループとか、形の部分のところは、だんだんわかるようになってきたんですけど。1つ、「あ、これは今まで見落としていた」って気づいたところがあったんです。それはたぶん、一番大事なことだったんじゃないか。でも、あまりにも当たり前すぎて見落としてしまっていたんじゃないか、と自分では考えてるんですが。

最初のほうで学先生がおっしゃるんですよ。「教師が前で一生懸命しゃべってるクラスで、生徒の半分は聴いていないよね」って。じゃあ、どうすればいいのか。「関係を育てれば、聴くようになる。だから、コの字にしようとか、グループにしよう、と言ってるんです」って。

そのあと方法論が続くんですけど、**「学び合う関係」**ということが最初に来る。自分は、当たり前のことだと思っていたので、あまり意識してこなかったということに、ようやく気づきました。ただ、「学び合う関係」というのは、言うのは簡単ですけど、実はとても難しいことではないか、と最近になって思うようになったんです。

私はコミュニケーション能力を専門として、大学や大学院で授業を担当していますが、自分自身の人間関係を省みると、難しいことばかりです。教師といえども、1 人の人間になったとき、人とかかわる、というのは本当に難しいことで、生徒たちのかかわり合い、学び合いを支えるのは、もっと難しい。

ただ、「学びの共同体」のめざしているもの、というか、そこにある実体のようなものは、かかわり合いを、渦の中で(両腕で大きく渦巻きを描きながら)つくっていくということ。それは、生徒たちの学び合いはもちろんですが、先生たちの学び合いと呼応している。

先生たちの人間関係があって、それが生徒たちの人間関係に反映されるし、生徒たちの人間関係に刺激を受けて、今度は先生たちが、また自分たちのかかわり合いにそれを受けとめる、という、そういう相乗効果の渦が起きる中で、実は、今日八中で起きたことは、避けられない人間の 1 つの自然な姿であり、「学びの共同体」の 1 つの局面だったのではないのかな、と考えています。

さきほど江口先生が、親友同士の子たちが喧嘩しちゃった、という話をされてましたが、人間関係というのは、うまく行っているときもあれば、喧嘩するときもあるじゃないですか。だんだん相手に慣れてきて、甘えが出てきて、なんとなくうまく行ってるときこそ、ふっと気をゆるしてしまって、ぎくしゃくし始めて、うまく行かなくなったりする。そういう人間関係の当たり前のことが、「学びの共同体」という取り組みそのものにあてはめることができて。

つい最近までうまく行ってたんですよ。八中は。それを学先生が、校長室でこうして、ソファーに寄りかかって、「安定してるね」っておっしゃるのを見た。最近のことです。

でも、4 月になって、新しい先生がいらっしゃって。4 割が、新しい先生だとうかがいました。そして今回、新しい教頭先生をお迎えして。先生たちの人間関係をつくるということから、またこの 4 月から始められたということで。

それは、これまでも重ねられてきたことですよね？

谷崎先生に確認する。毎年 3 分の 1 の先生が入れ替わってきた。

牧野　学先生がここにいらっしゃったら、「そんなことないよ」って叱られるかもしれないんですけど(頭をかきながら)。富士市立岳陽中学校で……、今日も静岡から何人かいらっしゃっているようで、私も静岡出身なんですけど。去年の夏ぐらいですかね。一番の先進校と言われる岳陽中でも同じようなことが。同じようなこと、とは言えないですけどね。中にいた人間じゃないので、言えないけれど。やっぱり、創ってきたものが形になって、成功して、そして危機を迎えて、外部の人にとても見せることができないという状態に、あの富士市立岳陽中学校でさえ、そういう局面に直面した。

そのことについて、いろんな話を関係者の方々からうかがったんですけど、原因はいろいろあると思うんですけど、1つには外向きに……。全国から毎回100人を越える見学者を受け入れて、その人たちに向けた授業というものをやらなければならなくなってしまった。そういう状況に追い込まれて、いつしか、外向きになってしまった。

自分たちの内側の、学校の中の先生たちの人間関係……校長先生、教頭先生、教務主任を核とする先生たちの人間関係よりも、外側に見せる「学びの共同体」というもののほうに、たぶん比重が傾いてしまった。それが1つのきっかけだったのかな？ということを、いろんな先生から話をうかがって、私なりに思ってるんですが。

八中がそうだったかどうかは、わからないですよ？

もう一度、谷崎先生に確認する。

牧野　わからないけれど、でも、自然なこととして人間関係ということを捉えたら、そりゃあ、そういうことだってあるでしょう。いつもいつもうまく行くわけがない。うまく行くときもあれば、危機を迎えるときもある。今回はたしかにそういう材料が。4月を境に、たくさんの新しい先生を迎えられたということが1つ、と。

もう1つ、私が反省しているのは「谷崎先生を1人にしてしまった」ということです。自分が忙しかった。この4月、5月はほとんど連絡しなくて。「今どうですか？」と声もかけられなかったんですけど、**校長先生が一番孤独な存在。**だからこそ、支えられてこそ、できることだと思うんですが、(4月の異動で)そういうたいへんな状況にあるということを知りながら、なんかもう、安心しきっちゃって。

谷崎先生との関係に安心し、また、八中の取り組みがもう、うまく行っている、というお墨付きを、学先生も、雅彰先生もされていた、ということに対する安心感で。だから、責任を放棄したつもりはないんだけど、どこか安心してしまっていた。

そういう部分が、いろんなことと重なって、こういうことになったのかなぁ？ということを、自分なりに、この短い時間で考えていたので、それを皆さんにお伝えして、共有できた、としたら、それはよかったなと思います。ありがとうございました。

谷崎先生が立ちあがった。

谷崎校長　すいません。なんていうかな、一言でいえばね。やっぱり4月から、どういうふうに歩んでいくのか、というところでふりかえったときに、個々の先生はすごく、新しく来られた先生も、グループをどう入れたらいいかとか、コの字をどうするかとか、本当に悩みながら、毎時間、授業をつくっておられるんですよね。何が弱かったかって。悩んでたり、自分でつくってる授業を、「共有する時間」っていうかね。

今日、学先生もおっしゃったのは、学校全体で月 1 回やってると言うけれども、それが日々の授業にすぐ直結するということではなくって、やっぱり学年という単位で、自分たちが子どもを、責任もって、あずかってる子どもに対して、具体的にどう授業を通して、子どもたちの学びをつくっていくのか、ということを、どれだけ学年で共有できてるの？ ということを、きっと、言われてたと思うんですよね。

そう言って、こちらをご覧になった谷崎校長の言葉には、開会時とは違う力が宿っていた。

谷崎校長　だから、これは私の反省ですけど、個々の先生に任せてしまっていた。それを**「つなぐ」**っていうかな。やっぱり学年が子どもをあずかる 1 つの単位ですから。そこでもって、時間をどう確保しながらやるかっていう、時間の確保ですね。それが甘かったな、というふうに、今、反省しています。（井上教務主任に語りかける）

もう 1 回、どうやっていけば、一人ひとりの学びに対しての悩みとか、いろんなことを共有できて、発見できるか、ということを。**「教師もつなぎ合う」**っていうかな。そういうことを、これからつくっていけたらいいな、って今日は思いました。

司会（井上）　すいません。せっかく遠いところから来ていただいている中で、こういうわけなんですけれども、この間、話を聴いていただいている中で、何かありましたら……。

会場からそれ以上の発言はなかった。

司会（井上）　本校は毎年ゼロからのスタートという形でやってるんですけども、牧野先生にも言っていただいた通り、内に向けての取り組みが、この間ずっと、私自身の反省も含めて、おろそかになっていたところがあると思います。すいませんでした。

谷崎校長　すいません。そういうことで今日は終わらせていただきますが、本当に遠いところから、どうもありがとうございました。

谷崎校長、中村教頭、井上教務主任が深々と頭を下げた。

会場からの力強い拍手は八中の先生たちに向けられたエールだったのだろう。

校長室に戻ってまもなく電話がなった。参加者から知らせを受けた稲葉義治先生の励ましコールだった。谷崎先生が稲葉先生と話している間、神宮司先生は重苦しい空気を盛り上げようと、努めて明るく振る舞っていた。とくに、最後の言葉が印象的だ。

神宮司 大事なことは、学先生の顔色をうかがうことやない。一人ひとりの学びを保障することや。
牧野 そうですよ。その通りですよ。さっき会場で、それを言えばよかったのに。
神宮司 え？「神宮司がそんなこと言ったのか！」って言われるやん(笑)。
牧野 喜ばれますよ、きっと。うーん、それにしても、学年別のビデオ研というのは盲点でしたね。言われてみれば、なるほど、と思うけれど。ただ、毎年3分の1以上の教師が入れ替わる中で、新しい先生や講師の先生を巻き込んでいくというのは、なかなか難しいことですよねえ。
谷崎校長 でも、今後は新任や講師の割合が増えていくことは避けられないのだから、それに対応できる力をつけていかないと……。
神宮司 まあ、これで学年別のビデオ研の大切さがわかったんやから、よかったやないか。そうやって前向きに考えていかんと。いつまでも、学先生や雅彰先生に頼っていられるわけやない。

谷崎先生と神宮司先生の言葉には、近い将来訪れるはずの深刻な教員不足を想う責任感のようなものが感じられた。

2009年7月2日(大学院生の学び合い)

翌週、大学院生たちと再会した。ほかの授業を欠席して都合をつけたと知っていただけに申し訳ないという気持ちは正直あったが、彼ら彼女らの表情に失望や落胆の色は残っていなかった。ちょうど研究協議のように、あの日の出来事について一人ひとりが語り合い共有することで、学び合いを深めることができた。

2009/07/02 21:22（ケータイメール：牧野→谷崎校長）
谷崎先生、こんばんは。さきほど大学院の授業を終えました。6 人全員がとても深い学びを持ち帰っていて、今日改めて共有し、さらに深まりました。佐藤学先生うんぬんではなく、院生たちにとって本当に貴重な生きた教材でした。ありがとうございました！　ちなみに、5 限は井上先生の授業を勧めたのですが、皆「すごい」と感動していました。よろしくお伝えください。(^o^)/

2009/07/02 21:24（ケータイメール：谷崎校長→牧野）
牧野先生、ありがとうございます！　嬉しい内容のメールです！　朝一番に井上先生に伝えます (^^)(^^)

2009/07/03 17:00（メール：牧野→神宮司先生）
神宮司先生 　こんにちは、牧野です。公開授業研究会ではお世話になりました。大学院でふりかえりをしましたが、研究協議での神宮司先生のインパクトがかなり強かったみたいです。ちょうど先生の右隣に座っていましたが、関西大学大学院文学研究科の 6 人で、1 人は玉田先生のところの院生です。 「神宮司先生の厳しいご指摘が聴けてよかった」という声と、「やや厳しすぎたのではないか？」という声が半々でしたが、いずれにせよ、「さすがは最初から創ってきた人」という点で、皆が一致していました。 　中には、（神宮司先生の）「全員の名前が出ないといけない」というご指摘を受けて、「自分が見ていた生徒の名前が出ていなかったので、発言すればよかったでしょうか？」と真剣に悩んでいた院生もいましたよ。想像以上に一人ひとりが深い学びを持ち帰っていたので、驚きとともにうれしく思いました。谷崎先生にも早速報告しました。 牧野由香里

注

1　この日の公開授業研究会は、複数の授業が同時に公開される授業参観の時間帯と、参加者全員が 1 つの授業を観察する中心授業の時間帯がそれぞれ設けられていた。

第 16 章　「学びの共同体」との出会い

佐藤学　このまま残っても、否定的なことしか言えないよ？

あの日、佐藤学先生は谷崎校長にそう語られたという。全国には、高槻八中の他にも、同じような経験をした学校がある。

> 人事異動の激しさは「学びの共同体」づくりの改革の宿命である。茅ヶ崎市の浜之郷小学校も富士市の岳陽中学校も、毎年 3 分の 1 から 4 分の 1 の教師が異動してきた。どの教育委員会も優れた学校の教師を困難校に異動させ、困難校の教師を優れた学校へと異動させる傾向がある。それはそれでもっともな理由もあるのだが、改革を推進している側から言うと、毎年、多数の教師が異動する状況で学校改革を持続することは容易ではない。どんなに堅実に積み上げた改革でも、崩れるときはあっけなく崩れてしまうものである。改革を持続するには、改革をスタートさせるよりもはるかに多くのエネルギーが必要なのである。
> （佐藤 2006: 260）

それにしても、多くの人を失望させるリスクを承知で、身をもって伝えようとしたのは何だったのか。辛辣な酷評というのは、される側はもちろんつらいが、する側もつらい。

谷崎校長が語られたように、学年の教師は同じ子どもを共有している。学年別のビデオ研修では、授業ビデオに映し出される表情やしぐさから、「この子、私の授業ではこんな顔を見せたことがない」と気づきながら、お互いの授業を通して一人ひとりの多面性を分かち合う。そうすることで、教師たちは教科の壁を越えてつながることができるのだ。

教師の人間関係づくりの鍵がここにある。授業ビデオを媒介とする学び合いの中で、同じ子どもを共有する絆によって結ばれた「同僚性」が築かれる。

> 同僚性とは、教育に対する同じ展望をもち、その展望の実現に向かって各々が責任を引き受け合う関係のなかで生まれる信頼による同僚関係である。それはトップダウンにまとめあげられて同じことを同じようにする足並みを揃える均質集団としての階層関係ではなく、相互に個人の持ち味を発揮し認め合う自律的な専門職関係のなかで創られる関係である。どの人、どの子のなかにもその独自性と才能があることを認め尊敬するという対人関係観こそが学び合う学校の原点である。コミュニケーションによってコミュニティは生まれる。同僚間の対話によって、関係は生まれていく。（秋田 2010: 15）

激しい人事異動を前提とする日本の公立学校で、ヴィジョンが共有されるコミュニティを維持するためには、教師たちの対話が不可欠なのだ。

2009年7月22日（曇に隠れた皆既日食）

この日は「46年ぶりの皆既日食！」という話題で賑わっていた。私も心待ちにしていた1人だが、当日はあいにく朝から曇り空だった。そういえば、学校の行事も一段落した頃だろうと、なにげなく谷崎先生にメールを送った。

2009/07/22 09:06（ケータイメール：牧野→谷崎校長）
谷崎先生、おはようございます(^_^)夏休みに入り少し落ち着いた頃でしょうか。こちらはただ今試験期間です。先生は熱海の研究会に参加されますか？　私は8月初めに教員免許状更新講習を担当するので、その準備に専念します。谷崎先生は心労がたまっていらっしゃると思うので、ご無理をなさらないようにしてくださいね(^_^)牧野

2009/07/22 09:51（ケータイメール：谷崎校長→牧野）
ありがとうございます！　私も校長会と重なり熱海は欠席です。8月11日に東海国語教育を学ぶ会に保科先生と参加の予定です。

このメールがきっかけとなり、急きょ東海国語教育を学ぶ会主催のセミナーに参加することが決まった。ちょうど申込みの締切日だったので、あわてて学校に駆けつけた。

谷崎校長　すごいタイミングだね。
牧野　軌道が重なる日食みたいですね。

午前11時を過ぎてまもなく、「ただいま日食が見えます！」という校内放送が流れた。校庭に出ると、井上先生と長井先生が子どもたちと一緒に空を見上げていた。雲の切れ目にわずかに現れた太陽は、たしかに、細い三日月のような形をしていた。

晴れていたら、まぶしすぎて肉眼では正視できなかったと思うが、曇のおかげでむしろ鮮明に部分日食を確認できた。

校長室に戻ると、谷崎先生がごく自然に心境を語り始めた。

谷崎校長　あれから、みんなで決めたことの1つに、とにかく自分の授業ビデオを見て、ふりかえりをするということを決めたの。それが夏休みの宿題(笑)。だから今、DVDでもテープでもいいから、1人1つずつ授業ビデオのダビングを用意してもらっている。
牧野　そうですか。それはいいですねえ。

谷崎校長　あの日、学先生が言われたんだけど、「高槻八中にも中心となって授業を見せてくれる人がいてほしいね」って。
牧野　そういえば、あの日は平野先生と長井先生がいらっしゃらなかったですね。
谷崎先生　それと、4月の異動で、丹波先生や矢島先生が抜けたことが大きかったねって、昨日もここで話していたの。(2004年度の準備期間から一緒に創ってきた)2人が学年主任として、それぞれの学年を束ねてくれていたので、たとえ神宮司先生がいなくなっても、柱となる人たちが立っていてくれたけれど、その柱が抜けたのが大きかった。
柱となってくれる人が必要なんだと思う。今は保科先生(2006年度赴任)や江口先生(2007年度赴任)が柱になってくれている。
牧野　保科先生は、ご自身の授業スタイルをお持ちだったのに、とても謙虚で柔軟でしたものね。
谷崎先生　そう。「八中は、みんなでこれに取り組んでいるんだから」ってね。
牧野　江口先生も、いらしたばかりのときから研究協議で丁寧に発言されていたのが印象に残っています。
谷崎先生　江口先生は八中に来る前に、神宮司先生のホームページを見ていたらしくて。(佐藤学先生が帰られた)26日の翌日も、茨木市立豊川中学校で公開授業があったんだけど、「午後に予定が空いたので、行ってきました」って参加して来てくれたの。
牧野　そうだったんですか。

谷崎校長　新しい先生の中にも「やわらかい」先生がいるので、そういう先生たちがつかんでいってくれたらいいなと思う。新任の高原先生も、つかみたいってがんばってくれている。江口先生が高原先生とペアになって、ついてくれて。

江口先生は、新任の高原先生（数学）を指導しながら授業研究に取り組んできた。ちょうど、神宮司先生と平野先生のような関係だ。

谷崎校長　私の弱いところは、もちろん、この取り組みの良さには共感しているんだけど、確信を持って指導できないんだよね……。
牧野　谷崎先生はたしかに、北川先生のような、カリスマ性のあるリーダーというタイプではないですよね（笑）。でも、大阪という土地柄を考えると、リーダーシップが強すぎても、先生たちはついてこないんじゃないのかなぁ。
谷崎校長　そうね。大阪の先生たちは「自分たちでつくる」っていう意識が強い。だから、指導というようなことは、あまりしないようにしているんだけど。
牧野　先生たちと一緒に創っていく、というタイプの校長先生がいてもいいじゃないですか。従来の教師のイメージと違って、教卓をどけて椅子に座って、子どもと同じ目線で寄り添う教師像と、むしろ似ていませんか？
谷崎校長　そういえば、「学びの共同体」に興味のある校長の集まりは女性が多かった。
牧野　え、そうなんですか？　へえ、面白いですね。

谷崎校長　4月に新しく来た先生で、よくここに来て話をしていく先生がいるんだけど、その先生が「この取り組みは高尚な取り組みですね」って言ってた（笑）。
牧野　なるほど（笑）。でも、的は外れてないですよね。志の高い取り組みであることは、間違いないです。とくに「学び合う関係」を育てるというのは、教師に求められる専門性の中でも、最も高度な部類に入るんじゃないのかな。
谷崎校長　うん。
牧野　だからこそ、この取り組みに向いている先生と、向いていない、というか、苦手な先生もいると思うんです。そこのところをちゃんとわかってあげて、サポートする手立てがないと、長期的に継続していくのは難しいと思うんですよ。たとえ一時的に安定したとしても、異動の度にふりだしに戻って、また最初から、ということを繰り返していたら、いつか疲れ果ててしまう。
谷崎校長　（うなずく）
牧野　最初の人たちが経験した試行錯誤のプロセスを、新しい人たちがもう一度ゼロからやり直すのではなく、それが継承されるようなモノを形として残していかないといけない。人による指導だけでは限界があると思うから。「学びの共同体」にかかわっている人たちが、これから、そういうモノをつくっていかないといけないんじゃないのかな。

数日後、深沢幹彦先生から絵葉書が届いた。熱海の研究会は欠席する旨を伝えた手紙の追伸に、6 月 26 日の出来事について簡単な感想を添えておいたからだ。

> 牧野由香里 様
> 今日一日、皆既日食の報道ばかりでしたが、生憎の曇天、多くの方の溜息が聴こえてきそうです。遥々観測地に脚を運んだ方が気の毒に思えてきたのですが、でも、これが自然の姿なのでしょうね。
> 高槻八中の件はその日の内に報せがありました。その意味と今後への影響等、私なりに考えてみました。しかし、その場にいなかったので、憶測の域でしかありません。牧野さんは「意義深い出来事」と捉えているようですが、どうしてなのでしょうか。教えていただきたいところです。
> 8 月 2 日 3 日の熱海、話が伺えると思っていたのですが、とても残念です。その分 1 月に期待しています。これからが厳しい夏日、どうかご自愛ください。
> 深沢幹彦

2009 年 8 月 8 日（教員免許状更新講習）

8 月初旬、関西大学では第 1 回教員免許状更新講習が開催された。私も選択科目の 1 つを担当し、1 日のワークショップを企画した（牧野 2010a）。授業中の「対話」を「学び」に導く手立てとして、仕掛けや道具を用いて言葉と言葉をつなぎ、人と人をつなぐ方法を体験していただく試みだった[2]。

自分の専門知識だけでなく、「学びの共同体」づくりに取り組む先生たちとの学び合いを通して身につけた知恵が随所で活かされた。

2009 年 8 月 11 日（東海国語教育を学ぶ会）

琵琶湖のほとりで、「授業づくり・学校づくりセミナー」が開催された。谷崎校長と保科先生と一緒に 2 日目のプログラムから参加した。早めに到着したので、「お茶でも飲みましょうか」とホテルのロビーをうろうろしていると、ばったり、深沢先生とお会いした。

深沢 ここ 2 年ぐらいで社会が変化したことによって、学校はしんどい状況に置かれている。みんなで足踏みするときがあっても、いいと思うよ。

この日、いろんな立場の人たちが谷崎校長に声をかけられた。

谷崎先生にしてみれば、会場に顔を出すのも勇気のいることだったと思うが、いくつものやさしい気持ちに触れて、むしろ癒されているように見えた。

セミナーの締めくくりは、佐藤学氏、秋田喜代美氏、佐藤雅彰氏、石井順治氏、小畑公志郎氏の講演だった。「子どもと教師が育ち合う学校をつくる」というテーマのパネルディスカッションの終わりに、佐藤学先生がしみじみと語られた。

佐藤学　ここにいる4人が自分にとっての先生だった。

その詳細は『教師花伝書―専門家として成長するために』(佐藤学 2009)に綴られている。

谷崎先生は朝から夕方まで、声をかけるのをためらうほど終始プログラムに集中していたが、閉会後、ぽつりとつぶやかれた。

谷崎校長　なんだか、いろんなことを整理できたような気がする。
牧野　それはよかったです。なんといっても、一番傷ついたのは谷崎先生ですもんね。

2009年8月26日(学校評議員会議)

毎年8月末になると、高槻八中の学校評議員会議が開催される。私は評議員を引き受けて4年目になるが、会議といっても堅苦しい場ではなく、普段接する機会のない人たちと触れ合う新鮮な場となっていた。
5月、関西地方では全国に先駆けて新型インフルエンザの感染者が発生し、大阪府の学校は1週間の休校という異例の措置を余儀なくされた。授業時間数の回復のため、通常よりも早く夏休みが終わり、学校はすでに始まっていた。この日の会議では、再び流行の兆しを見せ始めた新型インフルエンザの感染拡大が懸念された。

5月の学年別のビデオ研修が中止されたのはインフルエンザ休校の影響だった。谷崎校長は決してそれを言い訳にはされなかったけれど、学校現場では常に目の前の現実と向き合うことが要求される。

「親たちがつながるための4人グループ」を提案されたPTA会長は3月に任期を終えられた。新会長を迎えた新しい学校評議員会議は気さくで楽しい語らいの場となったが、人が変われば話題も変わる。人が入れ替わるとは、そういうことだ。

それが目の前の現実であれば、そこにいる人たちが共有できるものから始めるしかない。「学びの共同体」は、人と人のつながりなのだから。

2009年10月23日（秋の校内研修）

秋の行事が一段落した高槻八中では、佐藤雅彰先生を迎えた校内研修がひっそりと行われた。1年前の公開授業研究会（2008年10月30日）でも授業者を務めた井上先生が再び研究授業に臨まれた。

1年前とは比較にならないほど小規模な研究会だったが、6月26日の一件を経てもなお授業を開く姿勢を崩さないことのほうがはるかに勇気ある決断に思えた。

「水溶液とイオン」の授業は「こんなに難しいことをするの？」と驚くような内容だった。この日、3年A組では理科の授業が2回目であり、しかも授業は15分間延長された。にもかかわらず、「普通なら学びから逃走してしまうようなタイプの子も含めて、みんな、最後まで学ぼうとしていた」（中里）。

40人の生徒のうち、10分の9の子たちは必死になって課題に挑戦した。残りの10分の1の子たちも最後まであきらめなかった。

目の前にいた優子さんは特別支援を必要とする子で、同じ班の女子がプリントを見せてくれたとき以外は半分目を閉じていた。けれども、井上先生が全員に向けて「初美さんが教科書に載っているところを見つけてくれたよ」と声をかけたとたん、優子さんが教科書を開き始めた。

ページが聴き取れなかったのだろう。ペラペラとめくるが、なかなか開けない。すると、隣の班から「89ページ」「89ページ」とささやく声がした。すかさず、優子さんも89ページを見つけ、左手で教科書を半分だけ開いた。そのままじっと動かず、中を読むことはなかったが、最後まで教科書を閉じようとしなかった。そして、「授業が終わったあと、優子さんが1人で実験道具を片づけていた」（佐藤雅彰）。

真ん中のグループには、あの裕幸くんと慶子さんがいた。2年前（2007年6月16日）の授業では悲しい物語の主人公だった2人が、なごやかに学び合っていた。

研究協議会では、古い先生も新しい先生も、教師が一人ひとりの生徒と築く信頼関係について語り合った。とりわけ、中村教頭、安田先生、西野先生のように、4月に赴任されたばかりの先生からハッとさせられる指摘が続いた。司会の長谷川先生が「いいですね！こういう話し合い」と声をもらす場面も見られた。閉会の挨拶に加えて、長谷川先生が提案した。

司会（長谷川）　なかなか司会をする機会がないので、言わせてください。今日のこの話し合いが、職員室でも続くといいと思います。

2009年10月23日（佐藤雅彰先生を囲む夕食会）

恒例の夕食会には佐藤雅彰先生、谷崎校長、中村教頭、井上先生、保科先生、安田先生、長谷川先生、長井先生、牧野が出席した。初回以来ずっと参加させていただいてきたが、この日初めて、普段は控えめな先生たちが喧喧囂囂と議論する姿を目の当たりにした。

どうやら、教師たちの足並みがそろっていないようだ。

長井先生いわく、子どもたち全員の名前が出る研究協議をめざすなら、じっくり語り合う時間が必要だし、教師が全員で授業を観察し、全員が研究協議に参加すべきではないか。校内研修に参加しようとしない同僚がいる状況に疑問を投げかけたのだ。これをきっかけにして、次々と意見が述べられた。谷崎校長はうれしそうに、「そうか」「そうか」と何度もうなずいた。

中村教頭との息も合い、一皮むけた自然体の谷崎校長がまぶしい。

数か月前までは「確信が持てない」と悩んでいらしたのに、「この取り組みでいいんだ」とどっしりかまえて動じない姿が頼もしかった。

2009年11月20日（内本先生の授業研究会に招かれる）

谷崎校長から授業研究会の案内が届いた。

2009/11/20 18:17（ケータイメール：谷崎校長→牧野）
ご無沙汰してます！　近々ですが、来週25日の1時25分から内本先生の研究授業があります。これは、市の国語研究部会主催です。内本先生は、牧野先生の都合がつけば参観してほしそうでした。急なご案内ですみません！

2009/11/20 18:56（ケータイメール：牧野→谷崎校長）
ご連絡ありがとうございました。25日は会議があるので調整できるか確認してみます。内本先生の晴舞台ですし、私の参観をご希望くださるのであればなおさら、なんとしてでも参ります！

内本先生の授業を見学させていただくのは、ちょうど1年ぶりだった。

2009年11月25日（高槻市国語研究部会）

内本先生が授業観察を希望されたということは何か特別な授業なのだろうか、と期待していたが、暗唱朗読と群読が中心の見慣れた授業だった。故事成語「矛盾」の授業（1年生）は得意のイラストから始まった。愉快なイラストもあの頃と変わらない。しかし、内本先生の語りは見違えるほど変化していた。

意識して抑えているようには見えないが、佐藤学先生を最初に迎えた2005年5月に比べると、言葉の量はおそらく半分に満たない。子どもとの何気ないやりとりの中で一言一句がゆったりと流れるように教室に響いていた。

安心感があるから、待てる。待てるから、間《ま》ができる。間ができるから、言葉が選ばれる。選ばれるから、言葉の量が減る。

「学びの共同体」を見るのは初めて、という高槻市教育センターの指導主事（国語）は語る。

指導主事　中学校の授業というと、まず生徒を抑えて、というところから始まるものだと思っていましたが、声のトーンが低い内本先生の授業が新鮮に見えました。

この日の授業研究会は、市内の国語教師が数名と高槻八中の関係者が数名という小規模の集まりだったが、高槻八中の先生が何かを発言する前に他校の参加者から**「テンションの低さ」**や**「学び合う関係」**について指摘がなされた。

思わず、谷崎先生と顔を見合わせて、小さく叫んだ。

牧野　「学びの共同体」を知らない先生たちにもわかるんですね！

ただし、授業づくりに関しては、谷崎先生も私も同意見だった。とにかく、あたりさわりのない授業というか、チャレンジがないからリスクもないが、授業計画を読んだ時点で展開を見通せるような内容だった。

しかし、逆に、徹底した守りの姿勢に興味をそそられた。

「どうしてですか？」とたずねてみると、原因の1つがわかった。内本先生の授業担当は2008年度2クラス、2009年度1クラスと制限されていた。

牧野 なるほど。1クラスだけの担当で、他の3クラスと歩調を合わせるためには確実な授業展開にしなければならないですものね。そういえば、2005年度は4クラスすべてを担当されていましたよね？
内本 そうです。あのときは自分が4クラス全部を見ていたから、自分の責任で、いろいろ考えて、授業をつくることができたんですが。

他の教師との授業分担は利点もあるが、授業づくりという意味では、試行錯誤の自由が制限される。

牧野 研究協議のときに、「なかなかグループの接着剤になれない」とおっしゃっていましたが、無理につなごうとしなくても、去年のように、短歌で「つなぐ」という方法があってもいいと思いますよ。
口頭の話し合いより、短歌のほうが言葉に気持ちを込めることができますし、「走れメロス」のときのように、一人ひとりの短歌をプリントに載せて配る、というのも「つなぎ」です。じっくり時間をかけて、友だちの短歌を味わうことができるんですから。班ノートと同じですよ。
内本 ああ、班ノートね。(うなずく)

牧野 暗唱や群読は、いかにも内本先生って感じで、いいじゃないですか。いつもいつも暗唱ばかりしてるわけではないでしょう？ 平家物語のような古文とか、今日の故事成語なんかも、内本先生にぴったりですよ(笑)。
内本 まあ、古文はテキストにリズムがありますからね(笑)。
牧野 やっぱり、「内本先生らしい」っていう授業スタイルがあっていいと思います。

佐藤学先生によれば、グループ学習には「個人作業の協同化」と「背伸びとジャンプのある学び」の2種類がある。暗唱や群読は「個人作業の協同化」だが、高い課題に挑戦する「ジャンプのある学び」を取り入れるためには、「聴く」「つなぐ」「もどす」の基本に帰るしかないだろう。

帰り際、玄関まで送ってくださった内本先生が、独り言のようにつぶやかれた。生徒指導の担当が終わったら、またいろいろやりたいと。

2010 年 1 月 1 日（元旦）

新しい年が明けた。元旦の朝、神宮司先生からの年賀メールが届いた。

> 旧年中は色々とお世話になりました。本年もよろしくお願いします。
>
> 昨年は、思わぬ入院と新型インフルエンザに振り回された 1 年でした。しかし、この半年間の高槻八中の「学びの共同体」の前進から多くのことを学びました。佐藤学先生から見放された八中ですが、逆にそこからの巻き返しが見事だったと思います。
>
> 私は 4 月から高槻にもどりますが、多くのことを学ぶことができた 2 年でした。この経験を生かすべく、今年も一歩前進したいと思います。
>
> 2010 年 1 月 1 日　　神宮司竹雄

2010 年 1 月 10 日（第 2 回「学びの共同体」冬季研究会）

第 2 回「学びの共同体」冬季研究会（熱海）が開催された。

佐藤雅彰　（高槻八中の 12 月の校内研修は）すごくよかったよ。辛口の神宮司先生でさえ、褒めていたくらいだから。

どうやら、神宮司先生が関係者に向けて「八中が立ち直った」と報告していたようだ。谷崎校長は次々に「立ち直ったんだってね！」と声をかけられた。「あの人はもう」と困惑していたが、谷崎先生には佐藤学先生と向き合うというハードルがまだ残されていた。

深沢　沈んでいるときは、もがけばもがくほど、空回りする。力をぬいて、原点に戻ることだね。転びながら学ぶことでしか、前には進めないのだから。

谷崎校長は佐藤学先生に翌年度の訪問を依頼した。返事は良好と聞いた。翌朝、朝食の会場で佐藤学先生と谷崎校長が同じテーブルについていた。**茨木市立豊川中学校**[1] の校長がその席に谷崎校長を誘われたという。私も同席させていただいた。

緊張して朝ごはんどころではなかったが、なごやかに歓談される 2 人を見て、ほっとした。

2010 年 1 月 11 日（稲葉義治先生のことば）

研究会 2 日目、分科会の参加者から、授業研究の方法に疑問が投げかけられた。すると、稲葉義治先生がその声に丁寧に応えられた。

稲葉　自分がこの研修をやって、岳陽（中学校）からもう 8 年経って、ふりかえってみると、学校の質がこんなふうに流れていくな、と。（図 11 のスライドを示す）

授業研究会での話題（進化の過程）

1　子どもの表情・仕草やからだを見る・聴く
　見たこと聞いたことだけを話す（保護者の参観と同じレベル）
　↓
2　子どもや教師の事実に即して話す（関係性を交えて話す）
　例：○○さんが、このときにこのように学んでいた
　↓
3　子どもの表れをもの語る（意味づける）ことができる
　教師の対応について語る
　↓
4　学びの質について語る
　対象との対話・他者との対話・自己との対話

図 11　教師たちの学び合いの進化（稲葉義治先生のスライドから）

稲葉　最初は「学びの共同体やってる学校って授業見て褒め合ってるだけだよね。あんなことして何になるんだ」って。だけど、そういうふうに見えるだけであって、実際は、そこしかわからないんですよ、最初は。だから、「子どもたちがどういう表情しているか見てください」っていうと、「いつもの授業と違って、今日は明るくやってましたねぇ」っていう程度しか最初は言えないんです。

そうですか？　田川くん。

田川　はい！（会場に笑い）

稲葉　最初そうなんですよ。ところが、これをずーっと繰り返していくと、なぜそうだったかってことを言えるようになるんです。「今日、体育の授業でね、マット運動やったんだよ。あの子、マット好きなんだよ。だから、次の数学の時間、ニコニコしながらやってた。だから、今日の数学のとき、いつもと違う顔つきしてたん

だよ」ってことがわかるようになる。

そういう話を校内研修なんかで聴くと、「ああ、あの子はマット運動好きなんだ」っていうことが共有されるわけですよね。そうすると、「○○ちゃん、マット得意だってね。今度、先生に見せてくれる？」と言うだけで、その子の顔つきが変わってくる。それはすごく大事なことですよね。それがだいたい2番目のレベル。

だいたい1番目から2番目まで、どのくらいかかるかっていうと、私の感覚では半年。学校で一丸で取り組んで、「こういうふうにやりましょうよ」って取り組んで、1番目から2番目までに行くのに半年。

最初の夏休み過ぎ、9月、10月ぐらいまでの研修は「今日の□□ちゃんがこんなことしてました」「△△くんがこんなことしてました」って。いったいそれが何になるかと思うわけですよ。だけど、その流れを1回経験していかないと、次のステップに上がれないんです。なぜかっていうと、先生たちは自分がうかつなことは言えないと思っています。いきなり、今日の授業との関係の中でどうのこうの、なんて絶対言えません。

たしかに、高槻八中でも新しく来た先生たちは皆、最初は戸惑う。

稲葉　そして、3番目。「今日の○○ちゃんがこんなこと言ってたけど、その前に○○ちゃんのところに□□くんが話しかけて、そのときに、ん？　と言って目の色が変わったように何かをノートに書き始めて、それであそこで手を上げて、こういう発言したんですよ」っていう、その子どもの考えだとか、裏づけまで語れるようになるには、1年以上かかります。2年ぐらいかかります。

ねぇ、高野先生？

高野　はい。

稲葉　あなたは今どのレベルですか？

高野　どのレベル……ですか？（会場に笑い）

稲葉　それで、学校全体でそこまで行くには、3番目まで行くには、だいたい3年くらいかかります。

そして、それを経験すると初めて、みんな、何を言われても平気な人間関係になってくるんです。そのときに、「あなた、今日なんであそこであの子がああいうこと言ったのに、切っちゃったの？」っていうことを言っても、「いやあ（笑）、あんときはおれも焦ってたよ」っていうことが平気で受け止められるようになるんです。3年かかります。

今、元吉原（中学校）が4番目ぐらいのレベルにやっときた。田子浦（中学校）は今、2番目から3番目ぐらいですよ。ね、田川先生？

田川　そうですね。

稲葉　そんなもんですよ。子どものほうはいいですよ。かかわり合いはすぐによくなります。だけど、先生たちの研修の中でのかかわり合いっていうのは、一向に進歩しません。子どもよりも10倍ぐらい遅れます。

ですから、いきなり「こんな研修やってて生ぬるい」とか、「もっと厳しさを」って言って、それをやっちゃうと、心を閉ざしちゃいます。先生の研修は成り立ちません。だから、我慢するんです。

じゃあ、1年経って2番目ぐらいまで来た。新しく来た先生はどうかっていうと、そういう雰囲気になると、すーっと半年もかからないで、そのレベルへと上がります。2か月、3か月で上がります。

私が元吉原(中学校)に移って3年経って、岳陽(中学校)へたまに行くと、岳陽の先生はもう7、8年やってますから、強いです。広見小学校はもう10年やってますから、レベルは高いです。だから、学校が研修を続けていくことによって、レベルが向上していくんです。

高槻八中も、1年目より2年目、2年目より3年目、3年目より4年目と、年数を重ねるごとに研究協議が進化した。紆余曲折はあっても常に、古い先生が新しい先生を引っ張り、新しい先生は古い先生から見よう見まねで学んでいった。

稲葉　私たちは「車の両輪」だって言うんですけど、左側の車輪は「教科の専門性」だから、教材解釈論はこっちに入るんですね。こればっかり語っちゃうとね、もう先生たちが嫌になっちゃうんですよ。「もう二度と公開授業なんてやるもんか！」って。「今年はおれはもう終わった」「あと1年経たなきゃ、おれの番は来ないよ」って。そういうことしか思わない。そんな研修にしちゃ、ダメなんですよ。

伊藤くん、今年何回、授業公開してる？

伊藤　えっと、2、3回してると思います。

稲葉　というふうに、負担にならないようにして。そして、「みんなで支えていこうや」っていう雰囲気にするには、やっぱり時間がかかるんですよ。

じゃあ、「子どもの関係性」(右側の車輪)ばっかりやってると、飽きちゃうんです。半年やってると、飽きちゃうんです。飽きちゃうから、もっと深い意見を言いたくなるんですよ。これを経験しないと、絶対次に進まないと私は思っています。

いきなり、両方がバランスよく進むような研修っていうのは、できないです。だから、その学校で、何年も何年もかかって、ようやく。

浜之郷(小学校)なんか行って、研修の様子なんか見てると、若い先生でもすごいこと語るよなぁ、って思っちゃうんです。それはなぜかっていうと、蓄積が違うんです。10年っていう蓄積が、その学校の文化を創っている。

ですから、その学校で、我慢して我慢して我慢して、続けていく。「なんでおれんち学校はこんなレベルなんだ？」って、それは蓄積が足りないからです。何回かやっていくことによって、研修のレベルっていうのは上がっていく。

だから、自分の学校を見てると、はがゆいこともあるんですけど、それは我慢してます。私は元吉原(中学校)に行ったときに、「早く岳陽に追いつけ」「そういう学校にしよう」って思ってやってましたけど、焦ったってできない。だから、1番目、2番目、3番目というふうにステップを踏んでいく。

(2010年1月11日、分科会の談話より)

稲葉先生は高槻八中が最初に出会った先生だ。富士市立岳陽中学校の教頭時代、神宮司先生に宛てた手紙を通して戸惑う先生たちを励まされた。佐藤学先生が帰られたあの日、部下の連絡を受けてすぐに谷崎校長に電話をくださったのも稲葉先生だった。

教科の専門性と子どもの関係性が「車の両輪」ならば、双方をつなぐ「車軸」は何か。佐藤雅彦の言葉が手掛かりを与えてくれる。

「教材論はもちろん大事で、それを否定しているわけではない。私たちは、子どものもがきやつまずきを通して、教材や授業の組み立てを見直そうとしているのです。」

(2010年2月25日、校内研修の談話より)

授業のどこで学びが成立し、どこで学びが成立していなかったのか、そして、そこから自分は何を学んだのか、という視点から授業研究をする。

2010年2月25日(年度末の校内研修)

高槻八中では、佐藤雅彦先生を迎えた年度末の校内研修が公開された。秋の校内研修と同じく小規模の授業研究会を想像していた私は、見学者の多さに驚いた。

長谷川　年度末のこの時期に、こんなに集まるなんて。

牧野　うんうん。10月とは比べものになりませんねえ。そういえば、長谷川先生、10月の研究協議の最後に「この話し合いが職員室でも続くといいと思います」って提案されたじゃないですか。あれから、どんな感じですか？

長谷川　少なくとも、ぼくはするようにしていますよ。何も変わっていないということはないと思います。

牧野　そうですか。それならよかった。

長谷川　あ、牧野先生、ぼく4月から日本人学校に行くことが決まったんです。

牧野　え、そうなんですか！？　それは、おめでとうございます。長谷川先生のこれまでのがんばりが評価されたということですね。

若手の英語教師にとって海外経験は願ってもないチャンスだ。もちろんうれしいけれど、高槻八中がまた柱を失うと思うと、谷崎先生の顔が目に浮かんだ。

この日、公開授業(1年生・数学)に挑戦したのは新任の高原先生だった。授業の直前、誰もいない教室でじっと待機している高原先生を見かけて、長谷川先生がやさしく声をかけた。会場の教室に到着すると、見学者が廊下にあふれ出ていた。

相当の時間をかけて授業の準備をしたと思うが、どんなに工夫を凝らしても1年足らずの経験しかない。授業の組み立て、教材の扱い、予想外の展開への対処など、改善点をあげればきりがない。

けれども、高原先生の授業には懐かしさのようなものが感じられた。「しっとり」と「やわらかい」空気が、あの日の再現のように思えたのだ。

ふと、廊下から遠慮がちに教室を覗いている丹波先生に気づいた。

牧野　こんにちは、おひさしぶりです。
丹波　ああ、こんにちは。(にっこりと微笑む)
牧野　授業をご覧になって、いかがですか？
丹波　なんか、タイムスリップしたみたいですね。
牧野　タイムスリップ？
丹波　いや、その、今いる学校から、数年前の八中に戻ってきた、というような。
牧野　ああ、私もちょうど、2005年5月の丹波先生の授業を思い出していたところなんですよ。

丹波先生が、神宮司先生と平野先生とともに築いたものは、江口先生を介して、新任の高原先生へと受け継がれている。

研究協議の会場(音楽室)は大勢の見学者で埋め尽くされた。あの日の出来事がよみがえる。2009年6月26日以来、高槻八中の先生たちの試行錯誤は続いた。7月の校内研修では、広島市立祇園東中学校の研究協議のビデオをもとに学び合った。また、子どもたちを一人残らず見るために、順番に発言するのではなく、発言の内容がつながる人から発言していこうと決めた。8月の校内研修では、「学びの共同体」の理論をもう一度みんなで確認し、学年別のビデオ研修を行い、それを全体で共有した。

高槻八中の研究協議は新しい研究協議に生まれ変わっていた。あの日は古い先生がリードして重苦しい空気を払拭しようと努めたが、この日は逆だった。クラス担任を皮切りに、新しい先生が次々と発言し、学び合いが軽やかに展開していった。

井上先生の絶妙な司会はこれまでの集大成を見ているようだった。冒頭には「関連した内容にしぼって」「2回、3回と発言していただいてかまいませんから」と声をかけた。

多くを語ることよりも、学びの事実をお互いにつなげる、という意識を喚起された。

発言が途切れかけると、「このグループを見ていた先生、他にいらっしゃいますか？」「その他のグループを見ていた先生は、どうですか？」と働きかけた。

グループの子どもたちを媒介にして、先生たちの言葉がつながり、一人ひとりの学びの様子が共有されていった。

一方、後半に回った古い先生は余裕があったのだろう。ベテランの江口先生と保科先生は、子どもの学びの事実を語ると同時に、新任の高原先生に向けて心を配られた。

やっぱりベテランの先生ってすごいなあ。こういう人たちがいる職場って素晴らしい。「教師が学び合い育ち合う学校」って、きっとこういう学校のことを言うんだ。

あの日から、高槻八中の先生たちが歩んでこられた道のりを思うと、涙が溢れて、止まらなかった。

谷崎校長　まだ出ていないのはこのグループだけだね。見ていた先生、どうですか？

こうして、一人残らずすべての子どもに教師たちの目が届いた。

神宮司先生によると、大東市から見学に来ていた5人の教師は、「4人グループだけでなく、研究協議の内容を聴いて初めて授業の営みを理解できた」と語られたという。ただし、神宮司先生は高槻八中の取り組みが12月と比べて「ゆるんだ」と感じたようだ。

「これは生徒の問題というより、一部取り組めていない教師の影響が出ているという印象でした。研究協議に参加しない教師も4、5人います。挑戦しようとする教師とそうでない教師との差をどう埋めるかが大きなポイントではないかと感じました。」
（2010年2月27日のメールより）

つまり、長井先生の提案(教師全員が授業を観察し、全員が研究協議に参加すべきではないか)は課題として残された。しかし、教師の4割が異動で入れ替わった直後の6月に比べれば、先生たちの学び合いが着実に前進したことは間違いない。

2010年3月26日（授業づくり・人間関係づくり）

ふりかえれば、高槻八中の「学びの共同体」づくりは2009年度に大きな節目を迎えた。

谷崎校長は「授業づくりを柱に据えた取組み」と題して、2004年度から2008年度までの軌跡を次のように報告している。

取組みまでの1年間

すぐに学校全体で「授業づくり」とはなりにくく、全体で取り組み始めるまでの1年間は、管理職と教務主任、初任者担当を中心に具体的な構想をつくる1年間であった。これまでの「講義形式」の一斉授業を、子どもたちを中心とした「協同的な学び」のある授業へ転換することは、これまで培った授業づくりの発想を大きく変えることになり、戸惑いや不安が起きるのは当然であった。そのために、取り組むまでの1年間で、以下のような動きをつくった。

①先進校視察について、予算を工面し可能な人数で行い、その報告を随時行った。

②初任者指導の一環として、グループ活動を取り入れた授業を実践し、研究授業を行った。

③教師間でグループ活動を取り入れた模擬授業を行い、その意義を実感し合った。

④先進校の授業風景をビデオで見て交流を行った。

⑤冬休みに、先進校の取組みの本を読みあった。

⑥3学期に、実験的に取組みを始めた。

・作業を取り入れた教材の準備

・グループ活動を取り入れる

・机をコの字型にし、お互いの意見を聴き合わせる

⑦岳陽中学校元校長を講師に招き、研究授業と「学びの共同体」についての講演

　をお願いした。

　いざ、全員で来年度から取り組もうという時点においても、「現状の本校の課題をもっと論議すべき」「授業のスタイルを全員が変えるのは大変」等の多くの不安の声はあったものの、全員で取り組むことに意義があるという確認のもと、本校の課題を確認し、学校全体で「協同的な授業づくり」に挑戦することになった。（中略）

今、全員で追求している取組み

　～「聴きあい学びあう授業づくり」～

　今年も、一人ひとりの学びを保障する授業をめざすために、「聴きあい学びあう授業づくり」をテーマとして、以下のような内容を追求する取組みを行っている。

①あきらめる生徒をつくらない。

②個人の作業や活動、グループによる活動、表現活動のある授業をつくる。

③仲間の発言をしっかり聴き、わからないことがわからないと言え、自分の考えを素直に表現できる授業を追求する。

　そのために、コの字型の机の配置やグループ活動を取り入れる。また教師は、「聴く」「つなぐ」「もどす」の作業を丁寧に行う。　（谷崎 2009: 24–25）

このように、高槻八中の「学びの共同体」づくりの安定期――佐藤学先生の訪問（2008 年 10 月）から佐藤雅彰先生の訪問（2009 年 2 月）まで――は 2004 年度から継続された「授業づくり」の実りだった。

ただし、谷崎校長の報告はこう締めくくられている。

　今回の報告は、「授業づくり」を視点においた報告になっているが、子どもたちの育ちは、もちろんすべての教育活動が結集してのことである。今年度の重点課題の 2 本柱のもう一方は、「お互いに信頼しあい高まりあう人間関係づくり」である。　（谷崎 2009: 28）

「人間関係づくり」は 2008 年 10 月の時点で佐藤学先生が最も強調された点だ。

佐藤学　だから、まずは安心して学べる状況をつくるということね。極力テンションを抑えて。女の子たちが仲良く学べるような状況をね、少しずつ少しずつ育てることね。一番大切なのは「わからない」とちゃんと言えるということね。だから、（1 年生については）グループ活動は、ジャンプも大事なんだけど、前半に入れる学び合いを大切にしてやったほうがいい。

以来、高槻八中の先生たちは佐藤学先生の言葉に忠実に従ってきた。「おさるちゃん」と称された（当時の）1年生が、佐藤雅彰先生から「山ざるが里ざるになったね」とたとえられた。学級崩壊を経験して傷ついた子どもたちや、特別支援を必要とする子どもたちが、落ち着いて学び合える関係を丁寧に築いた。

しかしながら、「車の両輪」（教科の専門性・子どもの関係性）という観点から言えば、「授業づくり」より「人間関係づくり」に比重が傾いていたのかもしれない。

2009年度は、「授業づくり」と「人間関係づくり」のバランスを保ちながら前進し続けることの難しさを痛感した1年だった。しかし、希望はある。「子どものもがきやつまずきを通して、教材や授業の組み立てを見直す」（佐藤雅彰）という視点から、もう一度、「授業づくり」に立ち帰ればいい。

そこに対話がある限り、学び合いは続くのだから。

石井順治先生は語る。

> 学校に学びあう対話を。団塊の世代の大量退職に伴い増加する新規採用教員、その若い教師たちがこれからの学校を担う教師として育つためにそれは欠くことのできないことである。ただ、それは若い教師にだけ必要なことではなく、すべての教師にとって、いつの時代も忘れてはならないことだとも言える。学びあう対話を実感した忘れられない協議会がいくつもある。
>
> その学校では、初任者の教師が臆せず素直に発言する。おだやかに包み込むようにそれを聴く他の教師たちの視線。そして、そこで語られたことをけっして孤立させない心配りする教師たち。この学校には良質の対話とつながりがある。
>
> 別の学校では、ベテランの授業を目にした若い教師がその感激を涙声で語り出すという出来事があった。その様子を慈しむように聴く何人もの教師たち。彼らも心打たれているのだ。若い教師の初々しい感性がまぶしいのだ。1つの授業を介して広がる授業づくりへの熱気。若い教師がいるからベテランが踏ん張り、ベテランの事実に触れて若い教師が授業の魅力を感じ取っていく。経験の差を超える学びあいがすべての教師を育てるのだ。（中略）
>
> 対話は人と人とをつなぐ。対話することで教育の対象である子どもに出あい学びの素材とも出あえる。そして、それが教師である自分自身との出あいにな

り教師としての成長につながっていく。

学校内に学びあう対話が生まれることで、そうしたつながりと出あいが可能になる。しかし、このような対話は 1 人の教師が力んでみたところで実現しない。管理職を先頭に、対話のできる学校にしようという共通意識を持つことだ。すべての教師の成長を図るために。今、それがなんとしても必要である。

(石井順治 2010b: 170–171)

毎年、古い先生を見送り、新しい先生を迎える。「学びの共同体」づくりの初期の時代を知る先生はわずかしか残っていないが、高槻八中で生まれた学び合う対話は、異動された先生たちを介して広がり、次の世代へと受け継がれることだろう。

2010 年 4 月 6 日(谷崎恵美子先生のことば)

2010 年度、高槻八中では平野先生と長谷川先生が異動で去られ、長井先生と土井先生が産休に入られた。新任の高原先生を育てた江口先生は体調を崩された。

2004 年度の「模擬授業」を知るのは谷崎校長と内本先生を含む 4 人だけとなった。2005 年度に井上先生、2006 年度に保科先生、2007 年度 3 人、2008 年度 3 人、2009 年度 9 人、2010 年度 8 人の新しい先生を迎えた。

この 2 年間で一気に教師が入れ替わっている。

谷崎校長 2004 年、2005 年、2006 年からいるのはたった 6 人しかいない。29 人の教師のうち、去年から始めた先生とこの 4 月に来た先生が 17 人。半分以上よ。最初はみんなでやったからよかったけれど、年々新しい先生が増える中で、取り組み続けることの難しさ。

ぽつりぽつりと語り始める。

谷崎校長 去年のしんどさに、もっと早く気づくべきだった。「みんな、わかってよ」「みんな、ついておいで」って、先生たちを説得して、引っ張ろうとしてきたけど、がんがんやっても、どだい無理だよね。

消極的だった先生が初めて思いを打ち明けてくれたという。

谷崎校長 1 年目、2 年目の先生にしてみれば、自分がまだよくわかってもいないときに、見学者の目にさらされながら、研究協議をするのがしんどかった、って。

谷崎校長はよかれと思って授業研究会を重ねてきたが、有名な講師が招かれるときは常に外部の見学者が増える。

谷崎校長 反対する人にも反対する理由がある。なぜ反対と思うのか。そういうしんどい先生の立場に立って、ちゃんと聴けていなかった。
牧野 しんどい先生が本音を語ってくれて、よかったじゃないですか。
谷崎校長 そうだよね。子どもをしっかり受けとめなさい、というのと一緒だよね。子ども一人ひとりと寄り添う、というのと同じだよね。
牧野 うんうん。先生と生徒の関係と同じですね。
谷崎校長 校長と教師の関係だな。なるほど。だから、「学びの共同体」なんだね。「共同体」としての学校の教師のありよう、というか。……というところに、やっとたどりつけたのかもしれないね。
牧野 谷崎恵美子校長と「学びの共同体」の出会い、ですね(笑)。

こうして、また新しい物語が始まる。

谷崎校長 先生たちが、どんなふうに悩んだり、疑問に思ったりしているのか。そういう事実から学ぶ、っていうかな。声なき声を聴き取る。この1年は、そういう1年にしたい。

注

1 高槻市に隣接する茨木市では、茨木市立豊川中学校が高槻八中より一足先に「学びの共同体」づくりを始めていた。高槻八中は豊川中と励まし合いながら取り組みを続けてきたという経緯がある。
2 ワークショップの参加者の声を本書179ページに紹介している。

V　実践者の視点

「学びの共同体」への挑戦

高槻市立第八中学校 校長　谷崎恵美子

思い起こせば、校長になって１年目の終わり、次年度の重点課題を「授業づくり」にしたいと考えていた頃、当時、初任者指導教諭であった神宮司先生が、市の教育センターの紹介で茅ヶ崎市立浜之郷小学校の視察に行ったことが、本校の「学びの共同体」を始める大きなきっかけとなりました。神宮司先生は、浜之郷小学校で取り組んでいた「学びの共同体」に感動し、学校に紹介をしたのです。

それから、「学びの共同体」の研究が始まりました。最初の疑問は、「学び」って何だろう！　そんな疑問から始めたものです。神宮司先生はエネルギーを持った教師で、佐藤学先生が講師で参加される場所に出向いたりと、積極的な動きが、私をはじめ、学校の中に少しずつ「学びの共同体」の火をつけ始めたのです。

「学びの共同体」の学習の１年目

校長２年目は、「学びの共同体」を理解する１年目だったと言えます。一番この取り組みを引きつけたのが、『公立中学校の挑戦』(佐藤雅彰・佐藤学 2003)の富士市立岳陽中学校でした。予算の許す限り、教師が視察に行っては、みんなに紹介する方法を取り、私も１月には次年度の教務主任と平野先生の３人で公開授業研究会に出席をしました。本を読んで理屈では理解していたものの、実際に教室をのぞくと、どの教室もしっとりした雰囲気であったこと。４人グループで生徒同士が顔をつき合わせ、会話をしながら課題に取り組んでいる光景。教師の語ることばが少なく声も小さいことなど、これまでの授業のイメージをくつがえす光景でした。また、その後の研究協議会も、先生方が全員発言され、しかも、子どもの様子が語られていたことが驚きでした。

本校では、神宮司先生が指導していた数学科の新任教諭、平野先生の授業から試みが始まりました。実際に数人でその授業を参観したり、試行錯誤の日々が続きました。

学校の取り組みに「学びの共同体」を導入

学校全体で「学びの共同体」を取り入れるとなると、すんなりといくものではありません。いざ、自分の授業を変えようとなると、他人事ではなくなります。「今の授業でなぜだめなんだ」「やれる人がやればいいのでは」「なぜ、本校に学びの共同体を取り入れる必要があるのか」など、疑問や反対の声が出てきました。最終的には、「やってみよう。でも、毎時間にグループを取り入れるのは厳しい」「なるべく取り入れよう、でいいのでは」という、紆余曲折の意見が出る中で、基本は「全員が毎時間グループを取り入れる努力をしよう」という、1年目のスタートとなりました。

取り組み続けて深まる私自身の悩み

1年目は、それぞれの教師が悩みながらも模索し続けた1年だったと思います。神宮司先生の熱意が通じ、5月にはなんと、佐藤学先生をお呼びすることになったのです。そこで、公開してくれた丹波先生と内本先生の授業が研究協議会で語り合われ、佐藤学先生の鋭い意見に感動したことが、昨日のことのように脳裏に焼き付いています。このときの様子が、佐藤学先生の『学校の挑戦』(佐藤 2006)で紹介されています。私自身、無我夢中の1年だったようです。その後、佐藤雅彰先生にも定期的に講師としてお越しいただくことができるようになり、また、年に1度は佐藤学先生にもお越しいただいて、取り組みを進めてきました。しかし、2年目、3年目と「学びの共同体」を取り組めば取り組むほど、悩みが出てきました。私自身の葛藤がありました。「はたして、私自身、どれだけ本質を理解しているのだろうか」「先生たちに理解してもらうためにどうすればいいのだろうか」「先進校のまねではいけない、八中の学びの共同体を根づかせることが大切だ」など、悩みはつきないものでした。縁あって、関西大学の牧野先生がずっと本校の取り組みにかかわり続けてくださったのですが、いつも私の悩みを聴いてもらい、話をすることで、次のステップに私自身が進んでいくことができたのです。牧野先生が心の支えだったかもしれません。本当に感謝しています。

継続することの難しさ

この取り組みは、子どもたちには根づき、4人グループは歓迎されるものまでになっています。しかし、ここ3年間、年に3分の1近くの教師の入れ替わりが続いています。そのような状況の中、「学びの共同体」を理解してもらい、一緒に取り組んでくれる人をどれだけ増やすのかが、課題となってきています。年度初めには「ゼロからのスタート」とは言いつつも、転勤者にとっては初めての取り組みというより、授業を変えることを要求されており、また、経験者にとっては、学校全体で進まない不満めいた気持ちも出てきたりと、それぞれの「学びの共同体」に対する向き合い方の温度差が生じる中、研究授業は実施するものの、一人ひとりの教師にとって、実のある内容となりにくい状態が生まれていました。

大きな転機

そのような状況の中、5年目の2009年6月に、佐藤学先生を講師に招き公開授業研究会を行う予定をしていました。この頃は丁度、新型インフルエンザ発生のため、5月の中旬に大阪府内が一斉に1週間の学校閉鎖の措置が取られたり、宿泊行事が延期になったりと、落ち着かない日々が続いていた時期でもありました。結果として振り返ると、予定していた学年のビデオ研が流れたり、授業への意識が弱くなっていたことが、佐藤学先生には、「この状態では、いい研究授業ができない」と感じられたようです。学校全体の授業を見て回られた後、厳しい指摘をされました。「学校の中で、まずは学年のビデオ研が大切。どのようなことがあろうと、それをやっていない学校で、授業を見た後は、厳しい話しかできない。参加している人に申し訳ないから、今回は止めにしよう」という、突然の講師の辞退に、大慌ての結果となりました。全国から50名以上の参加者を招く中、この日の午後からの技術科の研究授業を行い、研究協議も佐藤学先生の欠席の中、牧野先生や神宮司先生の支えもあって、何とか終えることができました。

このことが、学校の中では、「もう一度、ゼロからスタートしよう」という気持ちにつなげるきっかけとなりました。教務主任を中心に、授業研究推進係の教師と一緒に、夏休みの校内研の持ち方について協議を行いました。全員で、「学びの共同体とは」をもう一度確認し、学年のビデオ研から、丁寧に行う試みを行いました。私自身、何とか全員の先生が「学びの共同体」を推進する中に入ってほしい、やるからには納得して楽しいと思える研究協議にしたい、という思いを強く持ちました。その後、10月、12月と佐藤雅彰先生を講師に招いての授業研究を行い、子どもの様子がよくなっていることの評価を得て、うれしく思ったこともありました。今年の2月には他府県からも参観者を招き、新任教師の公開授業研究会を行いました。それまでに、教科や授業研究推進係の教師で教材の相談を何度も繰り返して臨んだ新任教師は、この研究協議を終えて、「学びの共同体」がやっとわかったような気がすると述べています。

6年目の挑戦

今年も3分の1近くの教師が替わる中、また「ゼロからのスタート」をどのように丁寧に進めていくかが問われています。佐藤学先生が『学校の挑戦』の中で本校を紹介された文章の最後に次のように書かれています。

　こうして高槻市立第八中学校の「学びの共同体」づくりは、阪神地区に確かな拠点を築く歩みを開始した。その挑戦が実るかどうかは、これからの同校の教師たちの真摯で丁寧で細やかな日々の実践の進展にかかっている。そこに希望をつなぎたい。（佐藤 2006: 218）

　今、再度読んでみて、まさしく、真摯で丁寧で細やかな日々の実践をどのように行うかが問われている今年であると、強く感じています。私自身、一人ひとりの教師の思いに寄り添い、声に耳を傾け、学校全体で、あせらず、じっくりと、取り組みをしたたかに続けていきたいと、強く思っています。

（2010 年 4 月）

グループ学習に取り組んで

高槻市立第八中学校 教諭　**内本義宜**

はやいもので、「もう、5年にもなるのか」というのが正直なところです。この間のことについて、自分なりに振り返ってみたいと思います。

まず、転勤したころは、前任校との生徒の様子の違いや学校の雰囲気の違いに戸惑うことが多かったです。その中でも印象的だったのは、時折、校長先生が授業を参観に来られることでした。今までにないプレッシャーを感じ、「この学校では、授業がきちんとできないとやっていけないのだ」と思いました。ただ、生徒は比較的落ち着いていました。授業妨害やエスケープは、ほとんどありませんでした。空き時間には見回りをすることなく、班ノートの返事を書いたり、小テストの採点ができたのも新鮮でした。また、総合的な学習にも熱心に取り組んでいましたので、地域の方をゲストティーチャーとして招く授業カリキュラムを作ることに随分と腐心したのを思い出します。

また、当時は先進校への授業視察に取り組んでおり、私も11月の下旬に、岳陽中学校へ伺いました。そして、視察に行くとレポートを提出することになっているので、「熱心だな」と感心しました。また、2月には佐藤雅彰先生を囲む会にも参加し、現場の校長先生として、苦労されながらも、学校を建て直すために尽力されてこられたお話を伺い、随分と共感しました。そのころの私の心境を書いた文章がありましたので、紹介させていただきます。

> 「岳陽中学校」の視察から約4ヶ月。前校長の佐藤雅彰先生との懇談会から約1ヶ月。どうすれば、みんながよりよき学校生活を送れるかを考えてみました。岳陽中学校の生徒や先生は、大変元気でした。あれほどの授業をしながら、生徒も先生もあまり疲れていないというのは何か訳があるに違いないと考えたのです。視察に行ったとき、下校する生徒たちは生き生きとしていました。佐藤先生によると、岳陽中の先生方には6時半ぐらいには学校を出るようにしてもらっているとのことでした。また、放課後の会議はほとんどなく、先生方にはクラブ活動についてもらっているとのことでした。「じゃあ、教材研究はどうされているのですか」と伺うと、「空き時間にやってもらっています」

と答えられました。現在の岳陽中の先生には確認できていませんが、前の校長先生がおっしゃるのですから、まんざら誇張ばかりではないと思います。これらのことをヒントに来年度の体制を考えるに当たり私なりに考えたことをまとめてみました。

まずは、現在の授業がどうなのかということ。八中に転勤して１年が過ぎようとしていますが、おおむね大半の生徒は、まじめに授業を受けています。私も、今までに使った教材をリニューアルしながら授業を行ってきました。しかし、授業が毎回、充実したものだったとは思いません。こちらの力不足ゆえ、あくびをしたり、私語をする生徒もいました。それでも、総じて言えば、授業規律はおおむね守りながら、授業を受ける生徒が大半でした。そのことに随分と勇気づけられたものです。授業妨害を繰り返す生徒に手を焼くということはほとんどありませんでした。また、空き時間でも、授業を抜け出す生徒を追いかけたり、面倒を見ることもほとんどありませんでした。空き時間には、班ノートの返事を書いたり、授業の準備をすることも出来ました。今後も、「この状態は死守したい」というのが私の強い願いです。

学校改革をして行くに当たり、現状をしっかりとみんなが把握する必要があると思います。その上での授業研究は大いに結構です。人の授業を見ることによって、自身の授業を見直すことにつながります。また、人から助言してもらうことで、独りよがりになっていることに気がつくと思いますので。しかし、岳陽中学校が行っているように「教師の負担とならない」ように行うことが肝心だと思います。

次に、八中の学校生活についてですが、放課後のクラブ活動に随分たくさんの生徒が参加しているにもかかわらず、顧問がついて活動できる日は限られています。また、生徒会や専門委員などの活動を指導しようと思えば、放課後一定のまとまった時間が必要です。集団作りをする上で、必ず「核」になる生徒が必要だと考えます。このような生徒を育てるには、指導者が「ともに過ごす時間」がいるのです。おそらく、岳陽中の先生は、クラブ活動や委員会活動にも熱心に取り組んでおられるはずです。その中で、生徒との信頼関係も築いておられるのでしょう。玄関に飾ってあった数々のトロフィーや賞状がそれを物語っています。また、校内の掲示物を見ても、かなり立派なものでした。年度初に授業時間を専門委員会活動と特別活動に振り分けて、一方で委員会をしながら、残った生徒は教室で掲示物を作る、そんな時間も捻出されているそうです。このような時間を作るためには、放課後にできる限り、みんなが束縛される会議を入れないようにしなくてはなりません。そうすれば、生徒指導はもちろん、教材研究やクラブ活動、委員会活動を指導する時間が出来ます。そして、時には休暇も取れます。

ちょうど、年度末に学校改革の一環として、グループ学習を取り入れることを学校として議論していた頃のものです。転勤1年目ということもあり、随分と戸惑いながらも、これから八中の一員としてやっていかねばならないので、自分の意見はまとめておこうという思いで書いたものです。ちょうど、1年間八中で過ごしてみて、「この学校は何をしても時間がかかるなあ。今までとは勝手が違うな」と感じていた頃です。

さて、2005年度から、グループ学習が導入されましたが、最初は生徒からの反発も大きかったです。一斉授業では慣れぬコの字型の授業形式。「黒板が見にくい」「首が痛い」という不満があがりました。また、グループにしても机をきちんとつけさせるのに苦労しました。学び合いどころか、いやな相手にはかえって露骨に机をつけようとしない生徒もおり、こちらが強引につけても、目を離せば、また離すという有様でした。

このようなスタートでしたが、1学期の途中より、毎週1回、関西大学の牧野先生が来校して下さり、私の授業をビデオに撮り、その中で気づかれたことをレポートにまとめていただきました。また、自宅へ帰ってから、撮っていただいたビデオを見せていただきました。時には、自分のビデオを見ながら眠ってしまうこともありました。でも、毎回、自分がどのような授業をし、生徒たちがどのように反応しているかということを教えていただき、また、それについて助言いただくというのは、たいへん貴重な機会でした。今までの自分に無いやり方を教えていただいたことはありがたかったです。たとえば、「生徒に発言を求めても反応がない時は、教卓で立って待つのではなく、座って待ったらいい。そうすれば、生徒たちのほうが沈黙に耐えられず、発言するようになるから」とおっしゃったので、そのとおりにすると、時間はかかりましたが、生徒からの発言がでました。

あれから5年。今は、すっかりコの字型やグループ学習は定着しました。生徒たちも受け入れています。こちらも、授業の進め方について戸惑うことは減りました。しかし、授業についての悩みは相変わらずです。生徒の実態を見極め、どのような教材を用い、どのような発問をするかということは難しいです。また、生徒の反応を見ながらそれらを適宜、修正していく必要があります。これは何処まで行っても尽きぬものなのでしょう。今年度は、1クラスしか授業を担当していないのですが、生徒たちに落ち着きが無く、教師や友達の意見をじっくり聴くことができません。授業規律を無視し、自分勝手な行動をしても平気な生徒が数人いますので、学習をする雰囲気が醸し出されません。できるだけ言葉数を少なくし、早めにグループ活動をいれ、課題のある生徒に関わり、生徒同士をつなごうと意識しています。でも、最初のこちらの指示を聴こうとしない生徒が多いと、それから先に進めません。今年度は、改めて授業規律を確立することの大切さを痛感しました。

中学校現場は、何処でもそうでしょうが、忙しいところです。その中で誰もが大切だと感じながらも、ついつい後回しになっているのが、教材と向き合う時間ではないでしょうか。でも、この時間をうまく捻出しながら、クラス活動や学校行事、またクラブ活動や生徒会活動を通して、生徒との信頼関係を如何に築くかということが大切だと思います。そのためには、生徒とともに過ごす時間が必要です。授業の中でもグループ学習を通して、支援の必要な生徒に関わり、生徒同士をつなぎながら進めていけたらと考えています。

(2010年3月)

エピローグ

2010年4月、高槻八中の教師29人のうち「学びの共同体」歴1年目、2年目の先生が17人という体制で再出発をした。井上先生の後任として保科先生が教務主任となられた。新しい先生の心情に配慮し、校内研修の公開は年3回と決めた。講師の指導を受ける機会は減ったが、新たな試みとして、広島市立祇園東中学校や東大阪市立金岡中学校から同志を迎え、悩みや工夫を共有する場を設けた。

2010年10月22日(北川威子先生のことば)

とうとう、この日がやってきた。1年と数か月ぶりに佐藤学先生を迎える。公開授業研究会の当日、谷崎校長からメールが届く。

「おはようございます。今日はよろしくお願いします。佐藤先生は10時45分頃に本校へ到着です。神宮司先生と一緒に校長室で待っていてください。私が迎えに行ってきます！」

一足早く学校に着くと、中村教頭が笑顔で迎えてくださった。そういえば、中村先生と初めてお会いしたのは佐藤学先生が帰られたあの日(2009年6月26日)だった。以来、いつ見かけても校長を支える姿が印象的な教頭でいらした。

ふいに、1人の女性が校長室に現れた。応接テーブルに飾る可愛らしいブーケを届けてくれたのだ。思わず声をかけると、中村先生がにっこりと微笑まれた。

牧野　ああ、八中はこうして、保護者の方に支えられているんですねえ。
中村教頭　PTAで一番ご活躍なんですよ。

ほどなく、谷崎校長とともに佐藤学先生が校長室に到着された。参加者名簿には大阪府を中心に約60名が申し込んでいた。神宮司竹雄先生が合流され、午後には北川威子先生が広島から駆けつけられた。

校内の教室を回る。1年生のときに「おさるちゃん」と称された3年生は「一応安定している。不安定ではない」(佐藤学)と成長を認められた。中には「やさしいね。この子たちが先生を支えている」(北川)と評されるクラスもあった。しかし、全体としては、「形だけで中身がない。学びが入っていない」(佐藤学)。「課題探究型の授業になっていない。対話が起きていない」(北川)。「子どもの活動ではなく、教師の活動になっている」(神宮司)。

公開授業は耐震工事の影響で体育館に設営された仮設教室で行われた。授業者は半年前の校内研修と同じく新任の高原先生だった。高槻八中はそれまでも佐藤学先生と佐藤雅彰先生から「グループ学習の課題が易しすぎる」という指摘を繰り返し受けてきた。おそらく、それを意識して難易度の高い課題に挑戦させたのだろう。しかし、子どもたちは必死に考えていたものの、身体が動かず固まっていた子も少なくなかった。

授業が終わるやいなや、北川先生が声をもらす。

北川　いったい、どうしちゃったの？　八中は！

向かい合って、私の目をまっすぐに見据える。

北川　あなた、八中を指導しているんでしょう？

鷹のように鋭い目には見透かされていたのだ。

牧野　え？　いえ、私は、指導はしていません。

心の中でそっとつぶやく。私は、記録係です。

「学びの共同体」のライフサイクルを見届けて、自分の役割は終わったような気がしていた。

2010年10月29日(佐藤学先生の厳しさと優しさ)

1週間後、校長室を訪ねた。

谷崎恵美子校長は2010年度をもって定年退職を迎えられる。

谷崎校長　あと5ヶ月で、何をしたらいいのか？

追い詰められた谷崎先生を励ます言葉は見つからなかった。

けれども、決してあきらめず、歩みを止めようとはしない姿が凛としてたくましい。

谷崎校長　目の前に子どもたちがいる限り、責任を放棄することはできない。理屈だけで一方的に批判されたら、聴く気にならないだろうけれど、佐藤先生は八中の子たちをご覧になって、この子たちに今どんな言葉をかけたらいいのか、って一緒に悩んでくださる。そこが佐藤学先生の厳しさと優しさなのかな、って思う。

自宅に帰り、パソコンを開いても、キーボードを叩く指が動かなかった。

2010年10月30日（ともに悩み、ともに考える）

翌日も気分は落ち込んだまま何もする気になれなくて、気持ちを切り替えようと料理を始めた。野菜を切っている最中、ふと北川先生の鷹の目が脳裏に浮かんだ。

北川威子先生は、広島市立祇園東中学の校長を退職されて以来、西日本の学校を中心に「学びの共同体」づくりを支援していらっしゃる。この日も、友人の谷崎先生のために遠くから足を運んでくださった。

厳しいけれど、あったかい大親分は私の小学校時代の担任教師と似ている。約30年前、静岡市立安東小学校と安東中学校はすでに教室の机がコの字型だった。幸運にも、たまたま通っていた公立学校の義務教育を対話の中で育てていただいたのだ。その後、国語の教師を志し、やがて「対話による学び」を研究するに至るが、その原点は小中学校の学びの経験にある。

一瞬、目の前に一筋の光が見えたような気がした。

高槻八中の先生たちに今どんな言葉をかけたらいいのか。谷崎先生と一緒に悩める人間が自分の他にいるだろうか。

包丁を置いて、ケータイを手に取る。

「谷崎先生、昨日はお忙しい中ありがとうございました。そして、配慮が欠けていたことをお詫び致します。私は自分の必要ばかりを考えて、谷崎先生が必要としているものに意識が届いていませんでした。『あと5ヶ月で何をすべきか？』

これはあくまでも私の考えですが、今の八中の先生たちに必要なのは、自分自身の研究として、授業づくりに向き合う時間(教材研究をしたり、それを相談し合える環境)ではないだろうかと思います。

それさえ保障されれば、八中の先生たちはそれぞれが責任をもって、学びを成立させる授業づくりを探究されるはずです。しかし現状は、先生たちにとって、授業中のグループ活動がルーチンワークになってしまっているのではないか？　という気がしました。勝手なことを言って申し訳ありません。」

すぐに、返信が届いた。

「私のほうこそ、きちんと客観的に分析し、1つの指針としてこれからをどう持てばいいのか、考える機会になりました。核心の話に最初は向き合えなかったのかもしれません。でも、牧野先生とお話をする中で整理できた部分が多々ありました。やはり、あんな時間が私に必要なこともわかりました。アドバイスありがとうございます。ルーチンワークをもう少し具体的に教えてください。よろしくお願いします！」

このとき初めて、指導するということの重さを知った。先生たち、子どもたちの未来が自分の言葉にかかっている。

「ありがとうございます。ルーチンワークとは、決まりきった日常の業務のことで、マニュアル化された手順通りにこなしておけば、考える必要のない作業のことを言います。もちろん、八中の先生すべてがそうではないとしても、いつも忙しくて疲れていると、授業づくりの教材研究にまで力が注げません。そのため、つい無難なドリルのプリントをグループでやらせてすませる、というようなルーチンワーク化が起きているのではないでしょうか？

教師としては、授業づくりそのものに挑戦や探究がないと、やっていて楽しくありません。たとえ失敗しても、発見があれば楽しいものです。ちなみに、高原先生の授業はルーチンワークではなく、挑戦がありました。ただ、他のクラスでも試してみるとか、それを他の先生たちと共有して試行錯誤する、というような、かつて平野先生のときには当たり前に実践されていたことが、今はいかがでしょう？　先生たちにその余裕があるでしょうか？」

研究者が学校現場に入ってできること——それは、ともに悩み、ともに考えることだ。

「考えてみます！　いつもありがとうございます！！」

今になってようやくわかった。対話による学びの道が、目の前に続いている。

校内研修　授業研究会（10月）を終えて　　2010年11月1日　教務だより

目的　①生徒が主体的かつ意欲的に学ぶ「協同的な授業づくり」のために
　　　②教師が相互に学び合う関係を築くために
　　　③教師の専門性を高めるために
授業研究会　2年生　数学科　6限　2年C組（体育館）
授業者：高原教諭

☆第7回校内研修を終えて（皆さんの感想、ご意見）

・自分なりにやってみました。精一杯です。でもこれからどんなことに気をつけていけば良いのかのヒントが、佐藤先生の話の中にあったように思います。自分自身の授業に対してどうしたいかを考えさせられ、方向がはっきりしたように思います。これからも自分なりにやっていきます。
・高原先生お疲れ様でした。佐藤先生のお話を聞き、どのようにすれば生徒同士の学び合いを高めることができるかが少しわかりました。
・たくさんの方が来られ、とても緊張しました。きびしいことを言われましたが、気合を入れてがんばろうと思いました。
・私は初めて参加させていただきました。佐藤先生もおっしゃっていましたが、生徒に対する心遣いが雑だったと思います。授業でも常に生徒の視点に立つことが大切だと思います。生徒たちは知らない大人がすぐ横にいるという異様な状態で授業をしていたので、かわいそうに思いました。
・佐藤先生に八中の学びの問題点をいろいろご指摘いただき、勉強になりました。課題の低さ、授業の前半の丁寧さが欠けていること、説明が長すぎる……など。どれも自分の授業に当てはまるものばかりで反省しました。2年C組の研究授業も、とても勉強になりました。生徒同士の交流を見られたのと、何より「まず自分で考える」ことを多くの生徒ができていたのがすごいと思いました。また、高原先生の言葉のかけ方、タイミングなどを見て、生徒をどうつなぐのかを学ぶことができました。ありがとうございました。
・お疲れ様でした。見学される方が多かったこともあろうかと思いますが、体育館での授業というのはいかなるものかと。子どもの普段の姿が見えにくくなるのでは？と思いました。
・お疲れ様でした。グループ活動の時間がたくさんあるので、子どもの「ひらめきの瞬間」が見られました。ありがとうございました。
・「最初の30分を丁寧に」というのは、自分にとってよい課題となる。自分自身できていることもあったので、自信にもなった。
・教室に複数台のビデオを設置し、生中継みたいにして生徒の環境をなるべく普段に近い状態で見ることはできないものかと……。別室でライヴビデオ（TV）を見ながら、参加者がワーワー意見を言い合うこともできるし……。

・佐藤先生の指摘は八中の課題を明確にとらえられていたように思う。内部の私たちが、“うまくいかない”と思い、悩みながら、でも、どう抜け出せばいいのかわからない、という部分について、ひとつの方向性を示されたように思う。“授業のレベルを上げる”のは難しい課題である。ジャンプアップする問題を後半に用意する……。ウ～ン。
・高原先生による大変意欲的な研究授業を見せていただき、いろいろと刺激を受けました。ついつい課題(多角形の和の求め方)に熱中してしまいました。佐藤学先生のお話では、①全員が到達できる教材＋②発展的、挑戦的な課題(1/3 ～ 2/3 が容易にできない位のレベル)の両方が必要だ。また、今の八中の授業レベルは易しすぎる。先生が生徒に支えられている……という指摘が衝撃的でした。よし、やるぞ。
・高原先生、お疲れ様でした。佐藤先生のご指摘は的を射ていてドキッとする連続でした。身が引き締まりました。貴重な時間になりました。
・初めての参加だったので、研究協議会や佐藤教授のお話の意図するところが良く分かりませんでしたが、後日、保科先生とお話しする機会があって、長井先生と TT(チームティーチング)を組んでいたときのことを思い出しました。また、学習の協同体の育成の工夫と並行して、授業への取り組みの姿勢も育成していく工夫の大切さを痛感しました。
・高原先生お疲れ様でした。体育館という場所で、子どもたちも緊張していたと思う。普段の姿ではなかった気がします。教室ではもう少し活発？　また、教職員の参加状況が気になりました。もう少し授業者のことを考えてほしい!!
・今回の校内研修はたくさんの先生方が見られている中で生徒たちはグループ交流していました。他の班に聞きにいって、戻ってきて説明していたというのもよかったのではと思います。佐藤先生のお話はとても参考になりました。
・高原先生ありがとうございました。導入部で星形の各角を集めて 180 度にする場面。パズルのように面白くて、生徒たちの視線は釘付け。「ナイスつかみ」だと思いました。しかも、三種類の星を用意されていて、生徒に対する細やかな愛情を感じました。佐藤先生のご助言は思わず耳が痛くなるところを多く指摘されました(内容のレベルの低さ。授業の前半を丁寧に。女子を明るく！)。自分の課題をとらえ、日々の授業に意識してとりくんでいこうと思いました。
・高原先生が授業者となってくれたこと自体、八中の取り組みを支える大きな力だったと感じました。生徒同士がどうつながるかは、課題に大きく影響しますが、教師がどうつなげるのかの役割も大切なことを高原先生から学びました。佐藤先生のお話は、ストレートで厳しいと思うこともありましたが、今の八中をもっとよくするための示唆を多くいただいたと思います。授業の始まりを大切にすること。丁寧にやること。それと、グループをどの授業でもきちんと入れておけば、必ず、生徒たちが落ち着いていくという方向性がよく分かりました。全員で挑戦することが大切だと分かりました。

☆高原先生。授業の公開本当にありがとうございました。また、授業研究会では、前日の準備から当日の片づけまでご協力ありがとうございました。工夫されたジャンプの問題に粘り強く取り組んだ 2 年生の生徒たちの様子や高原先生の授業を受けて、八中の教師はもちろん、来校者の皆さんも、次の授業につながる具体的なヒントを得られたのではないかと思います。どの生徒も学びたい！　伸びていきたい！　と思っています。それに答える教師のスキルをどう上げていくかは私たちにかかっているなあと

実感しました。生徒たちの学びを創れる教師、生徒の学びをしっかり見取れる教師になりたいと思いました。(保科裕香)

2011年1月10日(大阪の子どもたちは)

第3回「学びの共同体」冬季研究会(熱海)に参加した谷崎先生と私は、大阪への帰路、不思議な体験をした。

京都駅で茨木市立豊川中学校の一行と別れ、在来線に乗り換える。2人で研究会をふりかえっていると、ほどなく、電車は高槻駅で停車した。

事実は小説よりも奇なり。

目の前のドアから入ってきた乗客は、なんと、高原先生だった。あまりのタイミングのよさに興奮気味だったのか。それとも、私服姿が学生のように見えたのか。言葉を交わすのは初めてだったにもかかわらず、思わず肩をたたいた。

牧野　あなたがホープなのよ！　ちょうど今、話をしていたの。熱海の研究会では、夜の宴会で全国の先生が前であいさつをしてね。北は北海道から南は九州まで。最後に大阪の先生たちが、ずらーっと並んだの。大阪が一番多かったんじゃないかなぁ。私は、なんだか、誇らしかったよ。
高原　大阪に、合ってるんでしょうね。
牧野　ん？
高原　しゃべるのが、好きだから。
牧野　……子どもたちが？
高原　(うなずく)
牧野　なるほど、ね。

大阪の子どもたちは、ボケとツッコミの掛け合いで対話する。

静岡で生まれ育った私にはその呼吸がわからず悩んだものだが、大阪歴10年にしてようやくつかめた。

ボケとツッコミは「聴き合う関係」とは異質なように見えるが、実は共通している。相手の言葉を聴かなければ、ボケることもツッコムこともできないし、ましてや、掛け合いのリズムに言葉を乗せることなど、できるはずがないのだから。

この豊かな対話の文化に学び合いが溶け込んだとき、この地に「学びの共同体」が根づいていくのだろう。

2011年1月19日（どの子も一人残らず）

年明けの校内研修は、新任の南先生が研究授業に挑戦された。この時期、中学1年生の英語の授業と言えば、「できる子」と「できない子」の明暗が子どもたちの表情にはっきりと出始めるものだが、どの子も一人残らず参加している学び合いの様子は安心して見守ることができた。研究授業に向けて、英語科の先輩や授業研究推進係が南先生を支えたという。

まるで、英語と国語がブレンドされたような素敵な授業デザインだった。

2011年2月18日（対話による学びの道は続く）

年度末の校内研修が公開された。谷崎校長にとっては現役最後の公開授業研究会となる。

佐藤雅彦先生を初めて迎えた日（2005年2月10日）から6年が経過した。

ビデオカメラやノートパソコンは洗練されたが、「子どもたちの身体から出ているもの」を読み取る、という基本は6年前と変わらない。

黒づくめのスーツがお似合いで、「次郎長親分」の貫録がいっそう際立ったような印象を受けるが……、

実は、汚れが目立たない服装を心がけているのだという。連日、国内外の学校を訪問されている雅彰先生ならではの知恵だろう。

一方、内本先生は「鎧」のスーツをやめて、スウェットの着用を心がけているという。ただし、ネクタイにはこだわりを持ち続けているところが、いかにも内本先生らしい。

1年と数か月ぶりに授業を見学させていただいた。枕草子の暗唱朗読からグループ活動が始まったが、終盤に差しかかった頃、教室の空気が変わり始めた。

一人ひとりが「自己との対話」に向き合う、あの静寂が教室を包んでいく。

やがて、机から離れていた子どもたちの身体が内本先生に近づいていった。

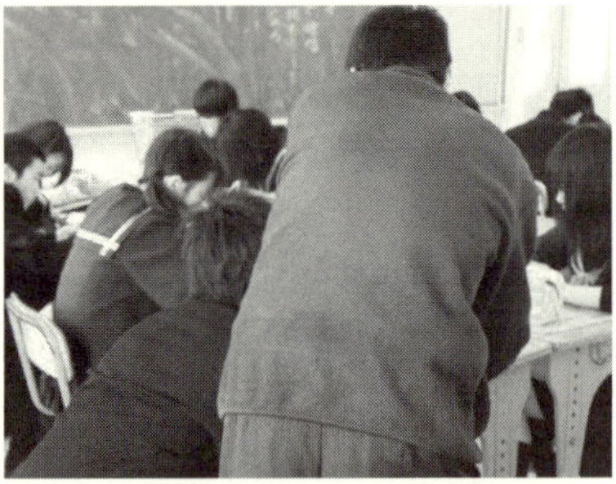

2010年度の締めくくりとなる公開授業は、英語科の西野先生(2009年度赴任)が授業者を務められた。1月には新任の南先生を支え、2月はご自身が授業づくりに挑戦された。

時間配分に課題が残されたとはいえ、子どもたちの中から出てきた言葉を教材に選び、日常の文脈の中で文法の法則に気づかせようとする授業デザインには、広島市立祇園東中学校の実践から学んだものを活かそうとした試行錯誤の跡が読み取れた。

VI　研究者の視点

「学びの共同体」を読み解く

関西大学総合情報学部　**牧野由香里**

物語は１つの問いから始まりました。

研究者が学校現場に入ったところでいったい何ができるのか。

私が見つけた答えは、実践者に寄り添う「鏡」となることでした。そして、その経験から学んだのは、教師が自分自身の研究として授業づくりに向き合うことの重要性です。

研究としての授業づくり

2010年８月、授業づくり・学校づくりセミナーに参加した私は５年ぶりに小林里絵先生と再会しました[1]。実践報告の中で授業ビデオが上映されたあと、会場の参加者が投げかけた質問は、やはり、５年前と同じでした。

質問者　授業を見せていただいて、子どもたちの関係を育てられていることがよくわかりました。小林先生は、どうやって、この学級をつくられたのですか？

質問者にしてみれば、何か１つでもヒントを持ち帰り、自分の学級に「やわらかい」かかわり合いを育てたいという一心だったのでしょう。けれども、小林先生の授業づくり、学級づくりは、ご自身が緑丘小と青山小の学び合いの中で積み上げられた研究の成果です。「どうやって？」を知りたければ、自分もその道のりを歩むしかありません。

ただし、この日の私は、小林先生の言葉に重要なヒントを見つけることができました。

小林　とにかく、石井順治先生の本を穴があくほど読みました。それから、発言してくれた子には、「意見を言ってくれて、ありがとう」と声をかけるように心掛けました。

つまり、石井順治先生を憧れの対象として、ひたすらまねることから始めた、というわけです。発表を終えて一息つく小林先生に、「熱心に研究されたんですね」と声をかけると、「まねっ子なんですよ」と笑っていましたが、師匠をまねることから始めるのは徒弟的な学びの定石です。

それだけではありません。かつて「授業中の発言記録を分析したら、この子の発言とこの子の発言がつながっていたと気づくようになった」と語った小林先生は、その気づきを通して、1つひとつの発言の重みを実感するようになったはずです。

授業中の学び合いでは、目の前でつぶやく子どもの発言が、そのあと誰のどんなつぶやきとつながるかは、その時点では予測できません。発言記録の丁寧な分析に裏づけられた確信があればこそ、どの子のどんなつぶやきも尊重しようという思いが、「ありがとう」の言葉はもちろん、小林先生の一挙手一投足に反映される。それが子どもたちの「やわらかさ」を育てる土壌となっているに違いありません。

佐藤学先生の指導を受けられた古屋和久先生は、「学びの共同体」づくりの実践研究について、「これまで20年のキャリアの中で身に付いたものから、本当に必要なモノに磨きをかけ、いらないモノを思い切ってそぎ落とす営み」(佐藤 2009: 24)と表現されています。「聴く」「つなぐ」「もどす」、「しっとり」「どっぷり」「やわらかい」というシンプルな言葉遣いは、この「本当に必要なモノ」の象徴と言えるのではないでしょうか。

「学びの共同体」づくりに取り組む学校では、教師たちがお互いの授業観察と学び合いを通して、これらの言葉について理解を深めていきます。それは短期間に習得できるノウハウやスキルではありません。最初はものまねでも、実践を繰り返し、試行錯誤を重ねると、無意識のうちに身体が動く「わざ」が習得されていきます。

佐藤学　教師の仕事というのは「聴く」「つなぐ」「もどす」、この3つなんですね。だから、まずは「聴く」ということのほうに持っていけないかな。

「聴く」ということの奥義を獲得するまでに、内本先生は3年以上の歳月を費やされました[2]。「聴く」ことが大事と口で言うのは簡単ですが、考えてみてください。教師が「聴く」ということは、野球選手にたとえるならば、ピッチャーからキャッチャーへの転向を求められるのと同じことです。

全国高校野球で優勝したチームに「ハンカチ王子」と注目を集めた投手がいましたが、その活躍の陰にはポジションを変更した選手の存在がありました。元ピッチャーだったその選手は監督の方針でキャッチャーへの転向を求められました。超高校級のボールが捕れるようになるために毎晩1人残って練習を積んだと言います。こうして彼は「どんなボールも受けとめてくれる」という信頼をピッチャーから勝ち取ることになるのです。投手から捕手への転向というチャレンジを突きつけられた選手を支えたのは、おそらく、野球部のチームワークでしょう。同様に、教師たちが学び合い育ち合う同僚性の支えがあればこそ、「対話による学び」へのチャレンジと向き合うことができるのです。

ただし、「聴く」だけでは「対話」を「学び」に導くことはできません。これを専門的な言葉で表すと、対話による意味構成を協同的な学びによる知識構築に導く、と言い換えることができますが、この種の「学び」をデザインする力量は見よう見まねで身につくものではなく、自らの授業と向き合い省察する研究の蓄積が不可欠です。

それはちょうど、打線をつないで得点に結びつける監督の采配が見よう見まねだけでは身につかないのと同じことです。状況を見極めてサインを送る監督の判断は、実戦記録のデータや個々の選手の緻密な分析に基づいているのです。

> 教師の仕事は、職人(craftsman)としての仕事と専門家(professional)としての世界によって構成されている。教室における教師の身の振る舞いを見ると、さすがに熟達した教師は、すっきりとしていて一挙手一投足に無駄がなく、ときとして「名人芸」のように思われることがある。そういう教師の姿に職人としての教師の世界が端的に表現されている。
>
> しかし、教師の仕事は職人芸でのみ成り立っているのではない。教師の仕事は、もう一方で、授業をどうデザインするのか、教材のどこをどう取り上げるのか、子どもの発言の何をどう意味づけるのかなど、複雑で高度な知的判断によって遂行されている。これが専門家としての世界である。
>
> 一般的に言って、職人としての振る舞いは無意識に遂行されるのに対して専門家としての思考は意識的に遂行され、職人としての振る舞いは見えやすい(visible)のに対して、専門家としての思考は見えにくい(invisible)という特徴をもつ。
>
> 職人としての教師の世界は「熟達した技能」「経験」「勘やコツ」によって構成され、専門家としての世界は「科学的専門的知識」「技術」「反省的思考と創造的探究」によって構成されている。そして職人としての世界は「模倣」と「修練」によって学ばれ、専門家としての世界は「省察」と「研究」によって学ばれる。
>
> (佐藤 2009: 14–15)

とはいえ、教師の学びには個人差があります。真っ白な気持ちで吸収する新任に比べ、長年の経験が身体に染みついているベテラン教師は新しい方法に慣れるまで苦労します。蓄積のある学校より、ゼロから始める学校のほうがはるかに時間はかかります。定期的な人事異動を前提とする公立学校で教師の同僚性を維持するのは容易なことではありません。

たとえ、「学びの共同体」のヴィジョンそれ自体は確かなものであっても、共同体の実体は人と人のつながりですから、人間特有の不安定さを「学びの共同体」も常に抱えているのです。ましてや、「学びの共同体」のネットワークの外側から見れば、その奥深い哲学とシンプルな言葉遣いとのギャップがあまりにも大きく、つかみどころのない印象を与えてしまう点は否定できません。

このギャップを少しでも埋めたいという願いから、以下、「聴く」「つなぐ」「もどす」の理論的解釈を試みます。すなわち、底のないプールに飛び込んで実践者と一緒に立ち泳ぎをした研究者が、もう一度プールサイドに戻って自らの学びの経験を「翻訳」するという挑戦です。

対話による学び

「対話による学び」を理解するうえでは「対話的実践としての学び」の理論（佐藤 1995）が参考になります[3]。ここで強調したいのは、対話と意味の関係に人間関係が絡まってくると、もともと複雑な関係がさらに複雑な構造になるという点です。

> 学びの活動を意味と人の関係の編み直し（retexturing relations）として再認識するとすれば、学びの実践は、学習者と対象との関係、学習者と彼／彼女自身（自己）との関係、学習者と他者との関係という3つの関係を編み直す実践として再定義することができるだろう。学ぶ活動は、対象世界の意味を構成する活動であり、自己の輪郭を探索しかたちづくる活動であり、他者との関係を紡ぎあげる活動である。（中略）
>
> **学びにおける第1の対話的実践**は、対象との対話である。この実践は、対象を認識し言語化し表現する文化的・認知的実践であり、これまで一般的に語られてきた「学習」の活動が対応している。教育内容の概念や法則や構造を、子どもたちは、具体的な対象の観察や実験や操作を遂行し、一般化された概念やシンボルを導入し活用しながら、対象の意味の世界を構成し、構造化し、統制する関係を構築している。この一連の活動は、言語活動に即してみるならば、対象に問いかけて働きかけて、推論し、探求し、名づけ統制するという一連の対話で構成された言語的実践としてみることができる。
>
> **学びにおける第2の対話的実践**は、自己との対話である。学習者は、対象の意味を構成し、世界との関係を構築しながら、同時に、自己内対話を通して、自己の保有する意味の関係を編み直し、自己の内側の経験を再構成している。この自己との対話的実践も、学びが言語的実践として展開していることを基礎としている。言語こそ「経験の経験」（ヴィゴツキー）を可能にする人間に特有の

> 道具であり、学びにおいて対象の意味を構成する言語的実践は、同時に、自己の網の目の関係を構成する活動にほかならない。（中略）
>
> **学びにおける第3の対話的実践**は、他者とのコミュニケーションという対話の社会的過程において表現されている。あらゆる学びは、他者との関係を内に含んだ社会的実践である。教室における学びは、教師や仲間との関係において遂行されているし、1人で学ぶ状況におかれた場合でさえ、その学びには他者との見えない関係が編み込まれている。教育内容の知識は、それ自体が社会的に構成されているし、学びの活動は、見えない他者のまなざしからのがれえないからである。
>
> このように、学びの実践とは、教育内容の意味を構成する対象との対話的実践であり、自分自身と反省的に対峙して自己を析出し続ける自己内の対話的実践であり、同時に、その2つの実践を社会的に構成する他者との対話的実践である。この3つの実践は、それぞれが相互に媒介し合う関係を示している。私たちは、対象の意味の世界を豊かに構成することなしには、自己を豊かに構成することはできないし、他者との豊かな関係を構成することもできないが、逆に、対象の意味の世界が豊かに構成できるか否かは、その学習者の自己の内側に広がる世界の豊かさに依存しており、その学習者がとり結んでいる他者関係の豊かさに依存している。学びの実践とは、対象世界との対話として遂行される探究と表現の実践を軸として、上記の3つの対話的関係を相互に発展させる実践と言ってよいだろう。学びの実践は、「世界づくり（認知的・文化的実践）」と「自分探し（倫理的・実存的実践）」と「仲間づくり（社会的・政治的実践）」が相互に媒介し合う三位一体の実践なのである。　（佐藤 1995: 72–75）

教師は、これほど複雑な営みを授業、単元、カリキュラムの中で具現化し、その成果として「学び」という織物を仕上げなければなりません。このとき、織物の全体像をイメージしながら、生徒たちの言葉というカラフルな糸（一人ひとりが自分の色を持っている）を一本ずつ丁寧に編み込んでいく作業が**「聴く」「つなぐ」「もどす」**です。

さて、「聴く」「つなぐ」「もどす」について詳しく述べる前に、まずは対話による意味構成が学びの活動の全体像の中でどのように位置づけられるのかを考えてみましょう。そのために、理論的枠組みを用います。

ちなみに、理論的枠組みとは、実践を読み解く「眼鏡」のようなものです。私は眼鏡をかけていますが、実は眼鏡がなくても日常生活には困りません。休日は眼鏡なしで過ごします。ただ、眼鏡をかけないとはっきり見えないものがあります。それは相手の表情です。ですから、授業中は必ず眼鏡をかけるようにしています。このあと紹介する理論的枠組みは、普段は何気なく見過ごしているものをはっきりと観るための「眼鏡」です。

図12の「多元的能力を循環する学び」(牧野2008)が示す4つの方角は、ちょうど東西南北のような方向性を表しています[4]。東西南北には境界線がないのと同じように、4つの方角にも境界線はありません。人間の能力を切り分けることがねらいではなく、全体を俯瞰しながら、それぞれの活動の位置づけを確認することが目的です。

この枠組みにあてはめると、体系化された**【知識】**を伝達する一斉授業は、右上に位置づけられます。**【体験】**の反復練習を通して**【知識】**を身体化させる活動は、右下に位置づけられます。一方、自分自身と向き合う**【内省】**(自己との対話)は、左下に位置づけられます。他者ひいては社会と向き合う**【対話】**(他者との対話)は、左上に位置づけられます。

たとえば、内本先生が得意とされる暗唱や群読は「個人作業の協同化」であり、これを図12にあてはめると、1つ目の矢印(知識→体験→内省)に相当します。自己との対話は、他者との対話に欠かせない重要なプロセスですが、それだけでは協同的な学びによる知識構築に届きません。なぜなら、知識の再構築に到達するためには対話による意味構成が不可欠だからです。このプロセスが2つ目の矢印(内省→対話→知識)に相当します。

もちろん、矢印の方向や順序は固定化されません。要は、学びの活動が**【知識】**と**【体験】**の往復だけに偏ることなく、**【内省】**(自己との対話)や**【対話】**(他者との対話)を含む4方角にバランスよく循環することが重要なのです。なぜなら、この循環によってこそ、新しい知の創造という学びの成果がもたらされるからです。

日本に伝統的な「形から入る学習文化」(牧野2008)は1つ目の矢印で表すことができます。しかし、私たちが21世紀の民主主義社会の担い手を育てる市民性教育(牧野2010a)を志すのであれば、1つ目の矢印だけでは不十分です。どうしても、**【対**

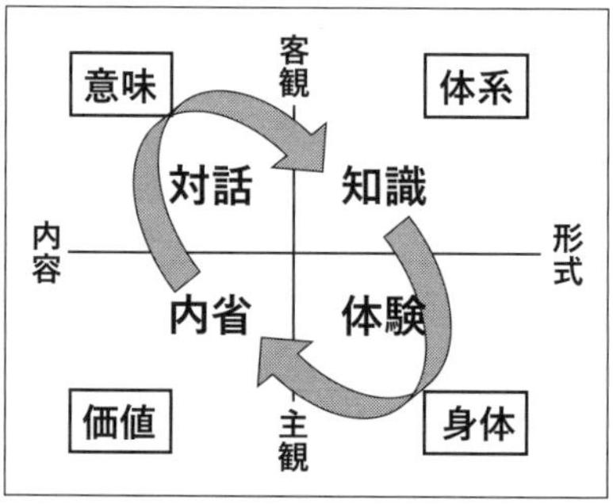

図12　多元的能力を循環する学び

話】が不可欠なのです。

たとえ一人ひとりの判断は主観であっても、お互いの考えをすり合わせる(相対化させる)ことにより相互主観的な客観性が高まり、そこに意味が共有されます。この相対化による意味構成が本来の「対話」であり、既存の知識を再構築して新しい知を創造するためにはこのプロセスが欠かせません。

対話は進化する

今日、対話の活動は様々な実践の場で積極的に取り入れられています。話し合いを活性化する手法として、ブレインストーミングやKJ法は有名ですが、近年ではマインドマップも普及してきました。ブレインストーミングで考えを自由に出し合い、KJ法でカテゴリーに分類します。マインドマップは言語化された考えや情報を線で結び、言葉と言葉のつながりを表します。

さらに、これを思考モデルにあてはめると、要素と要素の相対的な関係や全体の中での位置づけを一定の法則に基づいて構造化することができます。たとえば、第8章の終わりに紹介した**十字モデル**[5]がその一例です。

内本　文法と同じですね。自分たちはそうと知らずにしゃべっているわけですから。

十字モデルという「意味構成の文法」は、「対話による学び」において、地図とコンパス(方位磁石)の役割を果たします。見知らぬ土地で目的地をめざすとき、地図で位置を確認しながらコンパスで進行方向を見極めるのと同じように、「対話による学び」のような先の読めない活動においては「意味構成の文法」が判断の指針として役立ちます。

図13の「対話の進化と問いの深まり」(牧野2010b)は、対話が重ねられる過程で問いが深まっていく様子を十字モデルの横軸で表したものです。「他者との対話」「自己との対話」から生まれた素朴な「問い」は、やがて「社会との対話」「情報との対話」に発展します。隣人である他者の背後には社会が存在し、自分の内面と向き合う先には情報との出会いがあるからです。さらに、「社会との対話」は先人が残した「文献との対話」を呼び起こし、「情報との対話」は精査された「データとの対話」に絞り込まれます。この段階に至ると、素朴なつぶやきから始まった「問い」が「仮説」と呼ぶべき命題となるのです。

一方、縦軸の3つのマスは「過去→現在→未来」という時間の流れを表しています。「過去」(既存の知識)から「現在」(目の前の問い)を発掘し、「未来」(新しい知の創造)に向けて深めるためには横軸が不可欠です。すなわち、横軸を行ったり来た

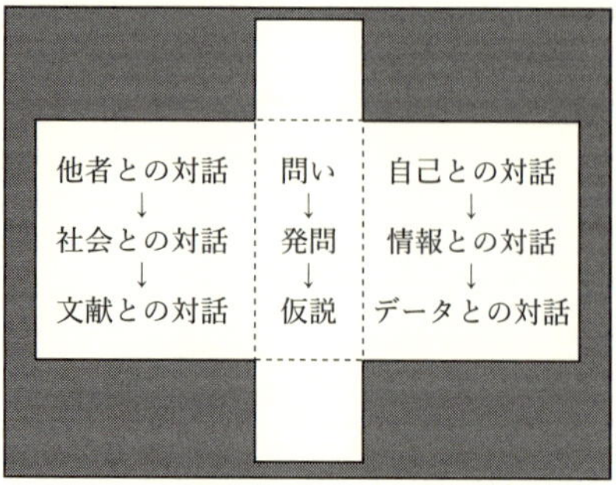

図 13　対話の進化と問いの深まり

りしながら中心の「問い」が深まり、過去から未来へと展開していくことにより縦軸の輪郭が徐々に鮮明になって、やがて太い柱として確立します。

十字モデルを授業づくりに用いるということは、教師が縦軸という太い柱となって——両腕で包み込むように——子どもたちの「対話」を支えることです。

厳密に言えば、十字モデルの横軸は論理的思考を表し(図 14)、縦軸は問題解決を表します(図 15)。論理的思考とは、推論による論証と対話による弁証を通して命題の妥当性を問うことであり、問題解決とは、ある経緯から生じた問題に対して何らかの価値判断や意思決定を導くことです。

つまり、十字モデルは、論理的思考と問題解決を中心の「問い」で交差させる、という概念を表象し、その構造を結晶のごとく抽象化したのが「議論の十字モデル」(牧野 2008)です。図 16 に示すように、「議論の十字」(上)で全体を見渡し、「7 つの構成要素」(下)に細かく分けて関係を見ます。

たとえば、雪の結晶は雪の最小単位ですが、粉雪、綿雪、牡丹雪と雪にもいろいろあるように、「議論の十字」は意味の最小単位ですが、だからといって、十字モデルの授業づくりが画一的になるというわけではありません。降り積もった雪が氷河をつくるように、対話による意味構成を重層的に積み重ねていくことで知識構築が

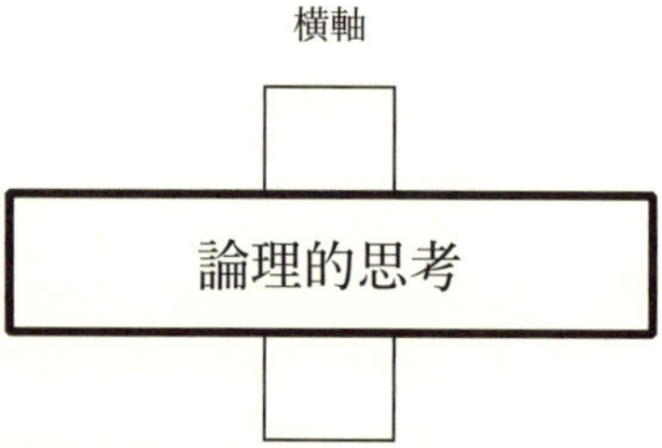

図 14　十字モデルの横軸

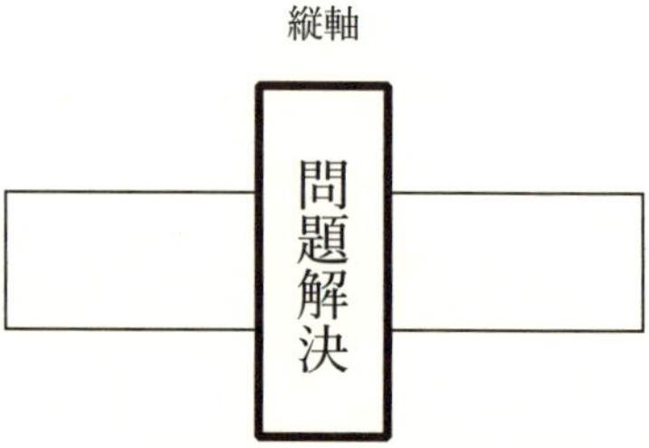

図 15　十字モデルの縦軸

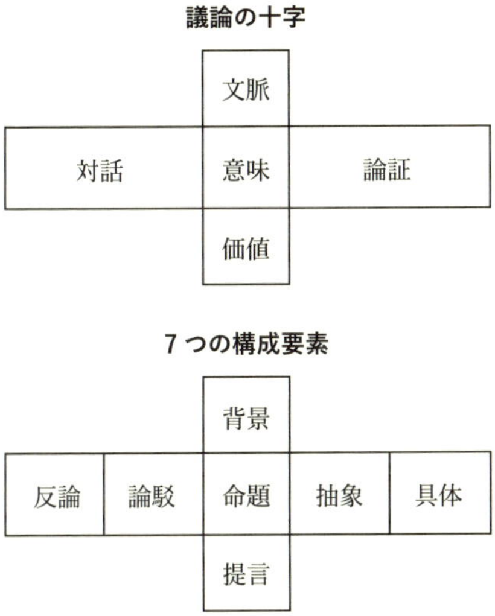

図16　議論の十字モデル（牧野 2008: 103）

実現します。知識構築とは、時間的継続性の中で展開し、歴史的発展性の中で積み上がるものです。過去の先人から受け継いだ課題の一部を解決し、未来の世代へと引き継ぐ知の蓄積の営みです。

「対話による学び」は授業、単元、カリキュラムの中でこの知識構築を実践しようとする挑戦なのです。

知識構築と人間関係

一斉授業は授業計画に沿って展開しますから、不必要な意見は切り捨てざるを得ません。しかし、大人でも同じですが、意見を聞くだけ聞いておいて最終的にはあらかじめ用意された結論に決まることが初めからわかっている形式的な会議で参加者の発言を求めるのは無理な注文です。

意見を求めているのなら、まずは「聴く」ことから始めましょう。そして、「自分の声を聴いてもらえた」「自分の発言を覚えていてくれた」「自分の提案が活かされた」と実感させてあげましょう。なぜなら、「発言してよかった」と思える体験こそが「また発言したい」という動機につながるからです。大人も子どもも同じです。

ただし、「聴く」だけでは「学び」は成立しません。教師の「つなぐ」「もどす」により、言葉の糸が一本ずつ丁寧に織り込まれる「学び」としての知識構築が成立します。このとき、十字モデルは織物の全体像をイメージするための地図とコンパスとして用いることができます。

地図とコンパスがあれば見知らぬ土地でも迷わないように、十字モデルがあれば断片的な思考と情報に一本の筋道をつけることができます。もちろん、道具は持たずに冒険するときがあってもいいと思いますが、授業のように時間的制約がある中で、知識構築という目的地をめざすのであれば、地図とコンパスは欠かせません。

日々の授業実践では、知識構築に人間関係が絡まるため、「つなぐ」「もどす」はさらに複雑になります。**人と人を「つなぐ」**ことと**言葉と言葉を「つなぐ」**ことは、それぞれ別々に取り組んでも容易なことではありません。「対話による学び」の実践では、限られた時間内にこれらを同時進行させなくてはならないのです。それゆえ、教師の側に極めて高度な専門性が求められます。

人と人を「つなぐ」のは、高槻八中の先生たちが実践してくださったように、なんといっても、人としての教師です。けれども、言葉と言葉を「つなぐ」ためには十字モデルが役立つのではないでしょうか。

言葉と言葉を「つなぐ」とは、発言に含まれる思考や情報の断片に相対的な関係や包括的な位置づけを与えることです。このとき、十字モデルの全体像を地図にすれば、言葉と言葉の関係や位置づけを確認するための大まかな目安となります。

「もどす」には2種類あります。**小さな「もどす」**は、子どものつぶやきを教科書の記述や資料集のデータと関連づけさせる（テキストにもどす）ことです。**大きな「もどす」**は、学びの道筋を授業の文脈、単元の文脈、カリキュラムの文脈へと返すことです。このとき、十字モデルの縦軸と横軸をコンパスにすれば、学びの文脈という軌道から外れません。

実際には、こういう理屈を意識しなくても、「聴く」「つなぐ」「もどす」を実践している教師は大勢います。経験的に身につけた「わざ」とはそういうものです。文法を知らなくても、その言語を使っているうちに会話ができるようになるのと同じことです。

一方、十字モデルを授業づくりに応用するということは、文法の知識を手掛かりに文章を組み立てるのと似ています。文法というのは、理解するまでに時間がかかって面倒ですが、法則を知ると応用が効くようになりますね。

むろん、学びの実践には一般化できるものとそうでないものがありますが、ここでは一般化できるものに限定して話を進めましょう。

たとえば、日本の学校現場で「対話による学び」を実践するためには、できるだけ力関係を取り除くことが重要です。教師と子どもの力関係はもちろんですが、子ども同士の力関係も同様です。声が大きく力の強い子だけでなく、声が小さく内気な子でも安心して参加できる対等な場づくりが不可欠です。

本来は人間関係づくりを通して対等な関係性を育てたいのですが――それができれば、子どもたちは自分たちの力で対話できるようになります――人間関係は短期間に築かれるものではありませんし、教師にも得手不得手があるでしょう。そんなとき、仕掛けや道具を併用すれば、誰もが安心して参加できる対等な場づくりを人工的にデザインすることも可能です(牧野 2010a)。

人工という響きに抵抗を覚える読者がいるかもしれませんが、バリアフリーだって人工物ですよね。自動車が独占する道路の一部を削って歩道を作るように、声が小さく内気な子には足場となるだけでなく、逆に、声が大きく力の強い子には適度な抑制として働きます。

要するに、十字モデルは授業づくりと人間関係づくりという2つの車輪のバランスを保つ「補助輪」[6]です。文法は文法であって、それ以上のものでもそれ以下のものでもありませんから、いずれ補助輪は不要になります。けれども、身体化[7]された十字モデルのバランス感覚は、寄り添う「鏡」となって、実践者を支えることでしょう。

注

1　第12回授業づくり・学校づくりセミナー「子どもと教師が育ち合う学校」(東海国語教育を学ぶ会主催)にて、小林里絵先生は小学3年国語科「おにたのぼうし」の実践報告をされた。授業ビデオと発言記録から、教室の空気の「やわらかさ」が洗練されたという印象を受けた。まず、教師の介入がいっそう抑えられていることに気づいた。前回の授業(小学4年国語科「注文の多い料理店」)も無駄な発言はなく、言葉は厳選されていたが、今回の授業は「聴く」ことに徹する小林先生の姿勢に、子どもたちの安定感が加わった。前回は4年生の6月だったのに対し、今回は3年生の11月だったことも関係していると思われるが、子どもたちは自分たちでお互いの言葉をつなげ合っていた。

さらに、4人グループの導入にも変化が見られた。5年前の授業では、子どもが発した予想外の問いに戸惑い、「頭が真っ白になってしまって」(小林先生の談話より)、とりあえずグループを入れる、という即興的な判断だった。大勢の見学者に囲まれた公開授業ではそういうこともある。ただしこれは、教師の計画(意図)とは無関係な発言も切り捨てず、どの子のどんなつぶやきも丁寧に受けとめる小林先生の姿勢の現れでもある。一方、今回の授業では、前半と後半に1回ずつ4人グループが導入されたが、いずれも、1人の子どもがつぶやいた問いをまずグループで話し合い、次に全体で共有する、という無理のない自然な展開だった。また、あらかじめ発言内容を把握したうえでの意図的な指名がなされたわけではないが、子どもたちの学び合いは前半の表層的な問いから後半の核心的な問いへと近づき、テキストの読みが深まった。

この日は秋田喜代美先生と石井順治先生が小林先生の実践報告を見守られた。緑丘小時代の小林先生を知る秋田先生によれば、10年前の緑丘小ではまだ4人グループは導入されておらず、コの字型の学び合いのみだったという。そのため、言いたいのに言わせてもらえずかんしゃくを起こす子もいた。一方、今回の授業は、発言したくてたまらない子の思いもグループの学びで受けとめ、音読や一人読みの作業を通して子どもたちの視点をテキストにもどしながら全体の学び合いにつなげるという展開で、「グループを入れるタイミングの判断も的確だった」(秋田先生の談話より)。

グループを入れるタイミングとは「すべて子どもの学びの状況によるのであり、その状況とテキストまたは課題とのつながりによって」判断されるものであるから、「こうすればよいという定式や型はない」(石井 2010a: 76)。「だとすると、ペアやグループを入れるタイミングはどこなのかと、いわば方法を早く知ろうと考えてもそれでは実現できないということになります。ずいぶん遠回りになりますが、子どもの学びのすがたを感じ取るための『子どもの学びをみる』修練を積むことと、テキストなどに関する研鑽を積んで専門家としての力量をつけることでしか、それは実現できないと考えるべきです」(石井 2010a: 76–77)。

2　「まずは『聴く』ということのほうに持っていけないかな」(第1章：2005年5月21日)という佐藤学先生の提案を受けてから、内本先生が「『聴く』ということの大事さいうのは、なんか、わかりましたね」(第14章：2009年2月24日)と語るまでには3年と9か月が経過している。

3　3つの対話的実践は『教師花伝書―専門家として成長するために』(佐藤 2009)の中で、「モノとの対話(世界づくり)、他者との対話(仲間づくり)、自己との対話(自分づくり)の3つの対話的実践としての学び」(p.77)と表現されている。「文学の学びは、テキストとの対話、仲間の読みとの対話、自分自身の読みとの対話の3つの対話によって構成されている。この3つの対話のうち、文学の学びの基軸となるのはテキストとの対話である」(p.111)。

4　「多元的能力を循環する学び」の4つの方角は次のように定義する。右上(客観＋形式)は「脱文脈化による体系化」の能力を指し、右下(主観＋形式)は「具現化による身体化」の能力を指す。左下(主観＋内容)は「再文脈化による価値判断」の能力を指し、左上(客観＋内容)は「相対化による意味構成」の能力を指す。4つの方角を略して「体系」「身体」「価値」「意味」と表す。それぞれに明確な境界線はなく、相互に媒介し合う関係である。この概念の全体像については『「議論」のデザイン―メッセージとメディアをつなぐカリキュラム』(牧野 2008)を参照されたい。

5　第8章では、授業実践における十字モデルの活用事例を紹介したが、理論研究における十字モデルは、メッセージ構築の法則をひとまとまりの有機体として視覚化させたモデルであり(Makino 2009)、その構成要素は情報や概念の断片を有機的につなぐための「意味構成の文法」を表している(Makino and Hartnell-Young 2009)。

本来は2次元に描くことのできる静的モデルではなく、自然界における化学反応の原理を議論構築の法則に応用した動的モデルである。ミクロには原子、分子、化合物といったメタファーが有機体の構造を立体的に表し、マクロには複数の十字が連鎖し、時空を超えて拡張される(牧野 2008)。さらに、対話の進化において、日常的な語彙(原始レベルの具象表現)が学術的な語彙(高次レベルの抽象表現)へと発展する過程は、十字モデルが重層的に積み重なる知識構築のプロセスとして表される(牧野 2010b)。

6　十字モデル学習によって、思考力、判断力、表現力、「対話力」が鍛えられる。思考力、判断力、表現力、「対話力」の相対的な関係を「多元的能力を循環する学び」(図12)にあてはめると、次のように位置づけられる。「対話による学び」はこれらの活動を包括的に循環させる学びである。

・思考力：脱文脈化による体系化(知識)
・判断力：再文脈化による価値判断(内省)
・表現力：具現化による身体化(体験)
・対話力：相対化による意味構成(対話)

ちなみに、2008年、学習指導要領改訂の方針として中央教育審議会がまとめた提言には、「基礎的・基本的な知識・技能の習得」に加え、「思考力・判断力・表現力等の育成」という方針が掲げられたが、「対話力」に関する言及は含まれていない。

7　辻本(2012)は、『「学び」の復権―模倣と習熟』の岩波現代文庫版あとがきの中で、「身体化の学び」について次のように述べている。

> 本書では、手本を模倣して能書のワザを身につける手習いや、子ども期の漢籍素読などに、「身体化の学び」を見出した。素読とは、漢籍経書(たとえば『孝経』や『論語』等)の「聖人の言語」を身体化することであり、身体化され自己と一体化した言語は、自らの言語として自在に活用できる。つまり素読によって古典漢文の言語に習熟すれば、経書(孔子)の「言語」で思考し、自己表現も可能となる。
>
> こうした素読も手習いも模倣の繰り返しであり、「型はめ」教育そのものに見える。知識の「詰め込み」とは何が違うのか、また個性や創造性の育成とは逆行するではないか。しかしここでのポイントは、身体化の対象となる規範的モデルの選択の問題にある。手習手本の身体化は結局、自在に活用できる能書のワザの習得である。また絶対的真理とされた経書(聖人の言語)の身体化は、聖人(孔子)のごとき自在な思考力をそなえた主体(創造的個性)の形成につながる。いずれも「型」(規範モデル)に習熟することによってこそ、「型から自由になる」という、一種の教育の方法にほかならない。(辻本 2012: 274–275)

参考文献

阿部靖子(1986)『進路の壁をのりこえて—みんなで地元の高校へ』現代書館

秋田喜代美(2010)「学校を変えていく教師の対話と同僚性」秋田喜代美［編］『教師の言葉とコミュニケーション—教室の言葉から授業の質を高めるために』(pp.14–19) 教育開発研究所

Dewey, John. (1927) *Public and Its Problems.* New York: Holt.

藤江康彦(2010a)「授業分析と授業」高垣マユミ［編］『授業デザインの最前線II—理論と実践を創造する知のプロセス』(pp.168–182)北大路書房

藤江康彦(2010b)「授業の研究方法」秋田喜代美・藤江康彦『授業研究と学習過程』(pp.189–206)放送大学教育振興会

フロイス，ルイス［著］ 松田毅一・川崎桃太［訳］(2000)『完訳フロイス日本史④ 秀吉の天下統一と高山右近の追放—豊臣秀吉篇 I』中央公論新社

北國新聞社［編］(2003)『加賀百万石異聞 高山右近』北國新聞社

石井順治(2010a)「学ぶこと・考えること—東海国語教育を学ぶ会『学びのたより』より」『子ども・ことば・授業』Vol.19, pp.42–140.

石井順治(2010b)「小・中学校における学び合う対話のために」秋田喜代美［編］『教師の言葉とコミュニケーション—教室の言葉から授業の質を高めるために』(pp.166–171) 教育開発研究所

加賀乙彦(1999)『高山右近』講談社

金田一春彦・長谷川孝士ほか(2002)『現代の国語 2』三省堂

牧野由香里(2008)『「議論」のデザイン—メッセージとメディアをつなぐカリキュラム』ひつじ書房

Makino, Yukari. (2009) Logical-Narrative Thinking Revealed: The Message Construction Cross. *The International Journal of Learning,* 16(2), pp.143–153.

Makino, Yukari and Hartnell-Young, E. (2009) Structuring and Scaffolding Learners' Verbal-and-Visual Thinking. *The International Journal of Learning,* 16(2), pp.549–563.

牧野由香里(2010a)「市民性を育てる『やわらかい議論』ワークショップの開発」『情報コミュニケーション学会誌』Vol.6, No.2, pp.16–25.

牧野由香里(2010b)「対話の進化を可視化する知識構築の十字モデル」『日本教育工学会研究報告集』10(3), pp.133–140.

Meier, Deborah. (1995) *The Power of Their Ideas: Lessons for America from a Small School in Harlem.* Boston: Beacon Press.

本山方子(2007)「相互作用にみる発達的変容—特定の子どもに目を向けたエスノグラフィー」秋田喜代美・藤江康彦［編］『はじめての質的研究法 教育・学習編』(pp.134–162)東京図書

野口隆子(2007)「多声的ビジュアルエスノグラフィーによる教師の思考と信念研究」秋田喜代美・藤江康彦［編］『はじめての質的研究法 教育・学習編』(pp.296–317) 東京図書

野口裕二(2009)「ナラティヴ・アプローチの展開」野口裕二［編］『ナラティヴ・アプロー

チ』(pp.1–25)勁草書房
小田博志(2009)「エスノグラフィーとナラティヴ」野口祐二［編］『ナラティヴ・アプローチ』(pp.27–52)勁草書房
佐藤学(1995)「学びの対話的実践へ」佐伯胖・藤田英典・佐藤学［編］『学びと文化 1—学びへの誘い』(pp.49–91)東京大学出版会
佐藤学(1996)『カリキュラムの批評—公共性の再構築へ』世織書房
佐藤学(1996)『教育方法学』岩波書店
佐藤学(1997)『教師というアポリア—反省的実践へ』世織書房
佐藤学(2003)『教師たちの挑戦—授業を創る　学びが変わる』小学館
佐藤学(2006)『学校の挑戦—学びの共同体を創る』小学館
佐藤学(2007)「学校再生の哲学—『学びの共同体』のヴィジョンと原理と活動システム」『現代思想』35(5), pp.93–105.
佐藤学(2008)「日本の授業研究の歴史的重層性について」秋田喜代美・キャサリン・ルイス［編］『授業の研究　教師の学習—レッスンスタディへのいざない』(pp.43–46)明石書店
佐藤学(2009)『教師花伝書—専門家として成長するために』小学館
佐藤学(2012)『学校を改革する—学びの共同体の構想と実践』岩波書店
佐藤雅彰・佐藤学［編著］(2003)『公立中学校の挑戦—授業を変える　学校が変わる　富士市立岳陽中学校の実践』ぎょうせい
重松鷹泰(1961)『授業分析の方法』明治図書
重松鷹泰・上田薫・八田昭平［編著］(1963)『授業分析の理論と実際』黎明書房
志水宏吉(2005)「エスノグラフィー—私と世界との対話」秋田喜代美・恒吉僚子・佐藤学［編］『教育研究のメソドロジー—学校参加型マインドへのいざない』(pp.139–162)東京大学出版会
ショーン, ドナルド［著］佐藤学・秋田喜代美［訳］(2001)『専門家の知恵—反省的実践家は行為しながら考える』ゆるみ出版
神宮司竹雄(2010)「おせっかいから　聴き合う関係に—『学びの共同体』による授業づくり」『解放教育』No.510, pp.38–49.
高槻市教育委員会(1977)『戦国時代の高槻』高槻市教育委員会
高槻高山右近研究会(2001)『高槻教会の歩みとその周辺』カトリック高槻教会
田中智志(2009)「デューイと新教育」今井康雄［編］『教育思想史』(pp.265–281)有斐閣アルマ
谷崎恵美子(2009)「『誰もが安心して学びあう学校』をめざして—授業づくりを柱に据えた取組み—高槻市立第八中学校」『中学の広場』Vol.194, pp.24–28.
Tedlock, Barbara. (2000) Ethnography and Ethnographic Representation. N. K. Denzin and Y. S. Lincoln (Ed.) *Handbook of Qualitative Research* (2nd ed.), pp.455–486. Thousand Oaks : Sage Publications, Inc.
辻本雅史(2012)『「学び」の復権—模倣と習熟』岩波書店

あとがき

この物語の主人公はスーパーティーチャーでもカリスマ的なリーダーでもありません。失敗しても恥をかいても投げ出さず、自分たちの学び合いを続けた教師たちの物語です。

谷崎恵美子先生、内本義宜先生はもちろんのこと、井上吉司先生、保科裕香先生、中村義彦先生、谷脇敏郎先生をはじめ、高槻市立第八中学校で出会った先生たちの純粋でひたむきな姿に魅かれ、気がついたら自分も渦の中にいました。渦の中でもがきながらも、佐藤雅彰先生、北川威子先生、深沢幹彦先生の高い志に導かれ、稲葉義治先生、藤田修一先生、神宮司竹雄先生の献身から学びました。自分も1人の教師として孤独と向き合う日々の中、先生たちとのかかわりにどれだけ救われたことでしょう。

私にとっての出発点は、「学びの共同体」論ではなく、佐藤学先生との出会いでした。この人が創ったものなら、きっといいものに違いない――そう直観が働きました。どうして、いいものと言えるのか――この問いを探究し続ける旅でした。

旅立ちに、玉田勝郎先生、秋田喜代美先生が背中を押してくださいました。旅の途中、小林里絵先生、衛藤和子先生、石井順治先生が道しるべを示してくださいました。道すがら、いくつもの温かい心に助けられ、ようやくここまでたどり着くことができましたが、言うまでもなく、対話による学びの道に終わりはありません。

本文中の記述はすべて事実に基づいています。ただし、登場人物の氏名は一部の例外を除き仮名とさせていただきました。写真の掲載については、高槻市立第八中学校評議員のご助言をふまえ、谷崎恵美子校長(当時)の多大なご尽力を賜りました。谷崎先生のお力添えなくして、この本の出版はかないませんでした。心よりお礼を申し上げます。

また、学校現場の物語を出版メディアとして世に発信するうえでは、ひつじ書房の松本功編集長のご批評を参考にさせていただきました。海老澤絵莉さんは校正の作業をご支援くださいました。この物語を通して、「学びの共同体」という文化を創る教師たちの生き様を忠実に再現できたとしたら、この上ない喜びです。

そういえば、こんな出来事があったそうです。

普段からあまり落ち着きのない男子生徒が、数学の授業を終えると、いつもと様子が違います。感情を高ぶらせて反抗的に振る舞う彼に対して、担任の高原先生が語りかけました。

「4人グループの仲間が自分のために一生懸命説明してくれてるのに、なかなか理解できひん自分にイライラして、我慢できんくなったんとちゃうんか？」

この言葉を聴いて落ち着きを取り戻した彼は、保健室でそっとつぶやいたそうです。「タカハラの言う通りや」

その後、男子生徒は真剣な表情で迷惑をかけた人たちに謝罪したと聞きました。

この出来事を受けて、ベテラン教師たちは新任の成長を喜び、学び合いを深めます。「どんな生徒も本当は学びたい、わかりたい。教師がみんなでその思いを受け止めることの大切さを教えられました」

> 「学びの共同体」は、「21世紀型の学校」のヴィジョンを示す概念であり、子どもたちが学び育ち合う場所、教師も専門家として学び育ち合う場所、保護者や市民も学校の教育活動に参加して学び育ち合う場所へと学校を再生するヴィジョンである。（中略）学校の公共的使命とそれを担う教師の責任は、子ども一人ひとりの学びの権利を実現し民主主義の社会を実現することである。（佐藤 2007: 94–95）

「対話」とは、お互いが対等な立場で向かい合う民主主義思想の象徴です。「対話」とは、一定の時間内に完結する一過性のものではなく、時空を越えて拡がる継続的な活動です。その時間の流れの中で「自己との対話」「他者との対話」が成長し、やがて「情報との対話」「社会との対話」へと発展していきます。この「対話」を通して先人が築いた知の蓄積に新たな知を積み重ねて編み直す、という創造的な営みが「対話による学び」です。

しかしながら、日本に伝統的な「形から入る学習文化」では、師匠と弟子、先輩と後輩といった上下関係の中で、古参者のわざを新参者が模倣しながら習熟していきます。これに対して、「対話による学び」では、教師も生徒もベテランも新任も「対話」の参加者としては対等、という関係性の中で協同的な知の創造をめざします。ですから、日本の教育現場で「対話による学び」を実践しようとするならば、学校という文化を支える思想そのものを見つめ直し、21世紀の学びの場へと転換する改革が不可欠です。

改革と言うと、学校文化のすべてを否定しているような印象を与えるかもしれませんが、そうではありません。「学びの共同体」と呼ばれる学校改革のヴィジョンは、むしろ、新しい学びの思想（対話による学び）と伝統的な学びの思想（形から入る学習文化）を豊かに共存させる哲学と言えるでしょう。

ちなみに、私自身は谷崎先生のご退職を区切りとして自分の現場に戻りました。与えられた職場で、大学・大学院の市民性教育、教職科目の担当、現職教員の支援に取り組んでいます。先生たちとの学び合いの日々は遠い昔のことのようにも思えますが、長い時間をかけて「学びの共同体」から得たものは、今なお、かけがえのない宝です。

最後に1つ、種明かしをしておきましょう。この本は2008年に刊行された『「議論」のデザイン―メッセージとメディアをつなぐカリキュラム』（ひつじ書房）と対をなしています。『「議論」のデザイン』は高等教育におけるコミュニケーション教育のカリキュラム開発をめざした10年間の研究成果をまとめた博士論文です。一方、本書『対話による学びへと続く道』は学校現場の教師たちの物語を通して「学びの共同体」を研究したナラティヴ・エスノグラフィーです。物語の執筆においては、双方がコントラストを描くような構成を意図してストーリーのプロットを組み立てました。いわば、「車の両輪」です。

『「議論」のデザイン』が授業づくりに比重を置くのに対して、『対話による学びへと続く道』は人間関係づくりに焦点をあてています。両輪のバランスを常に保つことは決して容易ではありません。しかし、だからこそ、本書の終わりに提案した「多元的能力を循環する学び」や「十字モデル」のような「型」（規範モデル）を身につける「身体化の学び」が1つの道をつくるのではないかと考えています。

2012年10月

牧野 由香里

登場人物・学校・団体名索引

な

は

ま

や

ら

キーワード索引

【編著者紹介】

牧野由香里（まきの ゆかり）

関西大学総合情報学部教授。博士（文学）。専門は議論学、修辞学、教育工学。

〈学歴・職歴〉静岡大学教育学部（国語科）卒業。Wheaton College Graduate School（コミュニケーション学）修了。NEC ソフトウエア静岡、静岡大学、大阪女学院短期大学を経て、現職。

〈主な論文・著書〉市民性を育てる「やわらかい議論」ワークショップの開発（『情報コミュニケーション学会誌』6(2): 16–25, 2010）、『「議論」のデザイン—メッセージとメディアをつなぐカリキュラム』（ひつじ書房、2008）。

【執筆者紹介】

谷崎惠美子（たにざき えみこ）　高槻市立第八中学校元校長（「「学びの共同体」への挑戦」執筆）

内本義宜（うちもと よしのぶ）　高槻市立第八中学校教諭（「グループ学習に取り組んで」執筆）

対話による学びへと続く道

学校改革「学びの共同体」づくりのナラティヴ・エスノグラフィー

発行　2013年3月27日　初版1刷

定価　2800円＋税

編著者　© 牧野由香里

発行者　松本 功

装丁者　上田真未

組版所　株式会社 ディ・トランスポート

印刷製本所　株式会社 シナノ

発行所　株式会社 ひつじ書房

〒112-0011 東京都文京区千石 2-1-2 大和ビル2階

Tel.03-5319-4916 Fax.03-5319-4917

郵便振替 00120-8-142852

toiawase@hituzi.co.jp http://www.hituzi.co.jp

ISBN978-4-89476-580-1

造本には充分注意しておりますが、落丁・乱丁などがございましたら、
小社かお買上げ書店にておとりかえいたします。ご意見、ご感想など、
小社までお寄せ下されば幸いです。

「**議論**」のデザイン　メッセージとメディアをつなぐカリキュラム

牧野由香里著　定価 8,000 円＋税

議論という活動は、どのように学びを促すことが可能なのか。教育することが可能なのだろうか。本書は、誰も答えようとしなかったこの難問に対してもっとも全面的に徹底的に議論した研究である。教育工学という土壌の中で、果敢に実際の処方箋を提案している。裁判員制度が 2009 年に導入された現在、もっとも重要な臨床的議論学といえよう。